本书获以下项目资助：重庆工商大学学术著作出版基金；重庆工商大学经济学院学科经费；重庆市社会科学规划项目（2023BS015）；重庆工商大学高层次人才引进项目（2155049）；浙江省软科学项目（2025C35077）；浙江省社科规划"党的二十届三中全会和省委十五届五次全会精神研究阐释"专项课题成果（第89号课题）；宁波教科规划课题（2024YGH024）

中国股票市场

股价前期高点动量效应研究

周雪梅　刘彬◎著

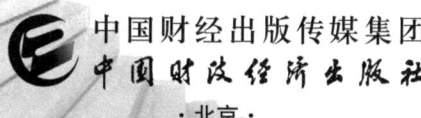

中国财经出版传媒集团
中国财政经济出版社
·北京·

图书在版编目（CIP）数据

中国股票市场股价前期高点动量效应研究 / 周雪梅，刘彬著 . -- 北京：中国财政经济出版社，2025. 8.
ISBN 978-7-5223-4194-1

Ⅰ. F832.51

中国国家版本馆 CIP 数据核字第 2025GZ3667 号

责任编辑：张晓丽　　　　　责任印制：史大鹏
封面设计：孙俪铭　　　　　责任校对：时智智

中国股票市场股价前期高点动量效应研究
ZHONGGUO GUPIAO SHICHANG GUJIA QIANQI GAODIAN DONGLIANG XIAOYING YANJIU

中国财政经济出版社 出版

URL：http://www.cfeph.cn
E-mail：cfeph@cfemg.cn

（版权所有　翻印必究）

社址：北京市海淀区阜成路甲 28 号　邮政编码：100142
营销中心电话：010-88191522
天猫网店：中国财政经济出版社旗舰店
网址：https://zgczjjcbs.tmall.com

涿州汇美亿浓印刷有限公司印刷　各地新华书店经销
成品尺寸：170mm×240mm　16 开　17.25 印张　210 000 字
2025 年 8 月第 1 版　2025 年 8 月河北第 1 次印刷
定价：88.00 元
ISBN 978-7-5223-4194-1
（图书出现印装问题，本社负责调换，电话：010-88190548）
本社图书质量投诉电话：010-88190744
打击盗版举报热线：010-88191661　QQ：2242791300

前　言
PREFACE

20世纪80年代以来，越来越多的实证研究发现了大量经典金融理论无法解释的异象。作为最持久且普遍存在的异象之一，动量效应一直以来都是学术界和实务界关注的焦点。

动量效应，又称收益惯性，主要用来描述资产价格具有延续原来运动方向的惯性趋势。动量效应的显著性与普遍性表明人们能够根据相关信息预测未来收益。然而，纷繁复杂的信息使投资者在面临投资决策时，更倾向于选择简单有效的信息作为参照。52周股价前期高点，因简单、显著且有效，受到广大投资者的青睐，是财经类媒体报道和讨论的焦点，并且被广泛运用于期权定价、兼并收购、市场异象等经济金融的各个研究领域。

本书以锚定偏差为核心，主要围绕中国股票市场股价前期高点动量效应的检验及形成机制、股价前期高点动量效应的外部影响两个方面展开研究。

一方面，在动量效应的检验中，验证中国股票市场是否存在显著的股价前期高点动量效应，并分析比较传统动量效应、行业动量效应与股价前期高点动量效应在中国股票市场中的地位。在动量效应成因分析中，从锚定偏差、近期偏差、处置效应等多个行为金融学视角探索股价前期高点动量效应的形成机制，并发现中国股票市场的股价前期高点动量效应源于锚定偏差。

另一方面，在得出我国股票市场股价前期高点动量效应源于锚定偏差的结论后，以锚定偏差为核心，从经济政策不确定性与极端市场状态两个角度，拓展该动量效应的外部影响研究。提出宏观经济政策不确定性下影响股价前期高点动量效应的新渠道，分析不同经济政策不确定性状态下的股价前期高点动量效应，并深入剖析股价前期高点动量效应在面临极端危机情形下可能发生的动量崩溃现象。

本书的主要研究结论有：

第一，中国股票市场存在显著的股价前期高点动量效应。在全面检验并对比分析传统动量效应、行业动量效应与股价前期高点动量效应基础上，发现中国股票市场存在显著的股价前期高点动量效应，不存在显著的传统动量效应与行业动量效应。

第二，股价前期高点动量效应源于锚定偏差。基于 Fama 和 MacBeth 基础上的截面回归结果表明，股价前期高点动量效应在中国股票市场占据主导地位，并且股价前期高点投资策略在长期不会发生反转，实证结果支持股价前期高点动量效应源于锚定偏差的假说。

第三，经济政策不确定性对股价前期高点动量效应具有显著的负面影响。基于资金流机制，从总体经济政策不确定性和分类经济政策不确定性两个角度分析了经济政策不确定性对股价前期高点动量效应的影响。在总体时间序列回归结果中发现经济政策不确定性越高（越低），股价前期高点动量投资策略利润越低（越高）；在分类经济政策不确定性回归中，发现股价前期高点动量效应仅在经济政策不确定性较低时显著，在经济政策不确定性较高时并不显著。

第四，股价前期高点动量投资策略在崩溃阶段产生巨额损失。在锚定偏差作用下，市场在经历长期低迷后，形成对远离52周股价前期高点股票的大量投机需求，致使买入赢家组合并卖出输家组合的零成本动量投资策略在市场开始复苏时产生巨大损失，导致动量崩溃。

本书的创新与贡献主要包括以下几个方面：

第一，与传统动量效应的研究结论不同，本书证实了股价前期高点动量效应在中国股票市场的显著性及主导地位。大量文献对传统动量效应进行研究，发现中国股票市场并不存在显著的动量效应。与已有文献研究结论不同，本书通过对比传统动量效应、行业动量效应与股价前期高点动量效应，证实了股价前期高点动量效应在中国股票市场中的显著性及主导地位。

第二，本书提出了经济政策不确定性影响股价前期高点动量效应的新渠道。现有文献对股价前期高点动量效应的研究处于存在性检验与形成机制分析阶段，鲜有文献关注股价前期高点动量效应的其他研究。2008年美国金融危机以来，世界各国实施了一系列的宏观经济政策，经济政策不确定性的加剧对宏观经济、企业投资、汇率、金融市场资产价格等多方面产生诸多影响。然而，鲜有文献研究经济政策不确定性对金融市场异象的影响。基于此，本书从锚定偏差角度出发，提出经济政策不确定性影响股价前期高点动量效应的新渠道。通过实证检验经济政策不确定性对股价前期高点动量效应的影响，拓展股价前期高点动量效应研究领域，增加动量效应相关文献。

第三，补充极端危机下的股价前期高点动量效应研究。投资策略的盈亏状况是投资者关注的重点，然而投资策略在市场大幅下滑时产生的巨大损失往往因策略收益的冲抵而被忽视。本书通过界定崩溃阶段与非崩溃阶段，对股价前期高点动量投资策略在面临极端危机时遭受的巨大损失以及由此带来的动量崩溃进行了全面分析，并以此延伸动量效应的研究领域。

目　录
CONTENTS

第1章　导论 ·· 001
 1.1　研究背景与研究意义 ··· 003
 1.2　基本概念界定 ·· 008
 1.3　研究思路与研究方法 ··· 010
 1.4　研究框架与研究内容 ··· 012
 1.5　主要创新点与不足之处 ·· 016

第2章　文献综述 ·· 019
 2.1　传统动量效应 ·· 021
 2.2　股价前期高点动量效应 ·· 029
 2.3　其他动量效应 ·· 038
 2.4　文献评述 ·· 040

第3章　动量效应的理论基础 ··· 043
 3.1　行为资产定价理论 ·· 045
 3.2　前景理论 ·· 048
 3.3　有限关注理论 ·· 049
 3.4　动量效应产生的作用机理 ··· 049

第 4 章　股价前期高点动量效应的存在性 ·············· 051

  4.1　引言 ·············· 053
  4.2　研究设计 ·············· 054
  4.3　股价前期高点动量效应的存在性 ·············· 062
  4.4　本章小结 ·············· 098

第 5 章　股价前期高点动量效应的形成机制 ·············· 101

  5.1　引言 ·············· 103
  5.2　机制分析与研究假设 ·············· 104
  5.3　研究设计 ·············· 108
  5.4　股价前期高点动量效应形成机制的实证分析 ·············· 112
  5.5　本章小结 ·············· 133

第 6 章　经济政策不确定性对股价前期高点动量效应的影响 ·············· 137

  6.1　引言 ·············· 139
  6.2　机制分析与研究假设 ·············· 140
  6.3　研究设计 ·············· 143
  6.4　经济政策不确定性影响股价前期高点动量效应的实证分析 ·············· 148
  6.5　本章小结 ·············· 170

第 7 章　股价前期高点与动量崩溃 ·············· 173

  7.1　引言 ·············· 175
  7.2　机制分析与研究假设 ·············· 177
  7.3　研究设计 ·············· 180
  7.4　股价前期高点与动量崩溃实证分析 ·············· 184
  7.5　本章小结 ·············· 210

第 8 章 研究结论与展望 ……………………………………… 215
8.1 主要研究结论 …………………………………… 217
8.2 政策建议 ………………………………………… 218
8.3 研究展望 ………………………………………… 221

附　录 ………………………………………………………… 222

参考文献 ……………………………………………………… 246

后　记 ………………………………………………………… 265

第1章
Chapter 1

导　论

16

第1章 导　论

1.1　研究背景与研究意义

1.1.1　研究背景

20世纪中后期，Fama在综合前人对证券市场效率研究的基础上，提出了著名的有效市场理论（Efficient Market Hypothesis）。根据证券价格对信息的反应，有效市场理论将市场分为弱势有效、半强势有效和强势有效三种类型，认为证券价格能够及时、充分地反映相关信息。有效市场理论作为经典金融学的支柱理论之一，在20世纪70年代不仅形成了完整的理论体系，并且获得了大量实证检验的肯定（饶育蕾和盛虎，2013）。然而，随着心理学、实验经济学在金融研究中的运用，越来越多的经济学家对有效市场理论中关于完全理性、完全信息、完美套利等在现实世界中难以满足的前提假设提出了质疑。20世纪80年代起，越来越多的实证研究发现大量有效市场理论等经典金融理论无法解释的异象。其中，动量效应作为最持久且普遍存在的异象之一（Fama和French，2008；Andrei和Cujean，2018），成为学术界和实务界关注的焦点。

动量效应，最早由Jegadeesh和Titman（1993）在对美国股票市场的实证检验中提出。他们以股票在过去一段时间的累积收益为基础，通过构造动量策略投资组合，发现股票在短期具有收益惯性。即过去收益较高的股票在未来一段时间内收益也较高，而过去收益较低的股票在未来一段时间内收益也较低。随后，大量学者在美国以外的其他国家或地区都发现了显著的动量效应。同时，动量效应的研究也从以收益为基础的传统动量效应逐渐扩展到行业动量效应、盈余动量效应等其他动量效应。动量效应的显著性与普遍性证明投资者能够根据信息预测未来收益。

随着互联网的高速发展，大量信息涌入市场，在降低信息获取成本的同时，纷繁复杂的各类信息也加大了投资者加工、处理信息的难度。认知心理学认为，受限于有限的认知能力，人们常常会选取简单、有效的信息作为参照点，结合实际情况形成相应的心理感受，并在此基础上做出投资决策。参照点的形成是一个复杂的心理过程，常见的参照点有：股票价格过去历史新高、26周股价前期高点、52周股价前期高点。其中，52周股价前期高点由于其显著性、易获得性，受到投资者的青睐。同时，作为财经类媒体报道和讨论的焦点，52周股价前期高点也被广泛运用于期权定价（Joost等，2013）、兼并收购（Duchin和Schmidt，2013；Lobão和Fernandes，2017；Ma等，2019）、市场异象（Bhootra和Hur，2013；George等，2018）等经济金融的各个研究领域。

不同于经典的行为金融理论主要从代表性偏差与保守性偏差、过度自信与自我归因、渐进信息流等角度来分析动量效应与反转效应，George和Hwang（2004）以52周股价前期高点作为参照点对金融市场异象进行研究，并发现在控制以收益为基础的传统动量效应和行业动量效应后，以52周股价前期高点为基础构造的动量投资策略在美国股票市场仍然能够获得显著为正的超额收益。随后，大量学者对52周股价前期高点动量效应进行了广泛研究，并证实了该动量效应的存在性。

然而，现有文献关于股价前期高点动量效应的研究主要针对欧美等发达国家，对新兴市场的研究甚少，该异象是否具有普遍性、锚定偏差能否解释股价前期高点动量效应，需要更多样本外的证据支持。更为重要的是，目前关于股价前期高点动量效应的研究主要集中于股价前期高点动量效应的检验，研究领域较为狭窄，对股价前期高点动量效应的拓展研究，特别是针对外在因素对股价前期高点动量效应的影响、股价前期高点动量投资策略损失等方面的研究更是相当缺乏。

我国作为新兴市场的重要组成部分，自改革开放以来，不断深化经济体制改革，经济保持较快增长。在新冠疫情下，面对低迷的世界经济和不断变化的国际形势，2020年我国实现国内生产总值101.60万亿元，同比增长2.30%。其中，全社会固定投资为52.73万亿元，同比增长2.70%；实际使用外商直接投资1万亿元，同比增长6.20%[①]。尽管增长速度较以往有所放缓，但在全球经济形势中被持续看好。作为直接融资市场，中国股票市场自20世纪90年代初沪深股市成立以来，经过30年来的发展，已经成长为仅次于美国的全球第二大股票市场（Liu等，2019）。中国A股市场上市公司数量持续增加，截至2020年末，上市公司数量为4154家，比上年增加390家；总市值为79.72万亿元[②]。中国股票市场投资者结构以个人投资者为主（王晓彦和石涛，2018）。中国证券登记结算公司投资者统计数据显示，截至2020年末，投资者数量为15975.24万户，同比增加11.28%。其中，自然人投资者数量为17735.77万户，非自然人投资者数量为41.72万户。

尽管我国股票市场发展迅速，但与发达国家相比，我国证券市场在市场制度、运行机制、发展环境、投资者构成等各方面都具有鲜明的特色（Liu等，2019）。我国股票市场个人投资者占比高，信息披露制度不健全，

---

① 国家统计局网站，https://www.stats.gov.cn/sj/zxfb/202302/t20230203_1901004.html。

② 中国证券监督管理委员会网站，http://www.csrc.gov.cn/pub/newsite/scb/gzdt/sckb/202101/t20210105_390194.html。

高换手率与大量投机现象并存。这些特点在一定程度上会呈现出投资者行为偏差，对股票市场产生相应影响，并为动量效应的研究提供了环境。在这样的背景下，探索新兴市场的金融市场异象具有重要的理论和现实意义。作为最重要、最受关注的异象之一，对中国股票市场股价前期高点动量效应进行研究，不仅有利于行为金融理论的拓展与延伸，而且有利于进一步规范市场运作，指导投资者行为，提高市场运行效率。

1.1.2 研究意义

在国家大力推进金融体制深化改革背景下，经过30年来的发展，我国证券市场日益规范化、成熟化，并受到全球投资者青睐。在这样的背景下，探索新兴市场的金融市场异象具有重要的理论和现实意义。

1.1.2.1 检验股价动量效应

国内外大量文献证实了动量效应这种异象存在的广泛性和普遍性，动量效应的研究成果也相当丰富。然而，中国股票市场是否存在显著的动量效应却没有得到统一的研究结论。与国外市场相比，中国股票市场中个人投资者占比较高。作为既无信息优势又无技术优势的个人投资者，应如何从纷繁复杂的信息中提取有用信息进而作出投资决策呢？认知心理学认为，有限的认知能力使个人投资者在进行选择或决策时，更倾向于依赖简单有效的投资信息，并以此作为参考作出投资决策。股价前期高点动量效应以52周股价前期高点作为锚定点，以股票价格而非表示股票价格变化的收益作为动量投资策略的构造基础，其研究视角成为近几年关注的焦点。

尽管股价前期高点动量效应在欧美等发达国家得到了诸多验证，但针对新兴市场特别是中国股票市场的股价前期高点动量效应研究还比较匮乏。在具备鲜明特色的中国股票市场上，投资者行为偏差是否会对股票市场产生影响，是否存在显著的股价前期高点动量效应，需要全面的检验和更多证据支持。因此，本书结合传统动量效应、行业动量效应、股价前期高点动量效应三大动量效应，全面检验中国股票市场是否存在显著的动量效应，并分析比较各动量效应在中国股票市场的地位。

1.1.2.2 丰富动量效应形成机制的研究

国际主流观点主要从风险补偿机制和行为金融理论两个角度对传统动量效应的形成机制进行研究，并形成了丰富的研究成果。然而，关于股价前期高点动量效应形成机制的研究文献较少，对股价前期高点动量投资策略收益的分析主要从锚定偏差角度进行探索。这一点与传统动量效应中主要以对信息的过度反应或反应不足的投资行为偏差分析大不相同。本书通过对比分析传统动量效应、行业动量效应与股价前期高点动量效应三大动量效应，检验行为金融理论在中国股票市场中的作用，探索股价前期高点动量效应背后的形成机制。

1.1.2.3 拓展动量效应的研究领域

目前，大量文献对股价前期高点动量效应的研究还主要处于检验其存在性的基础阶段，少量文献开始探索股价前期高点动量效应的形成机制，但是对于股价前期高点动量效应会受到哪些外部因素的影响、如何影响等问题的研究则是寥寥无几。本书拟从经济政策不确定性和极端经济形势两个方面，探索股价前期高点动量效应所受到的外部影响，并拓展股价前期高点动量效应的研究领域。

1.1.2.4 合理引导、理性投资

强化价值投资意识，树立价值投资理念。在充满投资机会的中国股票新兴市场，各类机构投资者和个人投资者致力于探求能够获取超额收益的投资策略。本书在资产定价理论基础上，结合行为金融相关理论，倡导合理运用动量投资策略，正确认识投资者行为偏差。不断强化价值投资意识，树立价值投资理念，注重企业基本面价值，科学引导投资者理性投资，不断优化投资环境，维护资本市场稳定。

动量效应这种异象的广泛性和普遍性从侧面肯定了投资管理的意义，同时也提供了真实市场中背离有效市场理论的实践结果。对股价前期高点动量效应的探索，不仅从理论上丰富了行为金融理论对动量异象的解释，为动量效应与长期反转作为独立存在的现象提供理论分析，而且为投资者提升投资时机选择、科学投资管理、实现投资收益提供实践依据。

1.2 基本概念界定

1.2.1 动量效应与反转效应

以股价波动呈随机游走为基础，有效市场理论认为证券市场的资产价格能够及时并充分反映所有相关信息（饶育蕾和盛虎，2013）。然而，这一著名的金融理论在动量效应、反转效应等各种金融市场异象被证实后受到了广泛的质疑。

动量效应（Momentum Effect），又被称为收益惯性或惯性效应，最早源于物理学中用来描述物体保持原有运动方向的一种趋势现象，后广泛应用

于经济金融领域,并用来描述资产价格具有延续原来运动方向的惯性趋势(吴世农和吴超鹏,2003;鲁臻和邹恒甫,2007;陈蓉等,2014)。即过去表现较好(较差)的股票在未来一定时间表现也较好(较差),股票价格波动维持原有趋势。

与动量效应相反,反转效应(Reversal Effect)是指股票价格波动呈现相反的趋势,即过去表现较好的股票其价格持续下跌,而过去表现较差的股票股价却不断上涨。

1.2.2 传统动量效应、行业动量效应与股价前期高点动量效应

Jegadeesh 和 Titman(1993)在对美国股票市场的实证检验中发现过去收益较高的股票在未来一段时间内收益也较高,而过去收益较低的股票在未来一段时间内收益也较低。本书将这种以 Jegadeesh 和 Titman(1993)提出的收益为基础的动量效应称为传统动量效应。

Moskowitz 和 Grinblatt(1999)以股票在其所属行业的收益为基础进行排序,发现过去一段时间收益较高(较低)的行业股票在未来表现也较好(较差),即行业动量效应。本书将这种以 Moskowitz 和 Grinblatt(1999)提出的以行业收益为基础的动量效应称为行业动量效应。

不同于传统动量效应与行业动量效应,George 和 Hwang(2004)提出以 PTH(Price-to-High)为基础,即按当前股票价格与52周股价前期高点价格之比排序,发现 PTH 较高(较低)的股票在未来价格会持续上涨(下跌)。本书将这种以 George 和 Hwang(2004)提出的以股价前期高点为锚定点的动量效应称为股价前期高点动量效应。

1.3 研究思路与研究方法

1.3.1 研究思路

本书的研究主题是中国股票市场的股价前期高点动量效应。基于动量效应这种持续且普遍存在的异象对有效市场理论的背离,结合中国股票市场实际,对传统动量效应、行业动量效应、股价前期高点动量效应进行检验并对比分析,从行为金融理论角度剖析动量效应的形成机制,并深入探索在面临宏观经济政策不确定性、极端危机等外部影响时,股价前期高点动量效应会发生什么变化。最后,结合上述研究结论,总结全书,提出后续研究方向。

首先,本书从锚定点的选择角度出发,提出了以PTHL变量为基础的新股价前期高点动量投资策略,并结合以PTH变量为基础的股价前期高点动量投资策略,分析锚定点的选择对投资者行为偏差的影响。在比较两种股价前期高点动量策略时,从行为金融理论视角对动量效应进行分析。考虑到传统动量投资策略、行业动量投资策略与股价前期高点动量投资策略构建的差异,分别对传统动量效应、行业动量效应、股价前期高点动量效应进行实证检验,并从锚定偏差、近期偏差、处置效应等多个角度对动量效应的形成机制进行分析。相对于国外成熟市场,中国股票市场个人投资者占比高,投资者行为可能呈现不同特征,行为金融理论对动量效应的影响到底如何,本书结合动量效应与长期反转是否序列相关,深入探讨锚定偏差在股价前期高点动量效应中的作用。

其次,本书进一步研究了股价前期高点动量效应的外部影响,从我国宏观经济政策不确定性、极端市场等角度深入分析其对股价前期高点动量投资策略利润的影响。具体分析经济政策的不确定性对股价前期高点动量效应的影响机制，并探讨股价前期高点动量投资策略在遭受市场危机时可能出现的动量崩溃，以延伸股价前期高点动量效应的研究领域。

1.3.2 研究方法

本书结合金融学、心理学、社会学、实验经济学、计量经济学等相关知识，对中国股票市场股价前期高点动量效应进行深入研究。主要运用以下研究方法：

（1）文献分析法。通过阅读、整理并分析大量已有相关文献基础上，了解动量效应研究的最新动态与前沿，进而拟定本书的研究主题，形成对中国股票市场股价前期高点动量效应的研究框架。

（2）定性分析与定量分析相结合。从动量效应的相关理论基础出发，分析动量效应的形成机制，并结合中国股票市场实际情况，对股价前期高点动量效应进行定量分析。

（3）资产定价实证研究。在第4章到第7章的实证研究内容部分，本书主要采用了以Fama和MacBeth回归为基础的实证分析与投资组合分析两大方法，紧随相关领域的国际前沿资产定价方法。

（4）比较分析法。在动量效应的实证检验中，比较分析传统动量效应、行业动量效应与股价前期高点动量效应在中国股票市场的显著性，并分析比较哪种效应占主导地位。在分析股价前期高点动量效应的形成机制过程中，从锚定偏差、近期偏差、处置效应等角度分析比较股价前期高点动量效应的成因。

1.4 研究框架与研究内容

1.4.1 研究框架

本书对动量效应的研究以锚定偏差为核心,主要从以下两个方面展开:第一,动量效应的检验及形成机制分析;第二,外部因素对股价前期高点动量效应的影响。在动量效应的检验中,围绕52周前期股价高点构建动量投资策略,检验股价前期高点动量效应的存在性。同时结合传统动量效应、行业动量效应与股价前期高点动量效应,从锚定偏差、近期偏差、处置效应等行为金融视角探索股价前期高点动量效应的形成机制。在得出我国股票市场的股价前期高点动量效应源于锚定偏差的结论后,以锚定偏差为核心,从经济政策不确定性与极端市场状态两个角度,拓展股价前期高点动量效应的外部影响研究。提出宏观经济政策不确定性下影响股价前期高点动量效应的新渠道,并对经济政策不确定性影响股价前期高点动量效应的机制进行分析与检验。最后,在考虑极端情形下,分析股价前期高点动量投资策略是否遭受巨大损失进而产生动量崩溃。具体如图1-1所示。

1.4.2 研究内容

本书主要围绕中国股票市场的股价前期高点动量效应展开研究,具体研究内容安排如下:

第1章导论。导论部分主要介绍了本书的研究背景及研究意义,阐述了本书的研究思路，并梳理逻辑关系，最后总结了本书的主要创新点与不足之处。

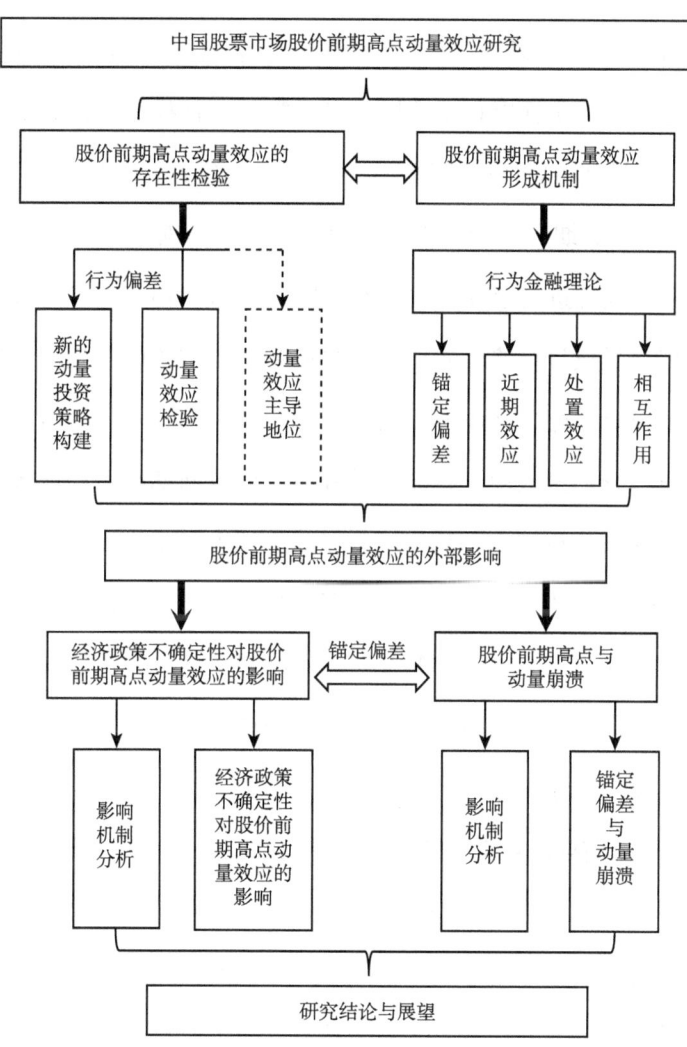

图 1-1 本书技术路线图

第 2 章文献综述。动量异象的显著存在违背了有效市场理论，本章梳理了国际主流研究中重点关注的几种长期且普遍存在于多个市场的动量效应文献。在对传统动量效应、行业动量效应的分析中，引入股价前期高点动量效应的机理分析，在总结现有文献相关研究基础上，提出继续研究的方向。

第3章动量效应的理论基础。主要从行为金融理论角度系统介绍了动量异象的理论基础。包括以BSV模型、DHS模型、HS模型为核心的行为资产定价理论、前景理论以及有限关注为基础的相关理论基础[①]。

第4章股价前期高点动量效应的存在性。本章对中国股票市场的股价前期高点动量效应进行全面检验。本章以52周股价前期高点为基础构造股价前期高点动量投资策略，并对比以收益为基础构建的传统动量投资策略和行业动量投资策略，从不同策略形成期与持有期、不同分组断点、不同样本期间对传统动量效应、行业动量效应与股价前期高点动量效应进行全面检验，并深入分析三大动量效应。在分析三大动量投资策略时，结合公司规模（Size）、账面市值比（BM）、资产增长率（AG）、股东权益收益率（ROE）、换手率（TO）等公司特征对股价前期高点动量效应进行深入剖析。利用最基本的市场模型和Fama-French三因子模型对股价前期高点动量投资策略的调整收益进行深入分析。

第5章股价前期高点动量效应的形成机制。主要从行为金融理论角度对股价前期高点动量效应的形成机制进行分析。以中国A股市场的相关数据为基础，对比传统动量效应中的信息反应理论，在前景理论基础上从锚定偏差、近期偏差、处置效应等行为金融角度探析股价前期高点动量效应的形

---

① BSV模型，即Barberis、Shleifer和Vishny（1998）从代表性偏差与保守性偏差角度构建的行为金融模型；DHS模型，即Daniel、Hirshleifer和Subrahmanyam（1998）从知情交易者和不知情交易者角度构建的行为金融模型；HS模型，即Hong和Stein（1999）构建的渐进信息流模型。

成机制。通过对比传统动量效应、行业动量效应与股价前期高点动量效应，结合长期反转分析，说明锚定偏差对股价前期高点动量效应的作用机制，证实股价前期高点动量效应在中国股票市场上的主导地位。

第6章经济政策不确定性对股价前期高点动量效应的影响。在各国纷纷出台各种宏观经济政策以应对2008年美国金融危机的背景下，经济政策的不确定性成为投资者关注的焦点。本章以Baker等（2016）提出的经济政策不确定性指数为基础，提出经济政策不确定性影响股价前期高点动量效应的新渠道。即经济政策不确定性如何影响锚定偏差进而影响股价前期高点动量效应。在构建经济政策不确定性对股价前期高点动量效应的影响机制基础上，深入分析股价前期高点动量投资策略收益在经济政策不确定性较高时与经济政策不确定性较低时的差异。通过分析不同持有期的股价前期高点动量投资策略，用近期效应解释股价前期高点动量效应特征。在长期，通过分析不同经济政策不确定性状态下的反转现象，进一步证实锚定偏差在股价前期高点动量效应中的作用。

第7章股价前期高点与动量崩溃。本章分析极端情形下的股价前期高点动量效应。本章在Daniel和Moskowitz（2016）提出的动量崩溃基础上，界定中国股票市场的崩溃阶段，深入剖析股价前期高点动量效应在面临极端危机情形下可能发生的动量崩溃，并结合公司特征对动量崩溃进行异质性分析。

第8章研究结论和展望。通过总结论文的主要研究结论，分析研究的不足之处，并对后续研究提出展望。

1.5　主要创新点与不足之处

本书的主要创新与学术贡献如下：

第一，与传统动量效应的研究结论不同，本书证实了股价前期高点动量效应在中国股票市场存在的显著性与主导地位。国内外文献较多关注以收益为基础的传统动量效应研究，鲜有文献关注中国股票市场的股价前期高点动量效应。已有文献对传统动量效应进行研究，发现中国股票市场并不存在显著的动量效应。进一步地，本书在全面检验并对比分析传统动量效应、行业动量效应与股价前期高点动量效应基础上，发现股价前期高点动量效应在中国股票市场占据主导地位。

第二，本书提出了经济政策不确定性影响股价前期高点动量效应的新渠道，即经济政策不确定性通过影响投资者锚定偏差进而影响股价前期高点动量效应。现有文献对股价前期高点动量效应的研究处于存在性检验与形成机制分析阶段，鲜有文献关注股价前期高点动量效应的其他研究。2008年美国金融危机以来，世界各国实施了一系列的宏观经济政策，经济政策不确定性的加剧对宏观经济、企业投资、汇率、金融市场资产价格等多方面产生诸多影响。然而，鲜有文献研究经济政策不确定性对金融市场异象的影响。基于此，本书从锚定偏差角度出发，提出经济政策不确定性影响股价前期高点动量效应的新渠道。通过实证检验经济政策不确定性对股价前期高点动量效应的影响，拓展股价前期高点动量效应研究领域，增加动量效应相关文献。

第三，补充极端危机下的股价前期高点动量效应研究。投资策略的盈亏状况是投资者关注的重点，然而投资策略在市场大幅下滑时产生的巨大损失往往因策略收益的冲抵而被忽视。以 Daniel 和 Moskowitz（2016）提出的动量崩溃为代表，近几年一些文献开始关注动量投资策略收益在面临市场下滑时的巨大损失，即动量崩溃现象。目前一些文献主要关注传统传统动量投资策略在市场下滑时的巨大损失，鲜有文献关注股价前期高点与动量崩溃之间的关系。本书通过界定崩溃阶段与非崩溃阶段，对股价前期高点动量投资策略在面临极端危机时遭受的巨大损失以及由此带来的动量崩溃进行了全面分析，并以此延伸动量效应的研究领域。

相比于传统动量效应，股价前期高点动量效应的研究成果还远远不够，国内关于股价前期高点动量效应的研究更是寥寥无几。期望未来可以从以下两个方面对股价前期高点动量效应进行研究，这也是本书不足之处：

第一，关于股价前期高点动量效应的研究主要集中于该效应的存在性检验以及形成机制等问题，对股价前期高点动量效应的拓展研究还非常欠缺。由于篇幅有限，本书仅从经济政策不确定性和动量崩溃两个角度对股价前期高点动量效应进行拓展，未来可以考虑从商业周期、流动性、投资者情绪等多方面延伸对股价前期高点动量效应研究领域。

第二，由于时间样本有限，在股价前期高点动量效应的长期反转分析中，对时间间隔为5年到10年的数据支撑有所欠缺。

第2章
Chapter 2

文献综述

第 2 章 文献综述

本章梳理了动量效应特别是股价前期高点动量效应的相关文献。主要从传统动量效应、股价前期高点动量效应以及其他动量效应研究等方面进行相关文献的整理与评述，为后续章节研究奠定基础。

2.1 传统动量效应

动量效应自 Jegadeesh 和 Titman（1993）发现以来，由于其广泛性和普遍性，一直受到学术界和实务界的关注。

2.1.1 传统动量效应的存在性检验

作为著名的金融理论之一，有效市场理论认为股票价格表现出随机游走的趋势，证券价格能够及时并充分反映相关信息，人们不能通过相关信息预测未来收益（饶育蕾和盛虎，2013）。然而，Jegadeesh 和 Titman（1993）在对美国股票市场的检验中发现了显著的动量效应，对有效市场理论提出了质疑。

2.1.1.1 国外传统动量效应的检验

Jegadeesh 和 Titman（1993）通过对过去 3—12 个月的股票收益进行升序排列，并将所有股票进行分组，其中将收益最高的组合定义为赢家组合，而收益最低的组合定义为输家组合。根据不同的形成期和持有期，构造零成本的投资组合策略，即买入赢家组合并卖出输家组合。实证结果表明在美国股票市场上该投资策略组合能够获得显著为正的收益，美国股票市场存在动量效应。自此，国外大量文献相继在其他市场也发现了动量效应，动量效应呈现出普遍性和持续性特征。

Rouwenhorst（1998）通过对欧洲12个国家的股票市场进行研究，发现在1980—1995年，过去的赢家组合收益高于过去的输家组合收益，国际股票市场表现出股票的收益惯性。Griffin等（2003）选取了40个国家的股票市场进行研究，发现欧洲、北美和非洲的大多数国家呈现显著的动量效应，而大多数亚洲国家的动量效应不显著。进一步地，Griffin等（2010）通过对28个较发达的股票市场和28个新兴市场的动量效应进行研究，发现同样的动量投资策略在新兴市场的收益远低于发达市场。Alphonse和Nguyen（2013）、Hassan（2014）分别对越南和埃及股票市场进行检验，均发现了显著的动量效应。Park和Kim（2014）发现通过构建动量投资策略，在很多国家的股票市场上可以获得大于1%的月均收益，并发现澳大利亚、加拿大、法国、德国、意大利、荷兰、瑞典、瑞士、英国和美国股票市场皆存在显著的动量效应。而日本、韩国、中国香港等地的动量效应相对较弱。Geczy和Samonov（2016）、Hurst等（2017）对较长时间的美国股票市场进行研究，证实了动量效应长期存在于美国市场。

2.1.1.2 国内传统动量效应的检验

学者们也对中国股票市场的动量效应进行了检验，但与国际市场的动量效应检验结果有所不同，我国股票市场是否存在显著的动量效应，学者们持有截然不同的结论。

部分学者认为中国股票市场存在显著的动量效应。吴世农和吴超鹏（2003）以上海股票市场1997—2002年的A股数据为样本，以累积收益为基础构造动量投资策略组合，发现在买入赢家组合并卖出输家组合后能够获取显著为正的收益，股票市场存在收益惯性。朱战宇等（2003）同时考察我国股票市场1995—2001年的月度数据和周度数据，发现动量效应仅存在于短期，当动量投资策略的持有期超过4周时，动量投资策略组合收益及其显著性会大幅递减。鲁臻和邹恒甫（2007）将有限理性与政策市场相结合，在HS模型基础上对我国股票市场的动量效应与反转效应进行研究；发现与动量效应相比，中国股票市场存在更为显著的反转效应，动量效应仅存在于超短期和中期。潘莉和徐建国（2011）利用1995—2008年的日度、周度、月度和年度的中国A股市场数据，对惯性效应与反转效应进行研究；结果表明，中国股票市场在多个时间频率上存在显著的反转效应，而动量效应仅仅存在于短期的日度频率数据和个别时间段内的周度频率数据中。谭小芬和林雨菲（2012）通过模拟上证180指数的现货交易，对各种形成期和持有期的动量效应与反转效应进行研究，发现短期反转效应和中期动量效应。

另一部分学者则否定了中国股市的动量异象。王永宏和赵学军（2001）利用1993—2000年上海证券市场与深圳证券市场的A股数据对动量效应与反转效应进行研究，结果表明我国股票市场存在显著的反转效应，但没有明显的动量效应，不存在收益惯性。刘博和皮天雷（2007）针对1994—2005年的沪深A股市场数据，对各种形成期和持有期的动量投资策略进行研究，发现零成本的短期动量投资策略不能获取显著为正的收益，我国股票市场不存在动量异象，相反存在显著的反转效应。何诚颖等（2014）从投资者非持续性过度自信角度出发，对中国股票市场的动量效应和反转效应进行研究，发现与欧美市场普遍存在的动量效应不同，中国股票市场表现出显著的中期反转效应。田利辉等（2014）利用1992—2012年中国A股市场的日度、周度和月度收益率数据，对我国股票市场的动量效应与反转效应进行分析。研究发现，我国股票市场存在显著的反转效应，而动量效应只存在个别时间段和个别动量投资策略组合中。与欧美等发达市场不同，传统动量投资策略并不适用于我国。

2.1.2 传统动量效应的形成机制研究

动量效应作为金融市场异象被证实其广泛性和普遍性后，学者们一直致力于探索动量效应的形成机制。总体来说，国内外文献主要从风险补偿与行为金融理论两大方面来分析动量异象的成因。

2.1.2.1 风险补偿理论

经典金融学认为市场是有效的，任何超额收益的获得源于承担了更高的风险，动量异象则源于风险补偿。很多学者支持这一观点，并建立相关模型试图解释动量异象（武金存，2016）。Fama和French（1996）用三因子模型解释了市场上很多异象，但仍然无法解释动量效应。Asness等（2013）通过加入全球风险并扩展风险源来解释动量效应。方立兵等（2011）和Cakicia等（2013）分别从高阶矩风险和流动性风险对动量效应的形成机制进行分析，但因解释力度有限未得到广泛认可。一些学者还试图从交易成本、卖空限制等角度来解释动量效应，但实证支撑稍显乏力。

2.1.2.2 行为金融理论

随着经典金融理论不能很好地解释动量异象，更多学者从行为金融学角度探索动量效应形成机制。与经典金融理论不同，行为金融理论研究者逐渐放开理性人的假设，通过借鉴心理学、社会学相关理论，结合实验经济学，从投资者心理和行为偏差角度对各种异象进行解释。在动量效应的形成机制分析中，主要包括以下几个方面的内容：

（1）反应不足（反应过度）。从投资者对股价信息反应不足和反应过度两个角度对动量效应的形成机制进行分析。这类研究认为动量效应的产生是由于信息反应不足或反应过度引起的股价变动时滞造成的，是动量效应成因分析中最主要的行为理论之一。

Barberis等（1998）通过构建BSV模型来解释投资者在决策中的代表性偏差与保守性偏差。在信息产生过程中，投资者过于重视当前的新信息而忽视历史信息，导致对新信息反应过度形成代表性偏差，在偏差调整过度后产生反转效应；相反，如果投资者更看重历史信息，而没有根据新信息及时作出相应的投资策略调整，造成对新信息反应不足形成保守性偏差，使过去业绩较好的股票延续原有趋势进而产生动量效应。Daniel等（1998）将投资者分为知情交易者和不知情交易者，认为知情交易者因私人信息而存在过度自信和自我归因两种偏差。认为知情交易者常常过分高估私人信息：当事件发展与投资者行动一致时，投资者认为自我能力高超；当事件发展与投资者行动相违背时，则认为是外在噪声所致。这种自我归因使私人利好（利空）消息的股票价格延续上涨（下跌）趋势并形成动量效应；在因股票价格偏差到纠正而趋于反转。Hong和Stein（1999）构建了HS的渐进信息流模型，并将投资者分为惯性交易者和信息观察者两类。他们假设信息观察者忽视历史信息，惯性交易者根据历史信息作预测。具体而言，由于新信息传播是逐渐展开的，信息观察者因对新信息反应不足，产生动量效应；惯性交易者发现并以此套利，导致推高股票价格致偏离基本价值，导致对信息反应过度，形成反转效应。在信息观察者与惯性交易者的相互作用下，由于期初对信息的反应不足和长期对信息的反应过度产生了动量效应和反转效应。Barberis 等（1998）、Daniel 等（1998）、Hong 和 Stein（1999）分别从投资者对信息的反应角度构建 BSV、DHS、HS 模型，并解释了投资者的行为偏差所致的动量效应和反转效应。

（2）信息扩散。Hong 等（2000）从信息扩散率角度，用公司规模、分析师评级等指标从实证上验证了渐进信息流模型，并认为规模较小的公司和分析师评级较低的公司存在动量效应。Balsara 等（2006）在渐进信息流模型基础上将疾病传播原理引入，认为信息传播速度与信息吸收程度同时制约着信息扩散程度。基于波动率和换手率对信息传播速度的影响，在不同的市场形态下构造零成本的投资组合策略，可以获得动量投资收益。Lin（2010）将定价精度与私人信息传播联系起来，用渐进信息流模型分析动量产生的原因。作者认为，当私人信息较为分散时，资产被错误定价的程度会更高，随着私人信息逐渐传播出来，错误定价会被渐渐修正进而产生传统动量效应。Pareek（2012）从信息扩散率角度，用信息网络密度代表信息扩散速度，从实证上检验了渐进信息流模型，并认为网络密度越低的公司具有越强的动量效应，网络密度越低，信息扩散速度越慢，并产生信息延迟反应。Chen 和 Lu（2015）则从期权角度，用隐含波动率作为信息流对动量效应进行了分析，实际上将期权市场信息与股票市场信息结合起来，认为信息的扩散会产生传统动量效应。

（3）其他方面。De Long 等（1990）提出的 DSSW 模型中，认为由于噪声交易风险的存在，理性交易者不能通过套利行为使市场价格迅速恢复到基本面价值，理性交易者不但不能建立足够的相反头寸抵消反馈交易者对价格产生的影响，而且理性交易者有动机跟随反馈交易者。正反馈模式下前期价格在正反馈交易下继续上涨或下跌，进而产生股价动量效应。Shi 等（2012）研究表明由于信息的不确定性，正反馈交易模式形成了高于公司过去收益的动量投资收益。Kuttu 和 Bokpin（2017）对非洲市场进行研究，发现正反馈模式也同时存在于发展中国家。

当然，还有一些文献从奈特不确定性、有限注意等角度，对股价动量效应的形成机制进行了分析。Ford 等（2013）、王镇和郝刚（2014）从投资者面临奈特不确定时的情绪变化出发解释动量效应。Chen 和 Yu（2014）从投资者关注角度对动量效应进行分析，认为受到投资者关注的股票很容易被投资者购买，而不被关注的股票更难被投资者持有。Goetzmann 和 Huang（2018）对俄罗斯市场的动量效应进行了研究，发现了过度反应引发的动量效应。

2.1.3　传统动量效应的其他研究

动量效应被证明广泛存在于诸多市场，除了检验动量效应的普遍性和持续性，国内外很多文献也从公司特征、市场状态、资产配置等方面对动量效应进行研究。Daniel 和 Titman（1999）发现相较于账面市值比较高的价值型公司，账面市值比较低的成长型公司动量效应更明显。Hong 等（2000）从公司规模、分析师跟踪等方面分析关注程度对动量效应的影响。研究发现，在控制公司规模后，受关注程度越低的公司动量效应越明显。Lee 和 Swaminathan（2000）发现换手率与动量效应成正向变动关系，换手率越高动量效应越大，股票过去的交易量也能预测动量效应大小和其持续性。Cooper 等（2004）对美国股票市场的动量效应与市场状态进行研究，发现动量投资策略收益在市场状态较佳时的月度收益高于市场状态较差时的收益。Siganos 和 Chelley-Steeley（2006）对英国股票市场在不同市场状态下的动量效应进行研究时得出了与 Cooper 等（2004）相反的研究结论。Bange 和 Miller（2004）对各个市场中的资产配置与动量效应进行了研究，认为投资者可以根据资产的收益变化调整股票持有比例。Nyberg 和 Pöyry（2014）将资产变化与动量效应相结合，发现资产变化与动量投资收益之间呈现先降低后上升的"U"形关系，即对于经历过大规模资产扩张或收缩的公司来说，其动量投资策略收益更高、更显著。Chou 等（2019）通过构建资产增长和风格投资之间的联系，提出了关于资产变化与规模相关的动量投资策略，发现该动量投资策略收益优于传统动量投资策略收益。

鲁臻和邹恒甫（2007）在考察公司相关特征对动量效应和反转效应的影响时，发现相对于规模较大的公司，规模较小的公司的动量效应较弱，且更容易发生反转效应；而相对于成交量较小的公司，成交量较大的公司的动量效应较弱，更容易发生反转。潘莉和徐建国（2011）发现交易量对中国股票市场的动量效应与反转效应具有显著影响：交易量大的股票更容易发生反转效应，而交易量小的股票更容易发生动量效应。在月度数据中如果不考虑交易量的影响，则不存在短期动量效应和反转效应；在加入交易量分析后，发现交易量小的股票存在动量效应，而交易量大的股票存在反转效应。通过对各个研究期间、各个时间频率的细致划分，发现中国股市的动量效应与反转效应具有时变特征。宋光辉等（2017）通过分析不同市场状态下的动量效应，发现动量效应在市场状态整体较佳时更为显著。

2.2 股价前期高点动量效应

自从动量效应被证实以来,大量学者不仅对传统动量效应的存在性及其形成机制进行分析,并且热衷于探索其他各种动量效应。在众多的动量效应研究中,George和Hwang(2004)以52周股价前期高点作为锚定点,研究了当前股价与过去股价高点之间基于价格水平依赖的动量效应。52周股价前期高点作为投资者普遍运用并高度关注的参照点之一,被广泛运用于经济金融的各个研究领域。

2.2.1 股价前期高点

随着互联网的发展,人们可以从股票市场获取大量信息。然而,处理纷繁复杂的信息提高了投资者使用信息的成本。人类有限的认知能力,使投资者在进行决策时,常常会选取某些信息作为参考,并对比实际情况形成相应的心理感受。认知心理学认为,参照点的形成是一个复杂的心理过程,在众多常见的参照点中,52周股价前期高点被广泛运用于经济金融的各个研究领域。George和Hwang(2004)提出用当前股价与52周股价前期高点的比率可以预测股票收益。Huddart等(2009)将52周股价前期高点作为参照点分析股票交易量,认为当股价超过这个参照点后,交易量会显著上升。Joost等(2013)从期权价格的隐含波动率角度出发,发现当股票价格接近(远离)52周股价前期高点时隐含波动率越低(高),当股价超过52周股价前期高点时,公司高管有强烈的行权倾向。Baker等(2012)在研究合并与收购中使用52周股价前期高点作为参照点,发现目标价格远离52周股价前期高点时，投标人公告效应的负面效应会增强。目标公司的股价峰值会影响并购活动的多个方面，合约方利用最近的峰值作为参照点或锚，以简化评估和谈判的复杂任务。Shleifer和Vishny（2003）认为参考价格效应是由于传统估值水平的影响造成的。当投标人的股票价格接近其52周股价前期高点时，其股票价格也可能高于其基本价值或内在价值。在收购方面，估值过高的收购者获得的回报较低。Akbulut（2013）、Duchin和Schmidt（2013）认为股价在接近52周高点时，经理人会变得过于自信，并作出不利的收购决定。较高的股票价格也可能使经理人对董事会、市场控制权等监督机制产生更大的影响力，并使他们在经营业务活动时，从损害股东价值中让自身受益。Ma等（2019）发现参考价格效应，即当收购者在宣布收购前，如果股价远低于（接近）52周高点时，会获得更高（较低）的公告期收益。这种参考价格效应在收购私人目标、涉及更大不确定性的交易中表现更强。综上所述，可以看出52周股价前期高点作为参照点在经济金融领域的运用非常广泛。

2.2.2 股价前期高点动量效应的存在性检验

George和Hwang（2004）用PTH变量（即当前股票价格与52周股价前期高点之比）来衡量当前价格与52周股价前期高点的接近程度，并以此构建动量投资策略。每个月按PTH对美国股票市场的所有股票进行排序并分组，其中PTH值最高的投资组合为赢家组合，而PTH值最低为输家组合，同时买入赢家组合并卖出输家组合。研究发现在持有期分别为3个月、6个月、9个月、12个月的投资策略中，所有策略均获得显著为正的收益，美国股票市场具有显著的股价前期高点动量效应。股价前期高点动量效应在控制传统动量效应、行业动量效应后依然显著，在对三种动量效应的对比分析中也发现，股价前期高点动量效应占主导地位。股价前期高点动量效应直接从股票的价格水平而非传统动量效应中基于价格变化的收益出发，发现了不受其他动量效应影响的更为显著的动量效应。自此，学者们对全球各个股票市场的股价前期高点动量效应进行了大量研究。

2.2.2.1 国外研究情况

Marshall 和 Cahan（2005）利用澳大利亚股市数据，对股价前期高点动量投资策略进行了样本外检验，并同时考虑了传统动量效应与行业动量效应。研究发现通过构造股价前期高点动量投资策略，平均每月能够获得2.14%的收益。这一收益远高于美国股票市场的股价前期高点动量投资策略收益以及澳大利亚股票市场其他动量策略的收益。Du（2008）对全球18个股票市场的股价前期高点动量效应进行分析，发现了52周股价前期高点这一历史信息对未来收益的预测能力，并且发现以过去收益为基础构建的动量投资策略，其投资收益在加入股价前期高点动量效应的影响后变得微不足道。Alsubaie 和 Najand（2008）在对沙特股市进行研究时，发现股票价格在短期内发生逆转，即股票价格波动发生反转趋势而不是惯性延续。Liu等（2011）对全球20个股票市场的股价前期高点动量投资策略进行研究，发现其中10个市场的股价前期高点动量投资策略收益显著为正，证实了股价前期高点动量投资策略在国际市场上是有效的。

在对股价前期高点动量效应的存在性进行检验的同时，大量学者对股价前期高点动量效应的其他方面进行了研究。Li 和 Yu（2012）从锚定点角度对股价前期高点动量效应进行研究，发现对信息反应不同的股票会产生不同的结果。他们首先找出了一些过去不太可能经历过度反应的公司，发现对于只有一个锚定点的股票（即52周股价前期高点等于历史股价高点的股票），其动量效应非常显著；而对于具有两个锚定点的股票（即52周股价前期高点不等于历史股价高点的股票），股价前期高点动量效应不再显著。然而，在加入历史股价高点的控制变量后，股价前期高点动量效应又变得显著。进一步地，作者还探讨了52周股价前期高点预测市场收益的能力，发现用52周股价前期高点能够显著预测未来收益。Bhootra和Hur（2013）构造了一个近期比率来描述投资组合形成日期与52周股价前期高点的接近程度，研究发现近期比率最高的赢家组合表现明显优于输家组合。也就是说，近期达到52周股价前期高点的股票，明显优于那些在很久以前达到52周股价前期高点的股票。

Hao等（2016）对台湾市场的股价前期高点动量投资策略进行研究，发现在台湾市场使用股价前期高点动量投资策略可以获取较高的收益。加入1月的季节性因素，发现股价前期高点动量投资策略在非1月的其他月份获得了显著为正的收益，在1月获得了显著为负的收益，且股价前期高点动量投资策略的盈利能力被1月的负收益削弱。Hao等（2018）检验了股价前期高点动量效应，在证实了美国股票市场显著的股价前期高点动量效应后，进一步研究了股价前期高点动量投资策略的盈利能力与投资者情绪之间的关系。发现当投资者情绪较高时，投资者的投资决策会受到行为偏差的影响，在高情绪下股价前期高点动量投资策略能够创造更高的收益。此外，研究发现在高情绪之后，股价前期高点动量投资策略的显著收益持续了5年之久，股价前期高点动量投资策略的赢家（输家）组合集中在收益更高（较低）的股票上，尤其是在情绪高涨之后的时期。

2.2.2.2 国内研究情况

相较于国外对股价前期高点动量效应的研究，国内关于股价前期高点动量效应的检验相当缺乏，且仅有的几篇文献得到的研究结论还不统一。张铮等（2005）用1994—2003年的中国股票市场数据对股价前期高点动量效应进行检验，发现股价前期高点动量投资策略在我国股票市场具有显著的盈利性，其月平均收益为0.84%，高于美国市场。陈蓉等（2014）用周度频率的收益数据对传统动量效应与股价前期高点动量效应进行研究，发现在控制传统动量效应后，股价前期高点动量投资策略组合收益显著为正；而在控制股价前期高点动量效应后，传统动量策略收益却不再显著。王明涛和黎单（2015）发现股价前期高点动量投资策略并不能获得显著收益，进一步分析发现该策略收益仅仅在熊市时显著为正。吴晶和王燕鸣（2015）从投资者关注角度对不同市场状态下的股价前期高点动量效应进行分析，发现52周股价前期高点不仅能够吸引投资者关注，且股价达到52周高点后交易量会显著增加。

2.2.3 股价前期高点动量效应的形成机制研究

目前大多数文献主要从行为金融学角度对股价前期高点动量效应的形成机制进行研究，也有个别文献以经典金融理论为基础，从风险角度对该动量效应的形成机制进行分析。行为金融理论方面，George 和 Hwang（2004）认为不同于BSV模型、DHS模型和HS模型中信息反应不足和信息反应过度的机理，股价前期高点动量效应的形成机制是源于前景理论中价值函数的参照点和认知心理学中锚定效应形成的锚定偏差。

2.2.3.1 行为金融理论

Kahneman和Tversky（1979）的前景理论认为投资者面对风险的态度是会发生变化的，投资者的期望价值由价值函数与决策权重决定。他们认为投资者在进行决策时，往往会选择一个参照点，而投资者对参照点的损益看法是不同的，投资者面临损失时比取得收益时更为敏感。学者们将前景理论进行运用，并研究处置效应的潜在机制：如果一只股票是处于盈利状态，那么投资者的风险态度是风险厌恶的，倾向于出售该股票；如果某只股票处于亏损状态，那么投资者是偏好风险的，并倾向于持有该股票。然而，最近的理论模型表明，前景理论与处置效应之间的联系是非常复杂的。Kyle等（2016）、Henderson（2012）分析了前景理论下的清算决策，发现前景理论投资者的行为与处置效应是一致的。Barberis和Xiong（2009）、Hens和Vlcek（2011）表明前景理论往往预示着一种反向的处置效应，即投资者更倾向于卖出先前亏损的股票，而不是先前获利的股票。

一些学者将前景理论与处置效应运用到异象的解释中。Barberis和Huang（2001）基于前景理论分析了收益率序列的长期反转效应。Grinblatt和Han（2005）结合前景理论与心理学相关理论对投资者在面临收益和损失时的不同风险态度进行分析，发现投资者倾向于持有亏损的股票，造成股票的基本价值与其均衡价格背离，价格对信息的反应不足，动量的产生可归因于处置效应。

George和Hwang（2004）在前景理论、处置效应基础上，对股价前期高点动量效应的形成机制进行了阐述。认为投资者以52周股价前期高点作为锚定点来评估信息的潜在影响。当利好消息使股票价格不断接近或达到52

周股价前期高点时，即使有确切的利好消息能使股票价格继续上涨，投资者也不会再追涨股价，而且还面临出售股票的巨大压力。最后，利好消息使股票价格进一步上涨。相反，当利空消息使股票价格不断远离52周股价前期高点时，即使有确切的利空消息能使股票价格继续下跌，但投资者认为股价继续下跌的空间有限。最后，利空消息使股票价格进一步下跌。这种因投资者不能及时根据信息调整投资策略的心理，就是投资者对价格水平的依赖（Price-Level Dependence），是因锚定点（即52周股价前期高点）产生的锚定偏差。即锚定偏差使股票价格延续过去的上涨或下跌趋势，从而形成动量效应。

自从George和Hwang（2004）从锚定偏差角度解释并验证了股价前期高点动量效应后，大量学者也从锚定偏差角度对股价前期高点动量效应的形成机制进行解释并加以验证与运用。Du（2008）、Liu等（2011）在对全球多个市场的股价前期高点动量效应进行检验后，也从锚定偏差角度对股价前期高点动量效应的形成机制进行解释，并支持George和Hwang（2004）关于锚定偏差是股价前期高点动量效应成因的结论。Li和Yu（2012）从参照点出发，从52周股价前期高点与历史股价高点两个锚的论述中，扩展了锚定偏差对股价前期高点动量效应形成机制的阐述。研究发现在加入历史股价高点的控制变量后，以52周股价前期高点为锚定点的股价前期高点动量效应依然显著。Hao等（2016）在对台湾市场的股价前期高点动量效应分析中证实了锚定偏差是股价前期高点动量效应的来源。

一些学者还从其他方面延伸了锚定偏差对股价前期高点动量效应的成因分析。Bhootra和Hur（2013）以52周股价前期高点为基础构造了近期比率，并发现锚定偏差能够有效解释股价前期高点动量效应，近期偏差也能够解释近期效应。Hao等（2018）在研究股价前期高点动量效应与投资者情绪之间的关系时，证实了锚定偏差是股价前期高点动量效应的来源，并认为在考虑投资者情绪影响下，锚定偏差依然有效。Lee和Piqueira（2019）研究知情交易者在股价接近52周前期高点情况下如何进行交易的。结果表明，知情交易者存在与52周股价前期高点距离相关的反应不足，这表明尽管知情交易者拥有私人信息，仍然受到锚定偏差的影响。

除了锚定偏差，个别学者也从有限注意、反应不足与反应过度角度对股价前期高点动量效应的形成机制进行分析。Peng和Xiong（2006）从注意力有限、投资者对信息的反应不足和反应过度等方面分析了股价前期高点动量效应。研究发现投资者倾向于处理市场和行业信息，而不是公司层面的信息。通过将接近52周高点道琼斯指数和接近道琼斯历史高点同时放入回归方程中，可以获得更多关于反应不足和过度反应所产生的预期收益信息。Li和Yu（2012）认为交易者可能会利用历史股价高点作为他们评估信息的另一个锚定点，然而这个锚定点往往会产生过度反应。

2.2.3.2 风险补偿理论

国际主流文献主要从行为金融角度对股价前期高点动量效应进行分析，鲜有文献从经典金融理论来探索股价前期高点动量效应的形成机制。Chordia和Shivakumar（2002）用宏观经济风险模型对股价前期高点动量投资策略的收益来源进行分析，结果表明该模型不能完全解释动量收益。Hong等（2015）发现股价前期高点动量效应不能用风险因素来解释。相反，这更符合由锚定偏差引起的投资者反应不足：更成熟的机构投资者受到这种偏见的影响较小，认为应该买入（卖出）接近（远离）52周股价前期高点的股票。Hao等（2016）利用Fama-French三因子模型对股价前期高点动量效应进行分析，发现经风险调整后的动量投资策略收益仍然显著，证明Fama-French三因子模型也不能解释股价前期高点动量效应。George等（2018）从风险补偿角度对股价前期高点动量效应进行分析。通过对比单因素市场模型、Fama-French三因子模型、Carhart四因子模型、Q因子模型和Fama-French五因子模型，发现Q因子模型比其他因子模型更能解释股价前期高点动量效应。

2.2.4　股价前期高点动量效应的其他研究

除了对股价前期高点动量效应的存在性和形成机制进行检验，部分学者从相关公司特征变量、盈余惯性（Post-Earnings Announcement Drift，PEAD）、分析师等角度进一步分析股价前期高点动量效应。Burghof和Prothmann（2011）用企业规模、账面市值比、52周股价前期高点与低点之间的距离、股票价格波动、企业年限等度量信息不确定性，并研究信息不确定性对股价前期高点动量效应的影响。研究发现，信息不确定性越大，股价前期高点动量投资策略收益越高。信息不确定性对股价前期高点动量投资策略的赢家组合和输家组合都有影响，动量投资策略组合在高信息不确定性股票中产生的收益是低不确定性信息下的两倍。Lobão和Fernandes（2017）利用当前股票价格与52周股价前期高点的比率构建新的动量因子，并结合市场溢价因子、规模因子、价值因子形成不同于Carhart（1997）的新四因子模型。研究发现在新的四因子模型中，股价前期高点动量投资策略在1980—2014年收益为正，但在统计上并不显著。

Goh和Jeon（2017）对韩国市场上的PEAD现象进行研究，发现投资者往往根据PTH值的大小来解读盈余公告信息。当出现正的盈余正是股价不断接近52周前期高点时，投资者会认为股价已经包含了对这些盈余信息的反应，进而判断价格继续上涨的空间不大。因此低估了盈余公告消息对股价的影响，并对公司的预期产生了偏差，出现正向漂移。类似地，当出现负的盈余股价不断远离52周前期高点时，投资者往往会低估这些负面消息，出现负向漂移。Shin和Park（2018）针对韩国股票市场中外国投资者在股票市场中的锚定偏差作用进行研究。研究发现，当股票价格不断接近（远离）52周股价前期高点并且伴随正的（负的）非预期盈余到来时，投资者不愿追涨（追跌）股价。进一步地，他们发现国外机构投资者减缓了52周股价前期高点的锚定偏差，机构投资者在减轻PEAD的影响方面发挥着重要作用。

Lin（2018）检查了分析师是否使用52周股价前期高点和低点来修订推荐的参考价格。首先研究了接近52周股价前期高点和低点对分析师修正推荐的影响，发现当股票价格接近52周股价前期高点时，分析师更倾向于提升股票推荐等级；当股票价格接近52周股价前期低点时，分析师更倾向于下降股票推荐等级。与经验较少的分析师相比，更有经验的分析师在升级（降级）时，会根据52周股价前期高点（低点）的接近程度，提供了更有价值的建议。

2.3 其他动量效应

关于动量效应的研究，一条主线是沿着动量效应的存在性、形成机制等进行分析，另一条主线则是研究其他动量效应。在前两节关于动量效应的文献梳理中，主要是针对传统动量效应和股价前期高点动量效应。但学者们同时也在不断探索其他动量效应。本节将从行业动量效应、剩余动量效应、盈余动量效应等方面对相关文献进行综述。

2.3.1 行业动量效应

Moskowitz和Grinblatt（1999）以股票在其所属行业的收益为基础进行排序，发现过去一段时间收益较高（较低）的行业股票在未来表现也较好（较差），通过购买过去收益较高行业的股票并卖出过去收益较差行业的股票，能够获得显著为正的收益。在行业研究中发现动量效应，即行业动量效应。进一步，发现控制行业动量效应后，传统动量投资策略收益会下降；而行业动量效应在控制公司规模、账面市值比、传统动量效应后仍然显著。随后一些学者对各个国家的行业动量效应进行研究，其中Swinkels（2002）、Nijman等（2004）等在欧洲市场发现显著的行业动量效应，但在日本行业动量效应却不显著。Nijman等（2004）对来自15个国家的1581只股票按不同行业进行分类，发现了行业动量效应。Lee和Swaminathan（2000）发现，加入行业动量因素后，传统动量投资策略收益会小幅下降。Grundy和Martin（2001）、Chordia和Shivakumar（2002）对传统动量效应与行业动量效应进行分析后，认为传统动量效应与行业动量是两种独立现象。

2.3.2 其他动量效应

关于动量效应的研究，从最初的传统动量效应逐渐扩展到行业动量效应、股价前期高点动量效应、剩余动量效应、盈余动量效应等。

剩余动量策略最早可追溯到Gutierrez和Pirinsky（2007）提出的异常收

益动量。Gutierrez和Pirinsky（2007）分析了异常收益动量和相对收益动量两种类型的动量，其中相对收益动量类似于传统价格动量策略，即传统动量策略；而异常收益动量实质上与后来由Blitz等（2011）提出的剩余动量相同。Chaves（2016）、Chang等（2018）对日本市场的剩余动量策略进行研究，发现剩余动量投资策略在短期内是可以获取超额收益的，而剩余动量收益在长期仍然微不足道。

Hou等（2009）研究了价格动量效应和盈余动量效应，发现处于上行市场且交易量较高的股票能够获取更高的价格动量投资收益，而处于下行市场且交易量较低的股票则具有更高的盈余动量投资收益。Griffin等（2010）将盈余消息纳入股票价格并对38个市场进行研究，发现15个股票市场出现了盈余公告漂移，并且与漂移相关的超额收益在新兴市场中并不高。宋光辉等（2017）从CAPM模型出发，将股票价格残差作为系统性非理性行为的测度，并以股票价格残差为基准构建了动量投资策略。

2.4 文献评述

动量效应的相关文献，特别是针对传统动量效应的研究，不论从动量效应的存在性检验，动量效应形成机制，还是从其他动量效应的分析来看，研究成果都相当丰富。然而，现有研究仍存在一些不足：

第一，总体而言，国际主要市场对传统动量效应的检验结果趋于一致，即证实了传统动量效应存在的广泛性与持续性。然而，传统动量效应在中国股票市场的检验还未得到统一的结论。学者们针对不同区间、不同频率的样本数据，运用不同的动量投资策略对传统动量效应进行检验，所得的实证结果仍然不能确定传统动量效应是否显著存在于中国股票市场。

第二,关于股价前期高点动量效应的研究成果还有待丰富和完善。与传统动量效应相比,股价前期高点动量效应的普遍性与持续性还有待进一步的实证证据支持。尽管股价前期高点动量效应在欧美等主要发达国家或地区的检验已取得一定成果,但是对新兴市场特别是针对中国股票市场的股价前期高点动量效应的研究寥寥无几。进一步地,在仅有的几篇对中国股票市场股价前期高点动量效应进行研究的文献中,还未形成统一的研究结论,对股价前期高点动量效应形成机制的探讨更是浅尝辄止。我国作为新兴市场的重要组成部分,是仅次于美国的第二大股票市场(Liu等,2019),但是在交易制度、运行机制、发展环境、投资者构成等各方面与发达国家市场都大不相同。因此,结合沪深股市特点对我国股票市场的股价前期高点动量效应进行研究显得更有必要。

第三,股价前期高点动量效应的拓展研究还非常稀缺。国内外文献对股价前期高点动量效应的研究主要集中于股价前期高点动量效应的存在性检验以及该效应的形成机制分析两个方面。鲜有文献考虑哪些因素会影响股价前期高点动量投资策略收益?股价前期高点动量投资策略的盈利能力在什么情况下会发生变化?股价前期高点动量投资策略在面临极端危机情况时是会持续盈利还是会面临巨额亏损?应该采取什么策略减免巨额亏损的情况发生?

鉴于此,本书结合传统动量效应与行业动量效应,对中国股票市场的股价前期高点动量效应进行全面的检验与对比分析,并从行为金融理论角度对股价前期高点动量效应的形成机制进行分析。在结合公司特征对股价前期高点动量效应进行剖析外,探索宏观经济政策不确定性对股价前期高点动量效应的影响，分析并验证宏观经济政策不确定性对股价前期高点动量效应的影响机制。最后，本书还对股价前期高点动量效应在市场持续下跌情况下的动量崩溃做了拓展研究。

第3章
Chapter 3

动量效应的理论基础

通过对动量效应的相关文献梳理，发现大量学者在探索各种动量效应的同时，也致力于研究动量效应的形成机制。总体而言，对动量效应形成机制的分析主要包括经典金融理论的风险补偿假说与行为金融相关理论两个方面。由于经典金融理论对金融市场各种异象方面的解释难以令人信服，行为金融理论通过借鉴心理学、实验经济学、社会学等相关研究，放宽经典金融理论中完全理性、无套利均衡等假设，从投资者心理和投资者行为角度对金融市场的相关异象进行解释，并取得较为丰富的研究成果。本章主要从行为资产定价理论、前景理论、有限关注方面对动量效应特别是股价前期高点动量效应进行分析，并为后面章节股价前期高点动量效应的实证研究提供理论指导。

3.1 行为资产定价理论

在经典金融定价模型难以解释动量效应的情况下，行为金融理论通过引入投资者相关行为偏差，对传统的动量效应进行分析。最经典的行为资产定价模型主要包括BSV模型、DHS模型以及HS模型。

3.1.1 BSV模型

BSV模型从投资者的保守性偏差和代表性偏差角度分析动量效应与反转效应。假定t期的每股收益信息为I_t，分为利好消息H和利空消息K。当信息来临时，投资者未能及时根据信息调整预期，造成对新信息反应不足，形成保守性偏差。即由于投资者对t期的信息反应不足，造成t期的信息对收益的影响在t+1期才体现出来：

$$E(R_{t+1}|I_t = H) > E(R_{t+1}|I_t = K) \tag{3-1}$$

对应地，当投资者因过分重视新信息忽视历史信息，造成对新信息反应过度，形成代表性偏差。即由于投资者对t期的信息反应过度，在t+1期时对反应过度的信息进行纠正：

$$E(R_{t+1}|I_t=H,I_{t-1}=H,\cdots,I_{t-j}=H) < E(R_{t+1}|I_t=K,I_{t-1}=K,\cdots,I_{t-j}=K) \tag{3-2}$$

BSV模型假设模型投资者存在保守性偏差，因对新信息反应不足选择模型（3-1），形成动量效应；因代表性偏差，对新信息反应过度选择模型（3-2），形成反转效应。

3.1.2 DHS模型

DHS模型将投资者分为知情交易者与不知情交易者两大类，其中不知情交易者不存在心理偏差，而知情交易者存在过度自信与自我归因两种偏差。由于过度自信，投资者对私人信息过分信赖而忽略公开信息，造成自身预测能力的高估与自身预测误差的低估。过度自信使正向的私人信息将股价追高至偏离基本价值，形成对信息的过度反应；在公开信息披露后，反应过度的价格在调整后实现反转。进一步，DHS模型假设私人信息与公共信息对投资者的影响是不对称的。当私人信息被公共信息证实，投资者将其归结为自身能力高超；当私人信息与公共信息相反时，则归结为噪声影响。投资者的自我归因偏差引起短期动量效应与长期反转。

在DHS的信心不变模型中，假设知情交易者（I）具备风险中性特征，而不知情交易者（U）具备风险规避特征。假设共有4个时期，在期初0时，投资者信念具有同质性。在具有私人信息的时期1，知情交易者与不知情交易者交易。在公开信息的时期2，继续交易。最后证券在时期3产生终值θ。

第3章 动量效应的理论基础

根据正态分布假设，证券价格定价公式为：

$$p_1 = \frac{\sigma_\theta^2}{\sigma_\theta^2 + \sigma_b^2}(\theta + b) \tag{3-3}$$

$$p_2 = \frac{\sigma_\theta^2(\sigma_\theta^2 + \sigma_z^2)}{D}\theta + \frac{\sigma_\theta^2\sigma_z^2}{D} + \frac{\sigma_\theta^2\sigma_b^2}{D} \tag{3-4}$$

其中，$D = \sigma_\theta^2(\sigma_b^2 + \sigma_z^2) + \sigma_b^2\sigma_z^2$，下标b表示基于知情交易者的信心计算的期望值；证券的方差用σ_θ^2表示；公开信息中噪声项的方差用σ_z^2表示。

在时期1时，由于过度信赖私人信息导致对新信息反应过度；在公开信息来临的时期2，部分调整价格；直到时期3价格被完全调整。

3.1.3 HS模型

HS模型将投资者分为根据观测到的未来情况做预测的信息观察者和根据历史信息做预测的惯性交易者，并假设私人信息在信息观察者中间是渐进扩散的。HS模型主要分为两步：

首先，信息观察者先进入市场，由于新信息的逐渐扩散，造成信息观察者对新信息反应不足。即：

$$P_t = D_t + [(z-1)\varepsilon_{t+1} + (z-2)\varepsilon_{t+2} + \cdots + \varepsilon_{t+z-1}]/z - \theta Q \tag{3-5}$$

其中，D_t为t期股利；z为信息传播速度；θ为信息观察者的风险规避与ε的方差的函数；为了简便，将风险规避规格化使θ为1；Q为资产供给。

然后，惯性交易者进入市场。惯性交易者以历史价格为基础，从信息观察者反应不足中套利，使价格向基本面加速变化，导致对信息反应过度。即：

$$P_t = D_t + [(z-1)\varepsilon_{t+1} + (z-2)\varepsilon_{t+2} + \cdots + \varepsilon_{t+z-1}]/z - Q + jA + \sum_{i=1}^{j}\phi\Delta P_{t-i} \tag{3-6}$$

其中，A为常数；φ为弹性参数，由惯性交易者的最优化形式决定。其他变量含义同公式（3-5）。

HS模型认为，首先信息观察者买入那些被低估或有利好消息的股票，惯性交易者跟进买入，使股票价格上涨至偏离基本价值，而后经过纠正后下跌。对应地，当利空消息来临时，股价持续并过度下跌后经调整上涨。HS模型从信息观察者和惯性交易者这两类有限理性群体的相互作用出发，解释反应不足与反应过度。

3.2 前景理论

预期效用理论关于投资者风险态度不变的假定，受到阿莱悖论等的质疑。Kahneman和Tversky（1979）在阿莱悖论的基础上，认为投资者在高风险与低风险时的风险态度是不同的，价值函数具有凹凸两部分。前景理论从投资者行为角度出发，研究投资者如何选择风险和收益，并认为价值函数和决策权重共同决定了期望价值。即：

$$V=\sum_{i=1}^{n}w(p_i)v(x_i) \tag{3-7}$$

其中，V表示期望价值；w表示决策权重；v是价值函数。

价值函数以参照点为界，在盈利时为风险厌恶的凹形，在亏损时为偏好风险的凸形（后者斜率大于前者），进而形成一条以拐点为界的S型价值函数图形。

在面临不确定性时，投资者通过概率推理进行决策。前景理论认为，决策权重具有类别边际效应、容易高估小概率事件、各互补概率权重之和小于确定性结果、端点性质不良等特点。

3.3 有限关注理论

经典的资产定价模型往往假设投资者能够低成本地获取大量信息,并对信息给予充分关注,资产价格能够反映相关信息。随着互联网的加速发展,信息呈爆炸式增长,大量的信息会消耗投资者的精力。认知心理学认为关注是一种稀缺资源,稀缺的是关注并处理信息的能力,而不是信息本身。关注理论认为人类的认知能力是有限的,在面临纷繁复杂的信息时,有限关注会表现出信息超载。在面临超载信息时,有限关注会使投资者在短期内对信息反应不足,长期内对信息反应滞后,导致对资产的错误定价,进而形成金融市场异象。

Peng 和 Xiong(2006)发现基于有限关注的动态模型,能够从过度自信角度解释资产间的收益联动,认为该现象源于投资者将有限的精力放在市场方面的信息而忽略公司信息。Cohen 和 Frazzini(2008)认为投资者关注会导致 PEAD 现象。由于有限关注,股票价格不能全面及时地反映重要的公开信息,导致短期内对公开信息反应不足,形成盈余动量。

3.4 动量效应产生的作用机理

3.4.1 传统动量效应的作用机理

以收益为基础的传统动量效应在股票市场的表现为:过去一段时间表现较好(较差)的股票在未来一段时间的表现也较好(较差)。利用过去历史收益信息能够预测未来收益。行为金融理论中以 BSV 模型、DHS 模型以及 HS 模型为行为资产定价的理论基础，综合分析动量效应的作用机制。

总体来说，BSV 模型、HS 模型分别从保守性偏差、代表性偏差角度以及信息观察者和惯性交易者角度分析动量效应与反转效应产生的作用机理。即当新信息来临时，投资者未能根据新信息及时调整投资策略，导致对新信息反应不足，利好（利空）消息使股价进一步上涨（下跌），资产价格延续原来运动方向，形成动量效应。长期内，由于投资者对新信息反应过度，形成反转效应。DHS 模型中由于知情交易者的过度自信与自我归因偏差，当公开信息肯定私人信息时，投资者对已有信息反应过度形成动量效应；在长期，因纠正反应过度形成反转效应。

3.4.2 股价前期高点动量效应的作用机理

根据有限关注理论，由于认知能力有限，投资者难以对大量信息进行加工处理，反而会关注一些显著而易获取的信息，并以此作为参照点，在投资决策中形成心理感受，并形成投资决策。在认知心理学、实验经济学、有限关注理论、前景理论的共同作用下，投资者选择市场中常常被使用的参照点，作为初始锚定点，并根据锚定点的不断调整来制定投资策略。由于这种调整是不充分的，当新信息来临时，利好（利空）消息追涨（追跌）股票价格接近（远离）参照点（锚定点）时，投资者在锚定偏差和调整作用下，对利好（利空）消息反应不足，致使股价最终延续原来运动方向，进而形成动量效应。

第4章
Chapter 4

股价前期高点动量效应的存在性

第4章 股价前期高点动量效应的存在性

作为最持久且普遍存在的异象之一，动量效应一直以来都是学术界和实务界关注的焦点。与传统动量效应显著存在于多数发达国家和发展中国家不同，中国股票市场没有发现显著的动量效应。本章以股价前期高点动量效应为基础，全面检验中国股票市场是否存在显著的股价前期高点动量效应，并对股价前期高点动量效应、传统动量效应和行业动量效应进行全面分析与比较。

4.1 引言

20世纪80年代以来，越来越多的实证研究发现大量经典金融理论无法解释的异象。其中，最难以解释且长期普遍存在于各个市场的动量效应（Fama和French，2008）对有效市场理论提出了质疑。Jegadeesh和Titman（1993）在对美国股票市场进行检验时，发现以过去一段时间的累积收益为基础构建的投资组合，在接下来的一段时间将延续其收益惯性；发现通过购买过去的赢家组合并卖出过去的输家组合可以获得显著为正的收益。随后，大量学者对动量效应进行了广泛、持久、深入地研究。研究对象从传统动量效应扩展到行业动量效应、股价前期高点动量效应等，研究范围也从成熟股票市场扩展到了新兴股票市场。在这些研究中，股价前期高点动量效应，从价格水平角度描述了投资者对锚定点的依赖，从不同的行为偏差视角对动量效应进行了解释。与传统动量投资策略和行业动量投资策略不同，股价前期高点动量投资策略以价格水平而非价格变化为基础构造投资策略，并发现该策略在美国、欧洲等众多发达市场能够实现显著为正的收益（George和Hwang，2004；Liu等，2011；Brogaard和Detzel，2015）。相对于传统动量效应和行业动量效应，股价前期高点动量效应是否普遍存在于各个市场，需要更丰富的证据支持。

自1990年以来，我国股票市场经过30来年的持续发展，已经发展成为仅次于美国的全球第二大股票市场（Liu等，2019）。作为新兴市场的重要组成部分，我国在政治经济环境、市场制度和投资者构成等方面与美国以及其他发达经济体存在显著差异（Liu等，2019）。相对于成熟市场，对具有鲜明特色的中国股票市场进行动量效应研究显得十分必要且具有重要意义。

本章以52周股价前期高点为基础构造股价前期高点动量投资策略，检验股价前期高点动量效应在中国股票市场的显著性，并对股价前期高点动量效应、传统动量效应和行业动量效应进行全面的分析比较。本章主要运用组合分析法对各种策略进行系统分析，并从分组方法、策略构造等方面进行稳健性检验，确保结论的可靠性和科学性。

4.2 研究设计

4.2.1 数据来源与样本选择

4.2.1.1 数据来源

本章选取上海证券交易所、深圳证券交易所和创业板上市的所有A股公司作为研究对象，所有股票交易数据、行业数据、财务数据、IPO数据、ST/PT数据等均来自国泰安CSMAR经济金融研究数据库和RESSET金融研究数据库。

4.2.1.2 样本选择

根据本章研究需要,对样本数据分别进行了以下处理:

1. 样本区间

本章主要样本数据选取 2000 年 1 月至 2018 年 12 月为研究区间,共计 228 个月度数据。样本区间选择在 2000 年以后主要基于以下考虑:第一,保证相关财务数据的一致性。在 1999 年以前,关于我国财务报告中的很多规则和条例的执行还未统一。实际上,关于公平交易和财务信息披露源于 1993 年,因上市公司未能得到相应详细的指导而无法满足相关要求。因此,各个公司按照自己的标准披露财务信息,限制了财务数据研究中的可比性。这种情况一直持续到 1998 年和 1999 年,此时相关财务报告的法律和条例才得到比较彻底地设计和执行。例如,关于企业营业收入披露的详细指引于 1998 年 12 月印发,并要求上市公司从 1999 年 1 月 1 日起执行;而《证券法》于 1998 年 12 月修订通过,并于 1999 年 7 月实施。直到 1999 年,统一的会计准则才被广泛执行。由于在构建投资组合时,需要回溯前一年的相关数据,为保证财务数据的可比性和统一性,选取 2000 年以后的数据样本。

第二,确保足够有效的样本观测值。在中国股票市场构建初期的 10 年,不仅市场交易制度不够完善,财务数据缺乏统一性,并且 A 股上市公司数量有限,股票价格波动较大,信息质量较低。为保证策略构建过程中,投资组合包含足够有效的样本观测值,因此将样本区间设定在了 2000 年以后。

第三,与最新国际前沿研究保持一致。为了研究的可比性,借鉴最新国际前沿中对中国股票市场区间样本的选择(Jiang 等,2018;Liu 等,2019)。为保证研究结论的稳健性,参考(Nartea 等,2017)本书也将样本区间向前延伸到1997年1月，其主要研究结论皆通过稳健性检验。

2. 数据处理

第一，排除金融类公司数据和ST、PT类公司数据。首先，按照中国证监会出台的《上市公司行业分类指引（2012年修订）》，将金融类公司排除在样本之外。与其他行业不同，金融类公司因具有高杠杆和高负债性特征，在实证研究中常常被排除在外。其次，剔除ST、PT等公司数据的影响。在构造相应的策略时，将处于ST、PT等状态的相应股票数据进行动态调整。为了避免因删除数据可能造成的偏差，保留相关退市公司数据。

第二，剔除核心变量缺失值并排除IPO效应。在构造相应的动量投资组合过程中，将核心变量缺失值数据剔除，以保证策略形成期和持有期的连续性和持续性。另外，考虑到IPO效应，本章数据剔除上市公司第一年的相关数据。

第三，剔除极端值。为了减轻离群值对研究结论的影响，剔除每日股票价格变动超过10%的数据，并剔除月收益率大于200%的数据（Nartea等，2017）。在数据处理过程中，对相关变量在1%和99%分位数上进行缩尾处理。

4.2.2 变量选择与定义

4.2.2.1 PTH（Price-to-High）变量

根据George和Hwang（2004），将PTH（Price-to-High）定义为当前股票价格与过去12个月的最高股票价格之比：

$$PTH_{i,t} = \frac{P_{i,t}}{High_{i,52-week}} \tag{4-1}$$

其中，$P_{i,t}$为股票i在t月的收盘价格（考虑现金红利和再投资收益），

$High_{i,52-week}$ 为股票 i 在过去 12 个月（即过去 52 周）中的最高价格。PTH 变量能够衡量当前股票价格与 52 周股价前期高点的接近程度：当股票价格越远离 52 周股价前期高点时，PTH 值越小；当股票价格越接近 52 周股价前期高点时，PTH 值越大；当股票价格为 52 周股价前期高点时，PTH 达到最大值 1。

4.2.2.2　PTHL（Price-to-High/Price-to-Low）变量

George 和 Hwang（2004）认为 52 周股价前期高点动量效应的来源是锚定效应，即投资者以 52 周股价前期高点作为参照点来构造动量投资组合并进行投资。当有利好（利空）消息使目前股票价格逐渐上升（下降），并不断接近（远离）52 周股价前期高点时，这时即使存在明确的利好（利空）消息，投资者也认为股票价格不会进一步上涨（下跌）。最终，利好（利空）消息使股票价格进一步上涨（下跌），并形成动量效应。从 George 和 Hwang（2004）的锚定效应可以看出，在利好消息来临股价不断上升时，用 52 周股价前期高点作为参照点，能够较好地衡量投资者的锚定偏差。但是，在利空消息来临股票价格不断下降时，投资者是否会用当前股票价格与过去 52 周股价前期低点的接近程度，而非当前股票价格远离 52 周股价前期高点的程度来调整锚定偏差呢？为此，本书采用 52 周股价前期高点（52 周股价前期低点）作为利好消息（利空消息）使股价上升（下降）时的参照点。并提出新的衡量指标：

$$PTHL_{i,t} = \frac{High_{i,52-week} - P_{i,t}}{High_{i,52-week} - Low_{i,52-week}} \qquad (4-2)$$

其中，$P_{i,t}$ 为股票 i 在 t 月的收盘价格（考虑现金红利和再投资收益），$High_{i,52-week}$ 为股票 i 在过去 12 个月（即过去 52 周）中的最高股票价格（考虑现金红利和再投资收益），$Low_{i,52-weeK}$ 为股票 i 在过去 12 个月（即过去 52 周）中的最低股票价格（考虑现金红利和再投资收益）。$PTHL_{i,t}$ 变量用来衡量当前股票价格与 52 周股价前期高点的接近程度：当股票价格越接近 52 周股价前期高点时，$PTHL_{i,t}$ 值越小；当股票价格越接近 52 周股价前期低点时，$PTHL_{i,t}$ 值越大。当股票价格为 52 周股价前期高点时，$PTHL_{i,t}$ 达到最小值 0；当股票价格为 52 周股价前期低点时，$PTHL_{i,t}$ 达到最大值 1。

4.2.2.3 平均回报率——PR 变量

在 t 月末，计算股票过去 J 个月的平均回报率：

$$PR_{i,t} = \sqrt[J]{\prod_{s=t-J+1}^{t}(1+R_{i,s})} \qquad (4-3)$$

其中，$R_{i,s}$ 为股票 i 在 s 时刻的回报率。

4.2.2.4 等权组合收益——ER（Equal-weighted Return）变量

在 t 月末，计算投资组合的等权收益：

$$ER_{p,t} = \frac{\sum_{i=1}^{n} R_{i,t}}{n} \qquad (4-4)$$

其中，$R_{i,t}$ 为 t 月末组合中个股 i 的回报率，n 为组合中的股票数量。

4.2.2.5 加权组合收益——VR（Value-weighted Return）变量

在 t 月末，计算投资组合的加权收益：

$$VR_{p,t} = \sum_{i=1}^{n} R_{i,t} \times W_{i,t} \qquad (4-5)$$

其中，$R_{i,t}$ 为 t 月末组合中个股 i 的回报率，$W_{i,t}$ 为 t-1 月末组合中个股 i 的流通市值占组合流通市值的权重。

4.2.2.6 Size变量

计算公司规模：

$$Size_{i,y} = \ln(ME_{i,y}) \tag{4-6}$$

其中，$Size_{i,y}$表示公司i在y年的公司规模，$Size_{i,y}$表示公司i在y年的市场价值，用公司i在y年6月底的流通市值表示。

4.2.2.7 BM变量

计算账面市值比：

$$BM_{i,y} = \frac{BE_{i,y-1}}{ME_{i,y}} \tag{4-7}$$

其中，$BM_{i,y}$表示公司i在y年末的账面市值比；$BE_{i,y-1}$表示公司i在y-1年末的股东权益价值，$ME_{i,y}$表示公司i在y年的市场价值，用公司i在y年6月底的流通市值表示。

4.2.2.8 AG变量

计算资产增长率：

$$AG_{i,y} = \frac{A_{i,y} - A_{i,y-1}}{A_{i,y-1}} \tag{4-8}$$

其中，$AG_{i,y}$表示公司i在y年的资产增长率，$A_{i,y}$公司i在y年末的总资产，$A_{i,y-1}$公司i在y-1年末的总资产。

4.2.2.9 ROE变量

计算股东权益比率：

$$ROE_{i,y} = \frac{NI_{i,y}}{BE_{i,y}} \tag{4-9}$$

其中，$ROE_{i,y}$表示公司i在y年末的股东权益收益率；$NI_{i,y}$表示公司i在y

年末的净利润，$BE_{i,y}$（Book Equity）表示公司i在y年末的股东权益价值。

4.2.2.10 TO变量

计算换手率：

$$TO_{i,t} = \sqrt[12]{\prod_{s=t-11}^{t} T_{i,s}} \qquad (4-10)$$

其中，$TO_{i,t}$表示公司i在t月时过去12个月的换手率，$T_{i,s}$表示公司i在s月的日均换手率。

4.2.3 研究方法与模型设定

4.2.3.1 研究方法

资产定价实证研究中的两大研究方法分别为投资组合分析法（Portfolio Analysis）和回归分析法（Regression Analysis）。本章主要运用这两种方法进行分析。

1. 投资组合分析法

在资产定价实证研究领域，以Fama、French、Shleifer等为代表最常用的研究方法之一就是投资组合分析法。投资组合分析主要包括关键变量的选择与排序、投资组合的构建与平衡、投资组合收益分析等方面：

第一，关键变量的选择与排序。在投资组合分析法中，首先要选取需要研究的关键变量，并对关键变量进行排序。其中排序方法按照关键变量个数分为单变量排序方法和多变量排序方法。其次根据关键变量的排序计算相关分位数，并将所有样本按照研究需要进行分组。

第二，投资组合的构建与平衡。根据研究需要构建相应的投资组合，在策略构建中设计不同的持有期，并按研究需要进行投资组合的调整与平衡。

第三，投资组合收益分析。投资组合收益分析主要包括对投资组合原始收益的分析和对调整收益的分析。具体而言，在分析投资组合收益时，主要考察零成本投资组合的收益及其显著情况；在分析调整收益时，用学术界公认的评估模型取得FF3调整收益，并对其进行显著性分析。同时考察原始收益和调整收益，有利于研究结论的稳健性和可靠性。

2. 回归分析法

回归分析法是金融实证研究中的常见方法，本章在分析调整收益时主要运用了时间序列回归对动量效应的显著性进行检验。

4.2.3.2 模型设定

本章用Fama-French三因子模型作为基准来检验股价前期高点动量投资策略、传统动量投资策略和行业动量投资策略的调整收益，以此来检验这三种动量效应在中国股票市场的显著性。具体如模型（4-11）：

$$R_{P,K,t}^{GH} - R_{f,t} = \alpha + \beta_{P,K,MKT} MKT_t + \beta_{P,K,SMB} SMB_t + \beta_{P,K,HML} HML_t + \varepsilon_{P,t} \quad (4\text{-}11a)$$

$$R_{P,K,t}^{JT} - R_{f,t} = \alpha + \beta_{P,K,MKT} MKT_t + \beta_{P,K,SMB} SMB_t + \beta_{P,K,HML} HML_t + \varepsilon_{P,t} \quad (4\text{-}11b)$$

$$R_{P,K,t}^{MG} - R_{f,t} = \alpha + \beta_{P,K,MKT} MKT_t + \beta_{P,K,SMB} SMB_t + \beta_{P,K,HML} HML_t + \varepsilon_{P,t} \quad (4\text{-}11c)$$

其中，$R_{P,K,t}^{GH}$是股价前期高点动量策略投资组合P在t月K个持有期的回报率；$R_{P,K,t}^{JT}$是传统动量策略投资组合P在t月K个持有期的回报率；$R_{P,K,t}^{MG}$是行业动量策略投资组合P在t月K个持有期的回报率；$R_{f,t}$是t月的无风险回报率；MKT_t、SMB_t、HML_t分别对应Fama-French三因子模型中在t月的市场溢价因子、规模因子和账面市值比因子。

4.3 股价前期高点动量效应的存在性

4.3.1 描述性统计分析

表4-1列示了价格变量、收益变量和公司特征变量的描述性统计信息。具体来看，价格变量中PTH的平均值为0.8015，略小于中位数0.8227，而绝大部分PTH值介于0.6861—0.9557，样本区间内PTH的最小值为0.3417，最大值为1。与PTH相比，PTHL的均值、中位数都小于PTH值，PTHL的取值范围在0—1，比PTH的取值范围更广。当前股票价格为过去52周股价前期高点时，PTHL为0；当前股票价格为过去52周股价低点时，PTHL为1。可以看出，当利好（利空）消息来临时，PTHL能更准确地度量股票价格与锚的距离。

表4-1　　描述性统计分析

变量	均值	标准差	最小值	P25	中位数	P75	最大值
PTH	0.8015	0.1679	0.3417	0.6861	0.8227	0.9557	1.000
PTHL	0.5384	0.3811	0.0000	0.1481	0.5875	0.9289	1.000
PR_{JT6}	0.0037	0.0542	−0.1214	−0.0320	−0.0024	0.0327	0.1764
PR_{MG6}	0.0090	0.0457	−0.1077	−0.0217	0.0018	0.0300	0.1668
Size	21.5493	1.2258	17.6781	20.6557	21.4692	22.3591	28.2378
BM	0.7921	0.7166	0.0536	0.3243	0.5682	1.0020	4.2032
AG	0.2036	0.4032	−0.4207	0.0170	0.1082	0.2497	2.8262
ROE	0.0686	0.1170	−1.0829	0.0325	0.0719	0.1143	0.3503
TO	1.9319	1.4477	0.0004	0.8674	1.5213	2.5943	16.6846

注：价格变量与收益变量的样本区间为2000年1月至2018年12月，计算时涉及滞后期间，实际需要的价格变量样本滞后1年，收益变量滞后6个月；公司特征变量涉及的财务年度报告为1999—2017年的财务报表。

就收益变量而言，PR_{JT6}的最小值为-12.14%，最大值为17.64%，主要观测值在-3.20%—3.27%，均值为0.37%高于中位数-0.24%。PR_{MG6}的均值为0.90%高于中位数0.18%，最小值为-10.77%，最大值为16.68%，且大部分值在-2.17%—3.00%。PR_{MG6}的标准差略小于PR_{JT6}，说明行业收益波动比个股收益波动略小。就公司特征变量来看，BM的均值为0.7921，而样本内资产增长均值为20.36%；股东权益收益率均值小于中位数，大部分样本值位于3.25%—11.43%。

4.3.2 股价前期高点动量效应的存在性

George和Hwang（2004）以PTH为基础构建的投资组合在利好消息来临时，能够较好地反映投资者的锚定偏差。但当利空消息来临时，考虑是否可以用当前股票价格与52周股价前期低点的接近程度（PTHL），而不是用当前股票价格远离52周股价前期高点的程度（PTH）来衡量投资者的锚定偏差？因此，本章在讨论股价前期高点动量效应时，同时选取PTH和PTHL两个变量在中国股票市场上构造股价前期高点动量投资组合。

4.3.2.1 策略构建

具体来讲，在t月末，将所有股票按照t-1月的PTH（PTHL）进行升序（降序）排序，并将股票按PTH（PTHL）依次分为10个投资组合（1，2，…，9，10）。其中PTH（PTHL）值最小（最大）的一组为组合1，称为输家组合Loser（L），PTH（PTHL）值最大（最小）的一组为组合10，称为赢家组合Winner（W）。组合的持有期为t+1至t+K（K=3，6，9，12），采用重叠抽样方法，计算10个组合未来K个月的平均月收益，以及零成本投资组合

（即买入赢家组合并卖出输家组合Winner-Loser，即W-L）的收益。在股价前期高点动量投资策略构建过程中，将PTH为1的观察值排除在分组断点之外，并在分组时将PTH为1的股票纳入赢家组合；将PTHL为0或1的值排除在分组断点之外，并在分组时将PTH为0的股票纳入赢家组合，将PTH为1的股票纳入输家组合。根据George等（2018），并在形成期（J）和持有期（K）之间保留1个月的间隔。

4.3.2.2 股价前期高点动量效应存在性检验

1.股价前期高点动量投资组合的原始收益

表4-2列示了2000年1月到2018年12月持有期（K）分别为3个月、6个月、9个月、12个月的股价前期高点动量投资策略组合原始收益情况。收益按百分数形式列示，括号中报告了Newey-West的t统计值。其中，Panel A是按PTH变量构造的股价前期高点动量投资策略投资组合原始收益情况，Panel B是按PTHL构造的股价前期高点动量投资策略投资组合原始收益情况。第2—5列是按简单平均计算的等权组合收益，第7—9列是按流通市值计算的加权组合收益。

如表4-2 Panel A所示，当持有期K=6时，输家组合的等权收益为0.78%，而赢家组合的等权收益为1.45%，买入赢家组合并卖出输家组合的零成本投资组合W-L的等权收益为0.67%（t=2.79），在1%的水平上显著为正。当持有期分别为3个月、9个月、12个月时，W-L组合分别获取0.65%（t=2.30）、0.57%（t=2.58）、0.43%（t=2.08）的等权收益，并且所有W-L的等权组合收益都显著为正。另外，就加权组合收益而言，持有期分别为3个月、6个月、9个月、12个月时，W-L组合收益分别为0.68%（t=1.95）、

0.75%（t=2.52）、0.71%（t=2.62）、0.55%（t=2.16），且所有组合收益显著为正。说明按PTH变量构造的投资组合中，股票价格越接近52周股价前期高点的股票延续了股价持续上涨的趋势，而那些远离52周股价前期高点的股票则延续了股价持续下跌的趋势，并形成显著的股价前期高点动量效应。

如表4-2 Panel B所示，当持有期分别为3个月、6个月、9个月、12个月时，W-L组合等权收益分别为0.44%、0.40%、0.31%和0.20%，并且除了持有期为12个月的投资组合，所有W-L组合的等权收益都显著为正。同样，就加权组合收益而言，持有期分别为3个月、6个月、9个月、12个月时，W-L组合的加权收益分别为0.55%、0.57%、0.51%、0.36%（t=2.16），并且除了持有期为12个月的投资组合，所有组合加权收益显著为正。进一步地，表4-2的实证结果表明，与Panel A相比，以PTHL变量构造的W-L组合收益均低于以PTH变量构造的W-L组合收益。是什么原因导致以上结果呢？

表4-2　　　　　股价前期高点动量投资策略组合收益情况　　　　单位：%

组合	K=3	K=6	K=9	K=12	K=3	K=6	K=9	K=12
Panel A 股价前期高点动量策略组合原始收益情况—PTH								
	等权收益				加权收益			
1（L）	0.78	0.78	0.85	0.96	0.42	0.35	0.38	0.49
	（0.98）	（1.00）	（1.10）	（1.23）	（0.53）	（0.46）	（0.51）	（0.66）
2	1.04	1.14	1.19	1.24	0.60	0.60	0.64	0.69
	（1.32）	（1.45）	（1.52）	（1.56）	（0.75）	（0.78）	（0.86）	（0.93）
3	1.27	1.28	1.31*	1.32*	0.92	0.83	0.80	0.82
	（1.58）	（1.62）	（1.66）	（1.68）	（1.14）	（1.07）	（1.08）	（1.10）
4	1.34*	1.29	1.32*	1.35*	0.86	0.80	0.87	0.87
	（1.67）	（1.64）	（1.69）	（1.73）	（1.09）	（1.06）	（1.15）	（1.17）
5	1.36*	1.37*	1.37*	1.39*	0.84	0.86	0.85	0.87
	（1.75）	（1.77）	（1.78）	（1.80）	（1.13）	（1.19）	（1.18）	（1.20）

续表

组合	K=3	K=6	K=9	K=12	K=3	K=6	K=9	K=12
\multicolumn{9}{c}{Panel A 股价前期高点动量策略组合原始收益情况—PTH}
	等权收益				加权收益			
6	1.42*	1.42*	1.42*	1.42*	1.02	1.02	0.98	1.00
	(1.85)	(1.84)	(1.84)	(1.85)	(1.35)	(1.39)	(1.35)	(1.39)
7	1.37*	1.39*	1.40*	1.41*	0.94	0.95	0.95	0.96
	(1.80)	(1.83)	(1.86)	(1.86)	(1.32)	(1.33)	(1.36)	(1.36)
8	1.48*	1.40*	1.41*	1.42*	1.04	0.98	0.95	0.95
	(1.92)	(1.86)	(1.86)	(1.88)	(1.42)	(1.39)	(1.36)	(1.38)
9	1.50*	1.48*	1.47*	1.47*	1.20*	1.08	1.02	1.01
	(1.98)	(1.98)	(1.97)	(1.96)	(1.66)	(1.55)	(1.51)	(1.49)
10(W)	1.43**	1.45**	1.42*	1.38*	1.10*	1.10*	1.09	1.04
	(1.98)	(1.99)	(1.93)	(1.87)	(1.69)	(1.67)	(1.64)	(1.56)
W−L	0.65**	0.67***	0.57**	0.43**	0.68*	0.75**	0.71***	0.55**
	(2.30)	(2.79)	(2.58)	(2.08)	(1.95)	(2.52)	(2.62)	(2.16)
\multicolumn{9}{c}{Panel B 股价前期高点动量策略组合原始收益情况—PTHL}
	等权收益				加权收益			
1(L)	0.94	1.00	1.05	1.14	0.55	0.51	0.56	0.66
	(1.24)	(1.34)	(1.42)	(1.51)	(0.73)	(0.71)	(0.81)	(0.95)
2	1.16	1.17	1.25	1.30*	0.81	0.75	0.79	0.84
	(1.47)	(1.53)	(1.63)	(1.69)	(1.03)	(1.03)	(1.10)	(1.16)
3	1.23	1.23	1.30*	1.33*	0.94	0.85	0.85	0.86
	(1.57)	(1.62)	(1.70)	(1.72)	(1.26)	(1.18)	(1.18)	(1.20)
4	1.28	1.29*	1.34*	1.37*	0.93	0.89	0.92	0.95
	(1.62)	(1.66)	(1.74)	(1.76)	(1.21)	(1.21)	(1.25)	(1.29)
5	1.48*	1.39*	1.41*	1.40*	1.06	1.04	1.01	0.99
	(1.81)	(1.77)	(1.81)	(1.81)	(1.34)	(1.37)	(1.38)	(1.37)
6	1.28*	1.29*	1.30*	1.33*	0.87	0.83	0.84	0.87
	(1.68)	(1.71)	(1.71)	(1.75)	(1.19)	(1.18)	(1.18)	(1.22)
7	1.40*	1.37*	1.32*	1.33*	0.96	0.90	0.84	0.85
	(1.82)	(1.78)	(1.74)	(1.75)	(1.27)	(1.25)	(1.20)	(1.20)
8	1.41*	1.35*	1.31*	1.32*	1.00	0.97	0.90	0.93
	(1.82)	(1.74)	(1.71)	(1.72)	(1.29)	(1.35)	(1.30)	(1.34)

续表

组合	K=3	K=6	K=9	K=12	K=3	K=6	K=9	K=12
Panel B 股价前期高点动量策略组合原始收益情况—PTHL								
	等权收益				加权收益			
9	1.37*	1.33*	1.34*	1.34*	1.00	0.96	0.98	0.98
	(1.80)	(1.77)	(1.79)	(1.79)	(1.38)	(1.35)	(1.41)	(1.41)
10(W)	1.37*	1.40*	1.37*	1.33*	1.10	1.08	1.07	1.02
	(1.88)	(1.92)	(1.85)	(1.80)	(1.64)	(1.62)	(1.59)	(1.51)
W-L	0.44*	0.40*	0.31*	0.20	0.55*	0.57**	0.51**	0.36
	(1.73)	(1.77)	(1.68)	(1.03)	(1.75)	(2.00)	(2.00)	(1.55)

注：该表列示了2000年1月到2018年12月的股价前期高点动量投资策略组合原始收益情况。括号中报告了Newey-West的t统计值。其中，*、**、***分别表示在10%、5%和1%水平上显著。

与以PTH变量构造的动量投资策略组合相比，以PTHL变量构造的动量投资策略在利好消息与利空消息来临时，以52周股价前期高点与52周前期股价低点两个锚定点为基础衡量当前股价与两个锚定点之间的接近程度。由于以PTHL变量构造的动量投资策略根据信息更加灵活地调整了锚定点，使投资者行为偏差变小，进而导致以PTHL变量构造的W-L组合收益无论在绝对数值还是显著性水平上均低于以PTH变量构造的W-L组合。

综上所述，从表4-2可以看出，基于PTH变量和PTHL变量构造的两种股价前期高点动量投资策略都能够在中国股票市场上取得显著为正的收益，说明中国股票市场存在显著的股价前期高点动量效应。

2.股价前期高点动量投资组合的FF3调整收益

表4-2中显著为正的W-L组合原始收益，可能源于赢家组合承担了更高的风险。为了排除风险因素，进一步检验股价前期高点动量效应在中国股票市场的显著性，根据模型（4-11），计算了以Fama-French三因子为基础的股价前期高点动量投资策略的调整收益。

表4-3列示了持有期分别为3个月、6个月、9个月、12个月的股价前

期高点动量投资策略组合的调整收益，括号中报告了Newey-West的t统计量。就Panel A而言，持有期（K）为6个月的输家组合的等权（加权）收益为–0.58%（–0.77%），t值为–3.65（–4.61），在1%的水平上显著为负；而赢家组合的等权（加权）收益为0.38%（0.43%），t值为2.10（2.43），在5%的水平上显著为正。更重要的是，当持有期分别为3个月、6个月、9个月、12个月时，多空对冲组合W–L的等权（加权）收益分别为0.90%、0.95%、0.86%、0.71%（1.09%、1.20%、1.15%、0.99%），对应的t值分别为2.99、3.98、3.95、3.45（3.18、4.52、4.88、4.38）。

Panel B与Panel A有类似的结果，在持有期为3个月、6个月、9个月、12个月时，多空对冲组合W–L的收益全部显著为正。尽管基于PTHL变量构造的股价前期高点动量投资策略组合在收益的绝对值和显著性水平略差于基于PTH变量构造的投资组合，但是表4-3的结果表明，以PTH变量和PTHL变量为基础构造的股价前期高点动量投资策略，其零成本投资组合在中国股票市场上取得显著为正的等权（加权）收益。综合表4-2和表4-3不同持有期、不同组合收益计算方式的结果可以看出，中国股票市场存在显著的股价前期高点动量效应。这一结论与美国股票市场以及其他成熟市场结论一致（George和Hwang，2004；Liu等，2011；Brogaard和Detzel，2015；George等，2018）。

表4-3　　　　　股价前期高点动量投资策略组合调整收益情况　　　　单位：%

组合	K=3	K=6	K=9	K=12	K=3	K=6	K=9	K=12
Panel A 股价前期高点动量策略组合调整收益情况—PTH								
	等权收益				加权收益			
1（L）	–0.53***	–0.58***	–0.52***	–0.42***	–0.66***	–0.77***	–0.73***	–0.62***
	(–2.66)	(–3.65)	(–3.65)	(–3.13)	(–2.81)	(–4.61)	(–5.06)	(–4.60)

续表

组合	K=3	K=6	K=9	K=12	K=3	K=6	K=9	K=12
Panel A 股价前期高点动量策略组合调整收益情况—PTH									
	等权收益				加权收益			
2	−0.12	−0.18	−0.14	−0.10	−0.32	−0.47***	−0.42***	−0.37***
	(−0.59)	(−1.40)	(−1.21)	(−0.90)	(−1.36)	(−3.16)	(−3.32)	(−3.32)
3	−0.01	−0.05	−0.03	−0.02	−0.05	−0.19	−0.21**	−0.20**
	(−0.07)	(−0.46)	(−0.31)	(−0.18)	(−0.20)	(−1.27)	(−1.75)	(−1.70)
4	0.11	0.01	0.02	0.05	−0.10	−0.20	−0.15	−0.14
	(0.65)	(0.08)	(0.20)	(0.52)	(−0.47)	(−1.59)	(−1.34)	(−1.30)
5	0.05	0.06	0.06	0.09	−0.16	−0.16	−0.15	−0.13
	(0.42)	(0.52)	(0.55)	(0.85)	(−1.20)	(−1.27)	(−1.37)	(−1.22)
6	0.17	0.13	0.13	0.14	0.10	0.06	0.04	0.06
	(1.30)	(1.17)	(1.25)	(1.29)	(0.56)	(0.47)	(0.35)	(0.63)
7	0.16	0.14	0.15	0.15	−0.03	−0.03	−0.01	0.01
	(1.35)	(1.16)	(1.32)	(1.36)	(−0.23)	(−0.29)	(−0.12)	(0.03)
8	0.30**	0.20	0.19	0.21*	0.22*	0.15	0.11	0.12
	(2.18)	(1.54)	(1.55)	(1.72)	(1.69)	(1.18)	(0.96)	(1.05)
9	0.35**	0.31**	0.29**	0.28**	0.42**	0.27**	0.23**	0.22*
	(2.29)	(2.23)	(2.11)	(2.08)	(2.64)	(2.17)	(1.97)	(1.83)
10 (W)	0.36*	0.38**	0.34**	0.30*	0.44**	0.43**	0.42**	0.37**
	(1.87)	(2.10)	(2.00)	(1.81)	(2.31)	(2.43)	(2.56)	(2.33)
W−L	0.90***	0.95***	0.86***	0.71***	1.09***	1.20***	1.15***	0.99***
	(2.99)	(3.98)	(3.95)	(3.45)	(3.18)	(4.52)	(4.88)	(4.38)
Panel B 股价前期高点动量策略组合调整收益情况—PTHL									
	等权收益				加权收益			
1 (L)	−0.33*	−0.33**	−0.28**	−0.19*	−0.42**	−0.52***	−0.46***	−0.35***
	(−1.96)	(−2.53)	(−2.45)	(−1.84)	(−2.06)	(−3.35)	(−3.77)	(−3.35)
2	−0.13	−0.14	−0.07	−0.01	−0.21	−0.29**	−0.24**	−0.18*
	(−0.72)	(−1.10)	(−0.67)	(−0.13)	(−0.88)	(−2.04)	(−2.08)	(−1.71)
3	−0.08	−0.09	−0.04	−0.01	−0.08	−0.19*	−0.18*	−0.16*
	(−0.60)	(−0.89)	(−0.35)	(−0.06)	(−0.44)	(−1.75)	(−1.84)	(−1.73)
4	0.04	−0.02	0.03	0.05	−0.05	−0.15	−0.09	−0.07
	(0.28)	(−0.20)	(0.32)	(0.49)	(−0.34)	(−1.47)	(−0.95)	(−0.70)

续表

组合	K=3	K=6	K=9	K=12	K=3	K=6	K=9	K=12
Panel B 股价前期高点动量策略组合调整收益情况—PTHL								
	等权收益				加权收益			
5	0.25	0.13	0.13	0.13	0.20	0.14	0.11	0.09
	(1.52)	(1.07)	(1.09)	(1.13)	(0.94)	(0.91)	(0.79)	(0.82)
6	0.03	0.03	0.03	0.06	−0.05	−0.13	−0.12	−0.08
	(0.25)	(0.26)	(0.28)	(0.54)	(−0.33)	(−1.02)	(−1.08)	(−0.78)
7	0.22*	0.16	0.11	0.11	0.04	−0.03	−0.09	−0.07
	(1.69)	(1.26)	(0.91)	(0.99)	(0.24)	(−0.23)	(−0.78)	(−0.63)
8	0.31*	0.18	0.14	0.14	0.21	0.14	0.07	0.10
	(1.72)	(1.27)	(1.06)	(1.07)	(1.31)	(1.03)	(0.58)	(0.83)
9	0.23	0.19	0.18	0.18	0.22	0.17	0.19	0.19
	(1.38)	(1.18)	(1.21)	(1.20)	(1.32)	(1.20)	(1.46)	(1.46)
10 (W)	0.35	0.36*	0.32	0.28	0.46**	0.44**	0.42**	0.37**
	(1.59)	(1.81)	(1.64)	(1.51)	(2.15)	(2.14)	(2.22)	(2.04)
W−L	0.68**	0.69***	0.59***	0.47**	0.88**	0.95***	0.89***	0.73***
	(2.32)	(2.97)	(2.89)	(2.53)	(2.56)	(3.47)	(3.84)	(3.43)

注：该表列示了 2000 年 1 月到 2018 年 12 月的股价前期高点动量投资策略组合 FF3 调整收益情况。括号中报告了 Newey-West 的 t 统计值。其中，*、**、*** 分别表示在 10%、5% 和 1% 水平上显著。

综上所述，本节的实证研究结果表明中国股票市场存在显著的股价前期高点动量效应。此外，进一步分析表 4-2 和表 4-3 得到两个新的研究发现：第一，根据 PTH 与 PTHL 两个不同变量构造的股价前期高点动量投资策略可以看出，无论是组合的原始收益还是 FF3 调整收益，基于 PTH 变量构造的投资组合在收益的绝对值和显著性上都优于基于 PTHL 变量构造的投资组合。这说明投资者在选择参照点进行投资时，对锚定点具有一定的依赖性。当有新信息来临时，投资者没有及时调整参照点并形成新的锚定点进而调整投资组合。通过对比 PTH 与 PTHL 两个不同变量构造的股价前期高点动量投资策略，可以看出，投资者根据新信息及时调整锚定点，在一定程度上是可以缓解行为偏差的，但是无法通过调整锚定点消除偏差。

第二，仔细观察表4-3，在Panel A中，输家组合调整收益的绝对值远大于赢家组合的调整收益绝对值，买入赢家组合并卖出输家组合的多空对冲组合W-L的收益主要源自输家组合的贡献。这一现象符合行为金融理论的错误定价原理。由于卖空限制使做空被高估的股票更加困难，以致高估现象比低估现象更难消除，所以输家组合调整收益的绝对值远远高于赢家组合（Stambaugh等，2012）。但是，在Panel B中，赢家组合和输家组合在调整收益的绝对值上非常接近，多空对冲组合W-L的收益同时来源于赢家组合和输家组合，这主要是锚定点的调整所致。即在构建PTHL变量时，当利空消息使当前股票价格不断下降并远离52周股价前期高点时，不再以52周股价前期高点为参照点，而将参照点调整为52周股价前期低点。

4.3.3 股价前期高点动量效应异质性分析

自从Banz（1981）、Basu（1983）发现显著的规模效应（Size Effect）和价值效应（Value Effect）以来，衡量这两种效应的指标被认为是与预期收益相关的重要特征。作为异质性分析，规模效应与价值效应不仅是许多机构用来对投资风格进行分类的最常用的公司特征，而且是学术研究中使用最广泛的非市场因素。Cochrane（1991）、Liu等（2009）、Liu和Zhang（2014）、Hou等（2015，2016）基于投资的q理论提出并发展了投资的CAPM模型，认为投资（AG）与盈利能力（ROE）是预期股票收益的重要影响因素。Datar等（1998）、Lee和Swaminathan（2000）表明低周转率股票通常比高成交量股票获得更高的收益。基于以上研究，本节选取了Size、BM、AG、ROE、TO作为公司特征变量，对不同公司特征的股价前期高点动量效应进行深入的分析。

4.3.3.1 策略构建

在t月末，将所有股票按PTH_{t-1}（$PTHL_{t-1}$）升序（降序）排列，并依次分为10个投资组合（1，2，…，9，10）。其中，组合1代表PTH（PTHL）最小（最大）的组合，也称为输家组合（Loser，L）；组合10代表PTH（PTHL）最大（最小）的组合，也称为赢家组合（Winner，W）。将PTH为1的观察值排除在分组断点之外，并在分组时将PTH为1的股票纳入赢家组合；将PTHL为0或1的值排除在分组断点之外，并在分组时将PTH为0的股票纳入赢家组合，将PTH为1的股票纳入输家组合。然后，按相应的公司特征变量升序排列，并将所有股票分为低、中、高3个投资组合（1，2，3）。其中，组合1代表相关公司特征变量值最低的组合，组合3代表相关公司特征变量值最高的组合。共形成30个组合，组合的持有期为t+1至t+K（K=3，6，9，12），采用重叠抽样方法，计算30个组合未来K个月的平均月收益，以及零成本投资组合（W-L）的收益。为了保证在策略构建时已经获得公司层面相关信息，要求所有财务数据比交易数据滞后6个月以排除前视偏差（Look-ahead Bias）。例如，在t月末，按PTH_{t-1}将所有股票分为10组，同时按AG分为3组。如果t月属于y年6月到y+1年的5月，则对应y-1年末的AG数据；即y-1年的AG数据对应y年7月到y+1年6月的股票收益。组合持有期的样本区间为2000年1月至2018年12月。

4.3.3.2 股价前期高点动量效应异质性分析

表4-4列示了基于PTH（或PTHL）和相关公司特征变量的双变量排序形成的投资组合的月度收益。其中，Panel A、Panel B、Panel C、Panel

D、Panel E 分别是基于公司规模（Size）、账面市值比（BM）、资产增长率（AG）、股东权益收益率（ROE）、换手率（TO）与 PTH（或 PTHL）变量的双变量投资组合收益情况。为了节省空间，表 4-4 仅列示了持有期为 6 个月的部分等权组合收益，其他持有期（K=3，9，12）的等权组合收益以及加权组合收益具有类似结果。

表 4-4　　股价前期高点动量投资策略组合收益的异质性分析　　单位：%

Panel A1 PTH X Size				
PTH	Size1	Size2	Size3	Size3−Size1
1（L）	1.41*	0.89	0.42	−0.98***
	(1.75)	(1.14)	(0.55)	(−2.88)
10（W）	1.76**	1.26*	1.13	−0.64*
	(2.20)	(1.72)	(1.63)	(−1.82)
W−L	0.35	0.37	0.70**	
	(1.48)	(1.60)	(2.42)	
Panel A2 PTHL X Size				
PTHL	Size1	Size2	Size3	Size3−Size1
1（L）	1.59*	1.10	0.59	−1.00***
	(1.96)	(1.47)	(0.81)	(−3.04)
10（W）	1.68**	1.26*	1.09	−0.59*
	(2.11)	(1.70)	(1.58)	(−1.70)
W−L	0.09	0.16	0.50*	
	(0.44)	(0.75)	(1.78)	
Panel B1 PTH X BM				
PTH	BM1	BM2	BM3	BM3−BM1
1（L）	0.46	1.12	1.01	0.56***
	(0.59)	(1.40)	(1.29)	(2.86)
10（W）	1.19*	1.49**	1.70**	0.51**
	(1.68)	(1.97)	(2.32)	(2.43)
W−L	0.73***	0.37	0.69**	
	(2.66)	(1.48)	(2.44)	

续表

	Panel B2 PTHL X BM			
PTHL	BM1	BM2	BM3	BM3-BM1
1(L)	0.67	1.21	1.17	0.50**
	(0.90)	(1.58)	(1.54)	(2.57)
10(W)	1.19*	1.40*	1.72**	0.53**
	(1.66)	(1.83)	(2.33)	(2.38)
W-L	0.52*	0.18	0.55**	
	(1.96)	(0.78)	(2.16)	
	Panel C1 PTH X AG			
PTH	AG1	AG2	AG3	AG3-AG1
1(L)	0.83	0.91	0.76	-0.07
	(1.06)	(1.15)	(0.95)	(-0.33)
10(W)	1.39*	1.40*	1.43**	0.04
	(1.80)	(1.97)	(2.00)	(0.25)
W-L	0.56**	0.49*	0.67**	
	(2.34)	(1.75)	(2.27)	
	Panel C2 PTHL X AG			
PTHL	AG1	AG2	AG3	AG3-AG1
1(L)	1.06	1.06	0.93	-0.13
	(1.40)	(1.40)	(1.21)	(-0.66)
10(W)	1.36*	1.40*	1.40*	0.03
	(1.74)	(1.93)	(1.93)	(0.19)
W-L	0.30	0.34	0.47*	
	(1.31)	(1.30)	(1.84)	
	Panel D1 PTH X ROE			
PTH	ROE1	ROE2	ROE3	ROE3-ROE1
1(L)	1.03	0.92	0.51	-0.52**
	(1.27)	(1.17)	(0.67)	(-2.48)
10(W)	1.27	1.45*	1.41**	0.13
	(1.59)	(1.93)	(2.09)	(0.56)
W-L	0.24	0.53**	0.90***	
	(1.08)	(2.26)	(3.13)	

续表

Panel D2 PTHL X ROE				
PTHL	ROE1	ROE2	ROE3	ROE3−ROE1
1（L）	1.15	1.14	0.77	−0.38*
	(1.45)	(1.50)	(1.06)	(−1.69)
10（W）	1.16	1.46*	1.32*	0.16
	(1.44)	(1.95)	(1.96)	(0.60)
W−L	0.02	0.33	0.56**	
	(0.08)	(1.44)	(2.00)	
Panel E1 PTH X TO				
PTH	TO1	TO2	TO3	TO3−TO1
1（L）	0.79	1.15	0.80	0.01
	(1.04)	(1.36)	(1.03)	(0.06)
10（W）	1.34**	1.54**	1.21	−0.13
	(2.01)	(2.05)	(1.61)	(−0.62)
W−L	0.55*	0.39	0.41	
	(1.73)	(1.16)	(1.53)	
Panel E2 PTHL X TO				
PTH	TO1	TO2	TO3	TO3−TO1
1（L）	0.81	1.38*	0.89	0.07
	(1.14)	(1.68)	(1.16)	(0.36)
10（W）	1.30*	1.49*	1.20	−0.10
	(1.94)	(1.97)	(1.59)	(−0.43)
W−L	0.49*	0.11	0.31	
	(1.73)	(0.32)	(1.23)	

注：该表列示了2000年1月到2018年12月持有期为6个月的基于PTH（或PTHL）变量与公司特征变量（包括公司规模、账面市值比、资产增长率、股东权益收益率、换手率）分组组合的等权组合收益情况。括号中报告了Newey-West的t统计值。其中，*、**、***分别表示在10%、5%和1%水平上显著。

表4-4中的Panel A分析了基于PTH变量（Panel A1）和PTHL变量（Panel A2）的股价前期高点动量投资策略在不同公司规模下的投资组合收

益。首先，从Panel A中可以看出显著的规模效应。在Panel A1（Panel A2）中，小规模公司的输家组合收益为1.41%（1.59%），中规模公司的输家组合收益为0.89%（1.10%），而规模较大的输家组合收益为0.42%（0.59），输家组合收益随着公司规模单调递减。同时，小规模公司的赢家组合收益在Panel A1（Panel A2）中，由1.76%（1.68%）减少到中规模公司的1.26%（1.26%），并持续下降到大规模公司的1.13%（1.09%）。组合收益随着公司规模单调递减不仅表现在输家组合中，也表现在赢家组合和其他组合中，这一点也可以从Size3-Size1持续为负的组合收益中看出。其次，从Panel A中可以看出W-L组合收益仅在大规模公司中显著为正。具体来看，在Panel A1中，买入赢家组合卖出输家组合的零成本投资组合在小规模公司中的收益为0.35%（t=1.48），在大规模公司中的W-L组合收益为0.70%（t=2.42）。随着公司规模递减，W-L组合收益绝对值和显著性均递减。W-L组合收益仅在大规模公司下取得显著为正的收益，这一结论在Panel A2中同样成立。最后，以PTHL变量（Panel A2）构造的W-L组合在所有小、中、大规模公司中的收益分别为0.09%（t=0.44），0.16%（t=0.75），0.50%（t=1.78），均低于以PTH变量（Panel A1）构造的W-L组合收益；其对应的t值也小于PTH变量对应的t值，说明以PTHL变量构造的W-L组合收益与显著性水平均低于以PTH变量构造的W-L组合。

表4-4中的Panel B分析了基于PTH变量（Panel B1）和PTHL变量（Panel B2）的股价前期高点动量投资策略在不同账面市值比公司下的投资组合收益。首先，从Panel B中可以看出，成长型公司的输家组合和赢家组合的收益均小于价值型公司对应的组合收益，呈现出显著的价值效应。例如，在Panel B1中，成长型公司的输家组合收益为0.46%，而价值型公司

的输家组合收益为1.01%；在Panel B2中，成长型公司的赢家组合收益为1.19%，而价值型公司的赢家组合收益为1.79%；而BM3-BM1的组合收益在赢家组合和输家组合中持续为正。其次，从Panel B中可以看出W-L组合收益在成长型公司和价值型公司中都显著为正。具体来看，在Panel B1（Panel B2）中，W-L组合收益在成长型公司中为0.73%（0.52%），在价值型公司中为0.69%（0.55%）。此外，以PTHL变量（Panel B2）构造的W-L组合在所有公司中的收益与显著性水平均低于以PTH（Panel B1）变量构造的W-L组合。

表4-4中的Panel C分析了基于PTH变量（Panel C1）和PTHL变量（Panel C2）的股价前期高点动量投资策略在资产增长不同公司下的投资组合收益。首先，从Panel C中可以看出，资产增长较慢的赢家组合比资产增长较快的输家组合收益高，这一结论与George等（2018）一致。具体来看，在Panel C1（Panel C2）中，资产增长较慢的赢家组合收益为1.39%（1.36%），而资产增长较快的输家组合收益为0.76%（0.93%）。其次，W-L组合收益在资产增长较快的公司中显著为正，在Panel C1和Panel C2中分别为0.67%、0.47%。此外，以PTHL变量（Panel C2）构造的W-L组合在所有资产增长不同的公司中的收益与显著性水平均低于以PTH（Panel C1）变量构造的W-L组合。

表4-4中的Panel D分析了基于PTH变量（Panel D1）和PTHL变量（Panel D2）的股价前期高点动量投资策略在不同股东权益收益率公司下的投资组合收益。首先，从Panel D中可以看出，股东权益收益率较低的输家组合比股东权益收益率较高的输家组合收益高，除了赢家组合，其他组合也呈现此趋势。这一结论在ROE4-ROE1持续为负的组合收益中也可以

看出。其次，W–L组合收益在股东权益收益率较高的公司中显著为正，在Panel D1和Panel D2中分别为0.90%、0.56%。此外，以PTHL变量（Panel D2）构造的W–L组合在所有股东权益收益率不同公司中的收益与显著性水平均低于以PTH（Panel D1）变量构造的W–L组合。

表4–4中的Panel E分析了基于PTH变量（Panel E1）和PTHL变量（Panel E2）的股价前期高点动量投资策略在不同成交量（以过去12个月的日均换手率为变量）情况下的投资组合收益。首先，可以看出，除了输家组合，在同一PTH（PTHL）条件下，低成交量的股票在未来6个月的收益高于高成交量股票。例如，在Panel E1（Panel E2）中，低成交量的赢家组合收益为1.34%（1.30%），而高成交量的赢家组合收益为1.21%（1.20%）。不仅如此，买入赢家组合卖出输家组合的零成本投资组合在TO1下的收益均高于在TO3下的收益。除了输家组合，其他组合的TO3–TO1的组合收益持续为负。显然，近期成交量较低的公司获得较高预期收益的发现与Datar等（1998）的结论一致，即低成交量公司获得更大的非流动性溢价。其次，W–L组合收益仅在低成交量公司中显著为正。具体来看，在Panel E1（Panel E2）中，买入赢家组合卖出输家组合的零成本投资组合在低成交量中的收益为0.55%（0.49%），在10%的显著性水平下显著；而W–L组合收益在高成交量公司中为0.41%（0.31%），统计上并不显著。

综上所述，本节的实证分析结果表明，中国股票市场存在显著的规模效应和价值效应。股价前期高点动量效应仅存在于规模较大、资产增长较快、股东权益收益率较高、成交量较低的公司。更为重要的是，在所有的公司特征分析中，以PTHL为基础构造的W–L组合收益与显著性水平均小于对应的以PTH为基础的构造的W–L组合，说明锚定点的及时调整能够缓解投资者行为偏差这一研究结论在考虑各种异质性分析后依然成立。

4.3.4 股价前期高点动量效应与传统动量效应、行业动量效应的对比分析

尽管传统动量效应在多数发达国家和发展中国家得到了验证，但是，动量效应在中国股票市场的研究呈现出复杂多样的研究结论。由于研究的样本区间、数据频率、组合构造方法、数据处理方式等不同，有个别文献在极短期内发现了传统动量效应，但更多的研究没有发现显著且稳定的传统动量效应（Zhou等，2010；Pan等，2013；Cheema和Nartea，2014；Chen等，2018）。本节在前面章节发现显著的股价前期高点动量效应基础上，对中国股票市场的股价前期高点动量效应、传统动量效应和行业动量效应进行全面的分析和比较。

4.3.4.1 动量投资策略构建

股价前期高点动量投资策略的构建过程与前面章节4.3.2.1类似，不同之处在于策略的形成期由过去的12个月（J=12），扩展为J=3，6，9，或12。

传统动量投资策略构造如下：在t月末，将所有股票按照过去J个月的PR进行升序排序，并将股票按PR依次分为10个投资组合（1，2，…，9，10）。其中PR值最小的一组为组合1，称为输家组合（L），PR值最大的一组为组合10，称为赢家组合（W）。组合的持有期为t+1至t+K（K=3，6，9，12），采用重叠抽样方法，并计算10个组合未来K个月的平均月收益，以及

零成本投资组合（即买入赢家组合并卖出输家组合 Winner-Loser，即 W-L）的收益。在传统动量投资策略构建过程中，在形成期（J）和持有期（K）之间保留 1 个月的间隔。

参照 Moskowitz 和 Grinblatt（1999），用中国证监会出台的《上市公司行业分类指引（2012 年修订）》构造行业动量投资策略[①]。行业动量投资策略的构造与传统动量投资策略类似，唯一不同的是排序分组的标准：传统动量投资策略是按个股过去 J 个月的 PR 值排序分组，而行业动量投资策略则是按过去 J 个月个股所在行业的 PR 值排序分组。

4.3.4.2 股价前期高点动量效应与传统动量效应、行业动量效应的对比分析

本小节内容主要分两部分对三大动量效应进行对比分析。第一部分对文献最关注的持有期为 6 个月的三大策略进行详细分析，第二部分对不同形成期和不同持有期的各种策略进行全面分析。

表 4-5 列示了持有期为 6 个月的股价前期高点动量投资策略、传统动量投资策略、行业动量投资策略的组合原始收益情况，包括各个组合的等权收益和加权收益，括号中报告了 Newey-West 的 t 统计值。具体来看，首先，基于 PTH（PTHL）变量构造的股价前期高点动量投资策略、传统动量投资策略、行业动量投资策略的输家组合的等权收益分别为 0.78%（1.00%）、0.89%、1.23%，均小于对应的赢家组合等权收益的 1.45%（1.40%）、1.25%、

---

① 国内文献涉及的行业分类标准主要有万德、中信、申银万国、深交所、证监会发布的标准。其中，万德分类难以体现行业特点；中信分类涵盖范围有限；申银万国分类在 2014 年有重大调整且难以回溯；深交所分类只针对深交所上市的股票；而 2012 年证监会的行业分类可回溯到 2000 年，较符合本书研究需要。

第 4 章 股价前期高点动量效应的存在性

1.43%。三大策略的所有输家组合的等权收益也小于赢家组合的等权收益。其次，基于PTH构造的股价前期高点动量投资策略、基于PTHL构造的股价前期高点动量投资策略、传统动量投资策略、行业动量投资策略的零成本投资组合对应的等权（加权）收益分别为0.67%（0.75%）、0.40%（0.57%）、0.36%（0.59%）、0.20%（0.26%），对应的t值分别为2.79（2.52）、1.77（2.00）、1.20（1.61）、0.99（1.02）。结果表明，买入赢家组合卖出输家组合的股价前期高点动量投资策略的等权组合收益和加权组合收益不仅在绝对值上高于对应的传统动量投资策略和行业动量投资策略组合，而且显著为正。即三大策略中只有股价前期高点动量投资策略的零成本投资组合能够获得显著为正的投资收益，传统动量投资策略和行业动量投资策略零成本投资组合收益均不显著。

表4-5　　股价前期高点动量投资策略、传统动量投资策略、行业动量投资策略原始收益情况　　单位：%

组合	股价前期高点动量投资策略（K=6）				传统动量投资策略（K=6）		行业动量投资策略（K=6）	
	PTH		PTHL					
	等权收益	加权收益	等权收益	加权收益	等权收益	加权收益	等权收益	加权收益
1(L)	0.78	0.35	1.00	0.51	0.89	0.41	1.23	0.64
	(1.00)	(0.46)	(1.34)	(0.71)	(1.16)	(0.57)	(1.59)	(0.92)
2	1.14	0.60	1.17	0.75	1.23	0.72	1.45*	1.02
	(1.45)	(0.78)	(1.53)	(1.03)	(1.59)	(0.99)	(1.82)	(1.40)
3	1.28	0.83	1.23	0.85	1.32*	0.78	1.79**	1.23
	(1.62)	(1.07)	(1.62)	(1.18)	(1.69)	(1.08)	(2.11)	(1.64)
4	1.29	0.80	1.29*	0.89	1.39*	0.90	0.30	0.08
	(1.64)	(1.06)	(1.66)	(1.21)	(1.79)	(1.24)	(0.29)	(0.17)

续表

组合	股价前期高点动量投资策略（K=6）				传统动量投资策略（K=6）		行业动量投资策略（K=6）	
	PTH		PTHL					
	等权收益	加权收益	等权收益	加权收益	等权收益	加权收益	等权收益	加权收益
5	1.37*	0.86	1.39*	1.04	1.40*	0.90	0.29	0.14
	(1.77)	(1.19)	(1.77)	(1.37)	(1.81)	(1.25)	(0.33)	(0.24)
6	1.42*	1.02	1.29*	0.83	1.46*	1.01	0.43	0.23
	(1.84)	(1.39)	(1.71)	(1.18)	(1.91)	(1.42)	(0.99)	(1.01)
7	1.39*	0.95	1.37*	0.90	1.52*	1.05	0.61	0.41
	(1.83)	(1.33)	(1.78)	(1.25)	(1.97)	(1.50)	(0.42)	(0.61)
8	1.40*	0.98	1.35*	0.97	1.40*	0.96	2.16**	1.26
	(1.86)	(1.39)	(1.74)	(1.35)	(1.86)	(1.42)	(2.05)	(1.38)
9	1.48*	1.08	1.33*	0.96	1.36*	1.00	1.31	0.87
	(1.98)	(1.55)	(1.77)	(1.35)	(1.82)	(1.45)	(1.45)	(1.08)
10 (W)	1.45**	1.10*	1.40*	1.08	1.25*	1.00	1.43*	0.90
	(1.99)	(1.67)	(1.92)	(1.62)	(1.67)	(1.39)	(1.80)	(1.24)
W-L	0.67***	0.75**	0.40*	0.57**	0.36	0.59	0.20	0.26
	(2.79)	(2.52)	(1.77)	(2.00)	(1.20)	(1.61)	(0.99)	(1.02)

注：该表列示了2000年1月到2018年12月持有期为6个月的股价前期高点动量投资策略、传统动量投资策略、行业动量投资策略组合原始收益情况。括号中报告了Newey-West的t统计值。其中，*、**、***分别表示在10%、5%和1%水平上显著。

为了对股价前期高点动量效应、传统动量效应、行业动量效应进行更全面的对比分析，表4-6列示了这三大策略在不同形成期（J=3，6，9，12）和不同持有期（K=3，6，9，12）的零成本投资组合的等权收益和加权收益情况。其中，Panel A是不同形成期和持有期的股价前期高点动量投资策略的零成本投资组合W-L的收益情况，Panel B是对应的传统动量投资策略和行业动量投资策略的W-L组合收益情况。

从表4–6 Panel A可以看出，不同形成期和持有期的大多数股价前期高点动量投资策略的W–L组合收益显著为正，这是中国股票市场存在显著股价前期高点动量效应的有力证据。具体来看，就PTH变量构造的股价前期高点动量投资策略而言，除了形成期和持有期为3个月的投资组合外，其他形成期（J=6，9，12）和持有期（K=6，9，12）的W–L组合等权收益和加权收益均显著为正。进一步观察发现，在相同形成期下，持有期为6个月的W–L组合等权收益和加权收益均高于其他持有期的组合收益。就PTHL变量构造的股价前期高点动量投资策略而言，各个形成期和持有期的W–L组合收益在绝对值和显著性水平上较PTH变量构造的W–L组合均有所下降，再次说明投资者在投资过程中对锚的依赖性。即不管是利好消息使当前股票价格不断上升并接近52周股价前期高点，还是利空消息使当前股票价格不断下降并不断远离52周股价前期高点时，投资者都依赖于52周股价前期高点这个参照点。当利空消息使股价不断下降时，投资者没有将这个锚定点及时更新为52周股价前期低点。尽管如此，以PTHL变量构造的股价前期高点动量投资策略在绝大多数形成期和持有期中的W–L组合收益依然显著为正。

与表4–6 Panel A形成鲜明对比，Panel B中的传统动量投资策略和行业动量投资策略在各种形成期和持有期中的W–L组合等权收益和加权收益在统计上都不显著，即中国股票市场上不存在显著的传统动量效应和行业动量效应。综合Panel A和Panel B的结果，表4–6表明股价前期高点动量投资策略在中国股票市场可以获得显著为正的投资收益，中国股票市场存在显著的股价前期高点动量效应，同时并没有发现显著的传统动量效应和行业动量效应。

表4-6 不同形成期和持有期的零成本动量投资组合原始收益情况　　单位：%

(J, K)	Panel A 股价前期高点动量投资策略				Panel B 传统动量、行业动量投资策略			
	PTH		PTHL		传统动量投资策略		行业动量投资策略	
	等权收益	加权收益	等权收益	加权收益	等权收益	加权收益	等权收益	加权收益
(3, 3)	0.09	0.22	−0.23	−0.17	0.03	0.24	0.04	0.06
	(0.38)	(0.82)	(−1.07)	(−0.67)	(0.13)	(0.76)	(0.19)	(0.21)
(6, 3)	0.52*	0.58*	0.16	0.23	0.35	0.51	0.21	0.25
	(1.95)	(1.72)	(0.68)	(0.79)	(1.13)	(1.33)	(0.85)	(0.81)
(6, 6)	0.56***	0.68***	0.31*	0.37*	0.36	0.59	0.20	0.26
	(2.63)	(2.45)	(1.83)	(1.69)	(1.20)	(1.61)	(0.99)	(1.02)
(9, 3)	0.68**	0.72**	0.36	0.50*	0.24	0.49	0.26	0.29
	(2.55)	(2.09)	(1.54)	(1.69)	(0.72)	(1.28)	(1.13)	(0.99)
(9, 6)	0.70***	0.79***	0.36*	0.47*	0.17	0.46	0.15	0.19
	(3.00)	(2.65)	(1.70)	(1.71)	(0.56)	(1.25)	(0.69)	(0.67)
(9, 9)	0.61***	0.75***	0.29	0.42*	−0.03	0.16	0.15	0.20
	(2.98)	(2.88)	(1.50)	(1.76)	(−0.11)	(0.48)	(0.72)	(0.76)
(12, 3)	0.65**	0.68*	0.44*	0.55*	0.11	0.36	0.07	0.16
	(2.30)	(1.95)	(1.73)	(1.75)	(0.32)	(0.90)	(0.29)	(0.52)
(12, 6)	0.67***	0.75**	0.40*	0.57**	0.05	0.00	0.13	0.14
	(2.79)	(2.52)	(1.77)	(2.00)	(0.17)	(0.74)	(0.56)	(0.45)
(12, 9)	0.57**	0.71***	0.31*	0.51**	−0.03	0.21	0.16	0.19
	(2.58)	(2.62)	(1.68)	(2.00)	(−0.09)	(0.63)	(0.73)	(0.69)
(12, 12)	0.43**	0.55**	0.20	0.36	−0.12	0.12	0.22	0.27
	(2.08)	(2.16)	(1.03)	(1.55)	(−0.42)	(0.38)	(1.08)	(1.02)

注：该表列示了2000年1月到2018年12月股价前期高点动量投资策略、传统动量投资策略、行业动量投资策略在不同形成期和持有期所构成的组合原始收益情况。括号中报告了Newey-West的t统计值。其中，*、**、***分别表示在10%、5%和1%水平上显著。

4.3.5 稳健性检验

本章通过对以52周股价前期高点为基础构建的股价前期高点动量投资策略进行全面分析，发现中国股票市场存在显著的股价前期高点动量效应，同时传统动量效应和行业动量效应在中国股票市场并不显著。为了检验研究结论的可靠性，本节主要从分组断点、样本窗口以及锚定点的选择三个方面进行稳健性检验。

4.3.5.1 分组断点

1. 股价前期高点动量效应检验

为了避免本章4.3.2节的研究结论受到分组断点的影响，在构造股价前期高点动量投资策略时用20%作为PTH变量排序分组的断点。即在t月末，将所有股票按照t-1月的PTH进行升序排序，并将股票按PTH依次分为5个投资组合（1，2，…，4，5）。其中PTH值最小的一组为组合1，称为输家组合Loser（L），PTH值最大的一组为组合5，称为赢家组合Winner（W）。表4-7列示了相关检验结果。其中，Panel A为股价前期高点动量投资策略组合的原始收益，Panel B是以Fama-French三因子为基础计算的组合的调整收益。为了节省空间，表4-7仅列示了以PTH变量为基础构造的股价前期高点动量投资策略组合收益情况，以PTHL变量为基础构造的股价前期高点动量投资策略组合收益情况与该表结果类似。

首先，从表4-7 Panel A可以看出，当持有期为6个月时，组合1，3，5的等权（加权）收益分别为0.97%、1.39%、1.45%（0.46%、0.93%、1.06%），并呈现单调递增的趋势。这种收益随组合递增的趋势同样出现在3个月、9个月、12个月的持有期策略中。所有赢家组合（W）收益均高于输家组合

（L）收益。Panel A 显示，当持有期分别为3个月、6个月、9个月、12个月时，W-L组合的等权（加权）收益分别为0.46%、0.49%、0.40%、0.29%（0.53%、0.60%、0.53%、0.41%），所有这些收益在统计上都显著为正。其次，从Panel B 的调整收益也可以看出，从组合1到组合5，对于持有期分别为3个月、6个月、9个月、12个月的等权收益和加权收益随组合单调递增。当持有期分别为3个月、6个月、9个月、12个月时，W-L组合的等权（加权）收益分别为0.66%、0.73%、0.64%、0.54%（0.88%、0.99%、0.92%、0.79%），所有W-L组合的收益至少在5%的水平上显著。综上所述，与4.3.2节的研究结论类似，所有的证据表明中国股票市场上存在显著的股价前期高点动量效应。

表4-7　　稳健性检验：不同分组断点下股价前期高点动量投资策略组合收益情况　　单位：%

组合	K=3	K=6	K=9	K=12	K=3	K=6	K=9	K=12
Panel A 股价前期高点动量策略组合原始收益情况								
	等权收益				加权收益			
1（L）	0.98	0.97	1.03	1.11	0.54	0.46	0.50	0.58
	(1.22)	(1.23)	(1.31)	(1.40)	(0.68)	(0.61)	(0.68)	(0.78)
3	1.39*	1.39*	1.39*	1.40*	0.91	0.93	0.90	0.92
	(1.80)	(1.81)	(1.81)	(1.82)	(1.22)	(1.27)	(1.25)	(1.27)
5（W）	1.44**	1.45**	1.43*	1.40*	1.07	1.06	1.04	0.99
	(1.98)	(1.98)	(1.93)	(1.89)	(1.64)	(1.61)	(1.56)	(1.49)
W-L	0.46*	0.49**	0.40**	0.29	0.53*	0.60**	0.53**	0.41*
	(1.88)	(2.35)	(2.12)	(1.67)	(1.68)	(2.24)	(2.23)	(1.82)
Panel B 股价前期高点动量策略组合调整收益情况								
	等权收益				加权收益			
1（L）	−0.33*	−0.38***	−0.33**	−0.26**	−0.51**	−0.63***	−0.58***	−0.50***
	(−1.74)	(−2.69)	(−2.58)	(−2.12)	(−2.32)	(−4.11)	(−4.45)	(−4.07)

续表

组合	K=3	K=6	K=9	K=12	K=3	K=6	K=9	K=12
Panel B 股价前期高点动量策略组合调整收益情况								
	等权收益				加权收益			
3	0.11	0.10	0.10	0.11	−0.03	−0.05	−0.06	−0.03
	(0.95)	(0.87)	(0.93)	(1.09)	(−0.18)	(−0.40)	(−0.56)	(−0.35)
5（W）	0.34*	0.35**	0.32**	0.28*	0.37**	0.36**	0.34**	0.30**
	(1.93)	(2.14)	(2.03)	(1.85)	(2.28)	(2.45)	(2.48)	(2.18)
W−L	0.66**	0.73***	0.64***	0.54***	0.88***	0.99***	0.92***	0.79***
	(2.41)	(3.47)	(3.44)	(3.02)	(2.76)	(4.14)	(4.47)	(4.03)

注：该表列示了2000年1月到2018年12月股价前期高点动量投资策略组合收益情况。括号中报告了Newey-West的t统计值。其中，*、**、***分别表示在10%、5%和1%水平上显著。

2. 股价前期高点动量效应异质性检验

在本章4.3.3节分析股价前期高点动量效应异质性时，先按PTH变量将所有股票分为10组，再按相关公司特征变量将所有股票分为3组，形成30个投资组合。为了避免研究结论受到分组断点的影响，在进行稳健性检验时，调整分组断点，共形成25个投资组合。即在t月末，将所有股票按照t−1月的PTH进行升序排序，并将股票按PTH依次分为5个投资组合（1，2，3，4，5），其中PTH值最小的一组为组合1，称为输家组合Loser（L），PTH值最大的一组为组合5，称为赢家组合Winner（W）。然后，按相应的公司特征变量（包括公司规模、账面市值比、资产增长率、股东权益收益率、换手率）升序排列，并将所有股票依次分为5个投资组合（1，2，3，4，5）。其中，组合1代表相关公司特征变量值最低的组合，组合5代表相关公司特征变量值最高的组合。为了节省空间，表4−8仅列示了以PTH变量为基础构造的股价前期高点动量投资策略与相关公司特征变量的组合收益情况，以PTHL变量为基础构造的股价前期高点动量投资策略与相关公司特征变量的组合收益情况与该表结果类似。

表 4-8　　稳健性检验：不同分组断点下股价前期高点动量投资策略组合收益异质性分析　　单位：%

Panel A PTH X Size						
PTH	Size1	Size2	Size3	Size4	Size5	Size5-Size1
1（L）	1.62**	1.37*	1.20	0.82	0.45	-1.17***
	(2.01)	(1.65)	(1.50)	(1.08)	(0.58)	(-3.10)
5（W）	1.88**	1.52*	1.26*	1.16	1.09	-0.79**
	(2.34)	(1.96)	(1.71)	(1.61)	(1.60)	(-2.01)
W-L	0.26	0.15	0.05	0.34	0.64**	
	(1.26)	(0.76)	(0.25)	(1.58)	(2.36)	
Panel B PTH X BM						
PTH	BM1	BM2	BM3	BM4	BM5	BM5-BM1
1（L）	0.56	0.96	1.13	1.37	1.13	0.56***
	(0.73)	(1.23)	(1.42)	(1.61)	(1.49)	(2.69)
5（W）	1.08	1.45*	1.45*	1.67**	1.67**	0.60***
	(1.53)	(1.92)	(1.94)	(2.20)	(2.28)	(2.67)
W-L	0.51**	0.49**	0.33	0.29	0.55**	
	(2.03)	(2.30)	(1.53)	(1.18)	(2.00)	
Panel C PTH X AG						
PTH	AG1	AG2	AG3	AG4	AG5	AG5-AG1
1（L）	1.04	1.18	0.92	0.95	0.89	-0.14
	(1.28)	(1.50)	(1.20)	(1.24)	(1.10)	(-0.74)
5（W）	1.33*	1.52**	1.47**	1.50**	1.32*	-0.01
	(1.70)	(2.03)	(2.08)	(2.10)	(1.80)	(-0.06)
W-L	0.29	0.35	0.55**	0.55**	0.42*	
	(1.36)	(1.58)	(2.41)	(2.29)	(1.73)	
Panel D PTH X ROE						
PTH	ROE1	ROE2	ROE3	ROE4	ROE5	ROE5-ROE1
1（L）	1.11	1.38*	1.05	0.98	0.61	-0.50**
	(1.35)	(1.66)	(1.34)	(1.29)	(0.80)	(-2.19)
5（W）	1.32	1.41*	1.47**	1.40*	1.42**	0.10
	(1.63)	(1.79)	(2.00)	(1.95)	(2.10)	(0.37)
W-L	0.21	0.03	0.41*	0.43**	0.81***	
	(1.04)	(0.15)	(1.91)	(2.05)	(3.10)	

续表

PTH	Panel E PTH X TO					
	TO1	TO2	TO3	TO4	TO5	TO5-TO1
1（L）	0.79	1.14	1.23	1.11	0.94	0.16
	（1.04）	（1.50）	（1.48）	（1.38）	（1.21）	（0.63）
5（W）	1.33**	1.50**	1.65**	1.36*	1.23	−0.10
	（2.02）	（2.05）	（2.15）	（1.79）	（1.62）	（−0.42）
W−L	0.54*	0.36	0.42	0.25	0.28	
	（1.91）	（1.38）	（1.52）	（1.05）	（1.30）	

注：该表列示了2000年1月到2018年12月持有期为6个月的基于PTH变量与公司特征变量（包括公司规模、账面市值比、资产增长率、股东权益收益率、换手率）分组组合的等权组合收益情况。括号中报告了Newey-West的t统计值。其中，*、**、***分别表示在10%、5%和1%水平上显著。

表4-8中的Panel A分析了基于PTH变量的股价前期高点动量投资策略在不同公司规模下的投资组合收益。首先，从Panel A中可以看出显著的规模效应。在Panel A中，组合1（输家组合L）、组合5（赢家组合W）的组合收益随着公司规模不断增加而单调递减。小规模公司比大规模公司的预期收益更高，而且所有Size5−Size1的组合收益持续为负。其次，从Panel A中可以看出，W−L组合收益仅在大规模公司下显著为正。

表4-8中的Panel B分析了基于PTH变量的股价前期高点动量投资策略在不同账面市值比公司下的投资组合收益。首先，从Panel B中可以看出，组合1（输家组合L）、组合3、组合5（赢家组合W）的组合收益在成长型公司中均低于价值型公司对应的组合收益，所有BM5−BM1的组合收益均显著为正。其次，W−L组合收益在成长型公司和价值型公司中都显著为正。

表4-8中的Panel C分析了基于PTH变量的股价前期高点动量投资策略在资产增长不同公司下的投资组合收益。首先，从Panel C中可以看出，资产增长较慢的赢家组合比资产增长较快的输家组合收益高。其次，W−L组

合收益在资产增长较快的公司中显著为正，在资产增长较慢的公司不显著。

表4-8中的Panel D分析了基于PTH变量的股价前期高点动量投资策略在不同股东权益收益率公司下的投资组合收益。首先，从Panel D中可以看出，股东权益收益率较低的输家组合比股东权益收益率较高的输家组合收益高，除了赢家组合，其他组合也呈现此趋势。这一结论在ROE5-ROE1持续为负的组合收益中也可以看出。其次，W-L组合收益在股东权益收益率较高的公司中显著为正，而在股东权益收益率较低的公司中不显著。

表4-8中的Panel E分析了基于PTH变量的股价前期高点动量投资策略在不同成交量（以过去12个月的日均换手率为变量）情况下的投资组合收益。首先，可以看出，除了输家组合，低成交量的股票在未来6个月的收益高于高成交量股票。而且除了输家组合，其他组合的TO5-TO1的组合收益持续为负。显然，近期成交量较低的公司获得较高预期收益，即低成交量公司获得更大的非流动性溢价。其次，W-L组合收益仅在低成交量公司中显著为正，而在高成交量公司中统计上并不显著。

综上所述，与4.3.3节的研究结论类似，在中国股票市场上存在显著的规模效应和价值效应，更重要的是，基于股价前期高点动量投资策略构建的W-L组合收益仅在规模较大、资产增长较快、股东权益收益率较高、成交量较低的公司中显著为正。

3. 股价前期高点动量效应与传统动量效应、行业动量效应的对比分析

为了避免本章4.3.4节的研究结论受到分组断点的影响，在构造股价前期高点动量投资策略时用20%作为PTH变量排序分组的断点。表4-9列示了不同形成期（J=3，6，9，12）和不同持有期（K=3，6，9，12）的股价前期高点动量投资策略、传统动量投资策略、行业动量投资策略买入赢家

组合并卖出输家组合的多空对冲组合原始收益。为了节省空间，表4-9仅列示了以PTH变量为基础构造的股价前期高点动量投资策略组合收益情况，以PTHL变量为基础构造的股价前期高点动量投资策略组合收益情况与该表结果类似。

表4-9　　　　稳健性检验：不同分组断点的零成本动量投资组合原始收益情况　　　　单位：%

(J, K)	股价前期高点动量投资策略		传统动量投资策略		行业动量投资策略	
	等权收益	加权收益	等权收益	加权收益	等权收益	加权收益
(3, 3)	0.02	0.06	−0.04	0.02	0.11	0.14
	(0.12)	(0.25)	(−0.19)	(0.07)	(0.62)	(0.70)
(6, 3)	0.38*	0.43	0.24	0.37	0.13	0.16
	(1.65)	(1.49)	(0.99)	(1.16)	(0.79)	(0.76)
(6, 6)	0.43**	0.51**	0.25	0.45	0.10	0.12
	(2.35)	(2.12)	(1.06)	(1.56)	(0.75)	(0.66)
(9, 3)	0.45*	0.47	0.20	0.41	0.03	0.00
	(1.92)	(1.55)	(0.75)	(1.24)	(0.21)	(0.19)
(9, 6)	0.48**	0.57**	0.05	0.27	0.06	0.06
	(2.41)	(2.19)	(0.20)	(0.87)	(0.38)	(0.32)
(9, 9)	0.41**	0.54**	−0.07	0.13	0.07	0.07
	(2.31)	(2.41)	(−0.29)	(0.43)	(0.48)	(0.37)
(12, 3)	0.46*	0.53*	−0.01	0.21	−0.04	0.00
	(1.88)	(1.68)	(−0.05)	(0.61)	(−0.27)	(0.01)
(12, 6)	0.49**	0.60**	0.02	0.22	0.06	0.03
	(2.35)	(2.24)	(0.07)	(0.72)	(0.38)	(0.12)
(12, 9)	0.40**	0.53**	−0.06	0.14	0.05	0.02
	(2.12)	(2.23)	(−0.26)	(0.48)	(0.32)	(0.10)
(12, 12)	0.29*	0.41*	−0.13	0.06	0.12	0.11
	(1.67)	(1.82)	(−0.56)	(0.23)	(0.76)	(0.55)

注：该表列示了2000年1月到2018年12月股价前期高点动量投资策略、传统动量投资策略、行业动量投资策略在不同形成期和持有期所构成的组合原始收益情况。括号中报告了Newey-West的t统计值。其中，*、**、***分别表示在10%、5%和1%水平上显著。

从表4-9可以看出，除了（3，3）的股价前期高点动量投资策略和（6，3）的股价前期高点动量投资策略（加权组合收益），其他所有的形成期和持有期的股价前期高点动量投资策略的W-L组合收益显著为正，而所有的形成期与持有期的传统动量投资策略和行业动量投资策略的零成本投资组合收益在统计上都不显著。总体而言，在不同分组断点的稳健性检验下，表4-9的研究结论与表4-6相同。即在中国股票市场上存在显著的股价前期高点动量效应，同时并没有发现显著的传统动量效应和行业动量效应。

4.3.5.2 样本期间

本章主要研究结论的样本区间为2000年1月到2018年12月，为了排除研究结论受到人为筛选的影响，本节将将样本区间向前延伸，并进行检验。

1996年末，我国股票市场环境发生了很多重要变化。例如，上市股票数量已初具规模；交易佣金的下调在一定程度上增强了市场流动性；涨跌停板制度的实施对过度投机行为的抑制等。为了进一步验证中国股票市场是否存在显著的股价前期高点动量效应，本节将样本区间调整为1997年1月到2018年12月（见表4-10、表4-11）。

表4-10　　稳健性检验：股价前期高点动量投资策略组合原始收益情况——延伸样本期间　　单位：%

组合	等权收益				加权收益			
	K=3	K=6	K=9	K=12	K=3	K=6	K=9	K=12
1（L）	0.43	0.89	0.99	1.11	0.83	0.41	0.47	0.60
	(0.61)	(1.28)	(1.43)	(1.59)	(1.18)	(0.60)	(0.71)	(0.89)
2	0.70	1.26*	1.32*	1.37*	1.15	0.76	0.77	0.84
	(0.99)	(1.78)	(1.87)	(1.93)	(1.63)	(1.09)	(1.15)	(1.24)
3	0.96	1.38*	1.41**	1.43**	1.36*	0.89	0.88	0.92
	(1.35)	(1.94)	(2.02)	(2.04)	(1.91)	(1.29)	(1.31)	(1.35)

续表

组合	等权收益				加权收益			
	K=3	K=6	K=9	K=12	K=3	K=6	K=9	K=12
4	0.94	1.43**	1.45**	1.48**	1.45**	0.91	0.98	0.98
	(1.32)	(2.02)	(2.07)	(2.11)	(2.01)	(1.33)	(1.43)	(1.46)
5	0.95	1.49**	1.49**	1.50**	1.47**	1.00	0.97	0.96
	(1.42)	(2.16)	(2.15)	(2.17)	(2.11)	(1.52)	(1.47)	(1.47)
6	1.08	1.55**	1.55**	1.54**	1.53**	1.09	1.06	1.07
	(1.57)	(2.23)	(2.22)	(2.22)	(2.22)	(1.63)	(1.61)	(1.63)
7	1.03	1.53**	1.56**	1.56**	1.51**	1.03	1.06*	1.06
	(1.57)	(2.23)	(2.28)	(2.27)	(2.20)	(1.59)	(1.66)	(1.64)
8	1.10	1.55**	1.54**	1.54**	1.59**	1.06	1.02	1.01
	(1.64)	(2.26)	(2.24)	(2.25)	(2.29)	(1.64)	(1.59)	(1.59)
9	1.26*	1.60**	1.58**	1.56**	1.60**	1.14*	1.08*	1.05*
	(1.90)	(2.36)	(2.33)	(2.30)	(2.33)	(1.78)	(1.73)	(1.68)
10（W）	1.26**	1.56**	1.52**	1.49**	1.57**	1.22**	1.19**	1.14**
	(2.07)	(2.37)	(2.28)	(2.23)	(2.39)	(2.00)	(1.93)	(1.86)
W-L	0.84**	0.67***	0.53**	0.38*	0.74***	0.81***	0.72***	0.54**
	(2.47)	(3.02)	(2.52)	(1.91)	(2.77)	(2.85)	(2.75)	(2.23)

注：该表列示了1997年1月到2018年12月的股价前期高点动量投资策略组合收益情况。括号中报告了Newey-West的t统计值。其中，*、**、***分别表示在10%、5%和1%水平上显著。

表4-11　　稳健性检验：股价前期高点动量投资策略组合调整收益情况——延伸样本期间　　　单位：%

组合	等权收益				加权收益			
	K=3	K=6	K=9	K=12	K=3	K=6	K=9	K=12
1（L）	−0.74***	−0.71***	−0.61***	−0.49***	−0.86***	−0.91***	−0.82***	−0.69***
	(−3.70)	(−4.67)	(−4.49)	(−3.87)	(−3.61)	(−5.24)	(−5.55)	(−5.10)
2	−0.28	−0.30**	−0.24**	−0.19*	−0.43**	−0.48***	−0.45***	−0.38***
	(−1.51)	(−2.36)	(−2.19)	(−1.80)	(−1.99)	(−3.31)	(−3.87)	(−3.50)
3	−0.16	−0.19	−0.14	−0.12	−0.20	−0.30**	−0.31**	−0.28**
	(−1.04)	(−1.55)	(−1.33)	(−1.20)	(−0.89)	(−2.03)	(−2.56)	(−2.45)

续表

组合	等权收益				加权收益			
	K=3	K=6	K=9	K=12	K=3	K=6	K=9	K=12
4	−0.01	−0.07	−0.06	−0.04	−0.18	−0.25**	−0.21*	−0.20*
	(−0.06)	(−0.60)	(−0.62)	(−0.39)	(−1.02)	(−2.10)	(−1.96)	(−1.93)
5	−0.04	−0.02	−0.02	−0.01	−0.20	−0.15	−0.17*	−0.17*
	(−0.38)	(−0.18)	(−0.23)	(−0.08)	(−1.58)	(−1.27)	(−1.73)	(−1.81)
6	0.08	0.07	0.07	0.06	0.01	−0.03	−0.03	−0.01
	(0.65)	(0.59)	(0.62)	(0.56)	(0.03)	(−0.23)	(−0.30)	(−0.14)
7	0.12	0.10	0.12	0.11	−0.05	−0.07	−0.02	−0.03
	(1.04)	(0.85)	(1.12)	(1.03)	(−0.45)	(−0.63)	(−0.21)	(−0.33)
8	0.23*	0.17	0.14	0.14	0.16	0.13	0.07	0.06
	(1.83)	(1.37)	(1.16)	(1.20)	(1.42)	(1.17)	(0.69)	(0.59)
9	0.29**	0.26*	0.23*	0.20	0.39***	0.23**	0.19*	0.15
	(2.07)	(1.97)	(1.71)	(1.54)	(2.86)	(2.05)	(1.84)	(1.43)
10（W）	0.33*	0.31*	0.25	0.20	0.49***	0.43***	0.39***	0.34**
	(1.93)	(1.91)	(1.62)	(1.39)	(2.84)	(2.77)	(2.72)	(2.44)
W−L	1.07***	1.02***	0.86***	0.70***	1.35***	1.34***	1.21***	1.03***
	(3.73)	(4.55)	(4.23)	(3.62)	(3.91)	(5.17)	(5.38)	(4.82)

注：该表列示了1997年1月到2018年12月的股价前期高点动量投资策略组合FF3调整收益情况。括号中报告了Newey-West的t统计值。其中，*、**、***分别表示在10%、5%和1%水平上显著。

表4-10列示了1997年1月到2018年12月持有期（K）分别为3个月、6个月、9个月、12个月的股价前期高点动量投资策略组合收益情况。股价前期高点动量投资策略构造方法与4.3.2节相同，收益按百分数形式列示，括号中列示了Newey-West的t统计值。为了节省空间，表4-10仅列示了以PTH变量为基础构造的股价前期高点动量投资策略组合收益情况，以PTHL变量为基础构造的股价前期高点动量投资策略组合收益情况与该表结果类似。

表4-10显示PTH值较低的组合等权收益和加权收益都比PTH值较高的组合低，所有的赢家组合收益在绝对值和显著性水平上都远远高于输家组合。特别地，当持有期分别为3个月、6个月、9个月、12个月时，买入赢家组合卖出输家组合的W–L组合等权收益分别为0.84%（t=2.47），0.67%（t=3.02），0.53%（t=2.52），0.38%（t=1.91）；W–L组合加权收益分别为0.74%（t=2.77），0.81%（t=2.85），0.72%（t=2.75），0.54%（t=2.23）。表4-10延伸样本期间的结果显示，所有W–L组合收益显著为正。

表4-11列示了1997年1月到2018年12月持有期（K）分别为3个月、6个月、9个月、12个月的股价前期高点动量投资策略组合超额收益情况。股价前期高点动量投资策略构造方法与4.3.2节相同，收益按百分数形式列示，括号中列示了Newey-West的t统计值。从表4-11可以看出，所有W–L组合的等权收益和加权收益在1%的水平上显著为正。

综上所述，表4-10和表4-11结果表明股价前期高点动量效应通过不同样本期间检验，所有结果表明中国股票市场存在显著的股价前期高点动量效应。

4.3.5.3　锚定点的选择

George和Hwang（2004）认为动量效应的来源是锚定偏差（Anchoring-Biases）。从认知心理学的解释来看，人们在进行选择或决策时，常常会选取参照物作为锚定点。除了最常见的52周股价前期高点，本节选取26周股价前期高点作为锚，对研究结论进行稳健性检验（见表4-12）。

表4-12　　　稳健性检验：股价前期高点动量投资策略组合
收益情况——锚定点的选择　　　单位：%

组合	等权收益 （原始收益）		加权收益 （原始收益）		等权收益 （调整收益）		加权收益 （调整收益）	
	K=3	K=6	K=3	K=6	K=3	K=6	K=3	K=6
1（L）	0.80	0.82	0.38	0.32	−0.47**	−0.49***	−0.69***	−0.76***
	(0.98)	(1.03)	(0.47)	(0.42)	(−1.98)	(−2.95)	(−2.66)	(−4.35)
2	1.15	1.13	0.77	0.67	−0.08	−0.17	−0.18	−0.33**
	(1.42)	(1.42)	(0.98)	(0.88)	(−0.37)	(−1.18)	(−0.81)	(−2.04)
3	1.28	1.25	0.86	0.79	0.01	−0.04	−0.11	−0.23*
	(1.62)	(1.58)	(1.11)	(1.04)	(0.08)	(−0.32)	(−0.58)	(−1.84)
4	1.33*	1.28	0.98	0.88	0.09	−0.02	0.04	−0.12
	(1.67)	(1.64)	(1.25)	(1.19)	(0.59)	(−0.19)	(0.22)	(−1.05)
5	1.42*	1.38*	0.91	0.91	0.14	0.10	−0.03	−0.07
	(1.83)	(1.78)	(1.21)	(1.23)	(1.10)	(0.82)	(−0.20)	(−0.51)
6	1.38*	1.37*	1.09	0.94	0.17	0.11	0.17	−0.01
	(1.79)	(1.79)	(1.47)	(1.32)	(1.11)	(0.90)	(1.05)	(−0.10)
7	1.43*	1.42*	1.04	0.98	0.24	0.20*	0.16	0.09
	(1.85)	(1.85)	(1.41)	(1.35)	(1.63)	(1.67)	(1.10)	(0.71)
8	1.42*	1.41*	0.99	1.00	0.23*	0.18	0.15	0.13
	(1.87)	(1.87)	(1.41)	(1.44)	(1.76)	(1.51)	(1.29)	(1.19)
9	1.51*	1.49*	1.17	1.08	0.33**	0.29**	0.39***	0.27**
	(1.97)	(1.96)	(1.62)	(1.54)	(2.33)	(2.23)	(2.91)	(2.45)
10（W）	1.32*	1.38*	0.96	1.00	0.22	0.26*	0.25	0.29*
	(1.80)	(1.87)	(1.43)	(1.50)	(1.37)	(1.76)	(1.48)	(1.96)
W−L	0.52*	0.56***	0.58*	0.68**	0.69***	0.76***	0.94***	1.06***
	(1.95)	(2.63)	(1.72)	(2.45)	(2.26)	(3.52)	(2.71)	(4.20)

注：该表列示了2000年1月到2018年12月的股价前期高点动量投资策略组合原始收益和FF3调整收益情况。括号中报告Newey-West的t统计值。其中，*、**、***分别表示在10%、5%和1%水平上显著。

第 4 章　股价前期高点动量效应的存在性

表4-12列示了以当前股票价格与26周股价前期高点之比（PTH_{26}）为排序分组断点的股价前期高点动量投资策略的各个组合收益情况。具体而言，在t月末，将所有股票按照t-1月的PTH_{26}进行升序排序，并将股票按PTH依次分为10个投资组合（1，2，…，9，10）。其中PTH_{26}值最小的一组为组合1，称为输家组合Loser（L），PTH_{26}值最大的一组为组合10，称为赢家组合Winner（W）。表4-12列示了各个组合在持有期为3个月、6个月的等权收益和加权收益，并报告了以Fama-French三因子为基础的调整收益。

分析结果显示，一方面就原始收益而言，所有赢家组合的等权和加权收益都高于输家组合。当持有期为3个月（或6个月）时，W-L组合的等权收益为0.52%（0.56%），加权收益为0.58%（0.68%）。该W-L组合收益虽小于以52周股价前期高点为基础计算的W-L组合收益，但基本结论维持不变，即所有W-L组合的等权收益和加权收益显著为正。另一方面，就FF3调整收益而言，所有W-L组合的等权收益和加权收益至少在5%水平上显著为正，说明基于26周股价前期高点的股价前期高点动量投资策略在中国股票市场上可以获得显著为正的收益。综上所述，表4-12的结果表明股价前期高点动量效应通过稳健性检验，中国股票市场存在显著的股价前期高点动量效应。

本节的实证分析结果表明，无论是分组断点的选择、样本窗口的变化，还是锚的设定都不会影响已有的研究结论，即中国股票市场存在显著的股价前期高点动量效应。这一研究结论通过稳健性检验。

4.4　本章小结

本章以2000年1月到2018年12月的A股上市公司为样本,围绕52周股价前期高点对中国股票市场的动量效应问题进行研究。在动量投资策略构建中,本书从投资者面临利好或利空消息时对锚定点的调整角度出发,提出以PTHL变量为基础构造动量投资策略,并与以PTH变量为基础的动量投资策略进行比较分析。在策略构建中,采用重叠抽样法对不同形成期和持有期的策略组合进行月均收益和基于Fama-Frenc的三因子调整收益分析,发现买入赢家组合并卖出输家组合的零成本投资组合收益显著为正,中国股票市场存在显著的股价前期高点动量效应。

值得强调的两点研究发现是:第一,根据PTH与PTHL两个不同变量构造的股价前期高点动量投资策略可以看出,投资者在选择参照点进行投资时,对锚定点具有一定的依赖性。当有新信息来临时,投资者没有及时调整参照点并形成新的锚定点进而调整投资组合。投资者根据新信息及时调整锚定点,在一定程度上是可以缓解行为偏差的,但是无法通过调整锚定点消除偏差。第二,基于PTH变量构建的股价前期高点动量投资策略中,多空对冲组合W-L的调整收益主要源自输家组合的贡献;而基于PTHL变量构建的股价前期高点动量投资策略中,该多空对冲组合W-L的调整收益同时来源于赢家组合和输家组合。探究其原因,首先于前一现象而言,由于卖空限制使做空被高估的股票更加困难,以致高估现象比低估现象更难消除,所以输家组合调整收益的绝对值远远高于赢家组合。这一现象符合行为金融理论的错误定价原理。其次,于后一现象而言,在构建PTHL变量时，当利空消息使当前股票价格不断下降并远离52周股价前期高点时，不再以52周股价前期高点作为参照点，而将参照点调整为52周股价前期低点。因为锚定点的调整使赢家组合和输家组合在调整收益的绝对值上非常接近，所以多空对冲组合W-L的调整收益同时来源于赢家组合和输家组合。

在分析相关公司特征（公司规模、账面市值比、资产增长、股东权益收益率以及成交量）时，发现了显著的规模效应与价值效应。结合相关公司特征对股价前期高点动量效应进行分析，发现股价前期高点动量效应在规模较大、资产增长较快、股东权益收益率较高、成交量较低的公司中更加显著，该结论与规模效应、投资的CAPM模型、流动性假设预期一致。

为了更全面研究中国股票市场的动量效应，本章通过构建各个不同形成期和持有期的投资策略，对股价前期高点动量效应、传统动量效应和行业动量效应进行全面的分析与比较，发现中国股票市场仅存在显著的股价前期高点动量效应。在以个股过去表现为基础构造的传统动量投资策略和行业动量投资策略在中国股票市场上不能取得显著的投资收益。中国股票市场不存在显著的传统动量效应和行业动量效应，这一研究与其他发达国家市场和发展中国家市场不同，但与国内文献对中国股票市场的动量效应研究结论一致。

为了进一步检验研究结论的可靠性，本章主要从分组断点、样本窗口、锚定点选择三个方面进行稳健性检验。在将10%的分组断点更换为20%，将样本窗口调进行延伸，以及将52周股价前期高点调整为26周股价前期高点时，发现本章研究结论均通过稳健性检验，中国股票市场存在显著的股价前期高点动量效应。

第5章
Chapter 5

股价前期高点动量效应的形成机制

第5章 股价前期高点动量效应的形成机制

对动量效应的解释一直是资产定价实证研究领域关注的焦点，大量学者致力于探索其背后的形成机制，试图从不同角度解释这种异象，并取得一定的研究成果。然而，相对于传统动量效应，对股价前期高点动量效应的形成机制研究较少。那么，股价前期高点动量效应的形成机制是什么？与传统动量效应的形成机制是否相同？本章以股价前期高点动量效应为基础，同时对比传统动量效应和行业动量效应，从行为金融学角度探讨股价前期高点动量效应的形成机制。

5.1 引言

除了发掘异象，探索异象的形成机制也是资产定价领域研究的重点。总体来看，作为广泛存在的异象之一，动量投资策略取得显著收益的原因分析主要基于经典金融理论中风险补偿机制视角和行为金融理论视角。因风险补偿理论中最具代表性的系列资产定价理论模型，CAPM模型、Fama和French的多因子模型、Q因子模型等，在解释动量效应时缺乏说服力，近年来大量学者从行为金融学角度不断探索动量效应的形成机制，并取得了一定的研究成果。其中，以BSV模型、DHS模型和HS模型为代表，在分析投资者对信息反应的基础上，从投资者行为偏差角度对动量效应进行了探析。然而，相对于传统动量效应，国外文献对股价前期高点动量效应的形成机制研究还处于初步探索阶段。国内关于股价前期高点动量效应的研究更少，且主要集中于股价前期高点动量效应的存在性检验方面。

George和Hwang（2004）认为不同于BSV模型、DHS模型和HS模型中信息反应不足和信息反应过度的机理，股价前期高点动量效应的形成机制源于锚定偏差。不同于传统动量效应的行为金融学解释，George 和 Hwang（2004）认为股价前期高点动量效应和长期反转是两个独立的而非前后序惯相连的现象。本章在上一章股价前期高点动量效应存在性检验的基础上，结合传统动量效应和行业动量效应，从锚定偏差、近期偏差、处置效应等行为金融角度，对中国股票市场的股价前期高点动量效应的形成机制进行全面的分析与比较。

5.2 机制分析与研究假设

对动量效应的解释主要分为两类，即风险补偿理论和行为金融理论。以风险为基础的理论解释主要从横截面和时间序列两个角度来分析动量效应的风险补偿机制。Berk 等（1999）、Johnson（2002）、Sagi 和 Seasholes（2007）分别从如何通过改变公司层面的系统性风险和现金流增长率角度对动量效应的形成机制进行理论分析。Grundy 和 Martin（2001）、Pastor 和 Stambaugh（2003）、Bansal 等（2005）、Liu 和 Zhang（2006）、Sadka（2006）、Daniel 和 Moskowitz（2016）等从动态风险角度对动量效应成因进行了相关研究。

与风险补偿理论相比，大多数行为金融理论主要关注那些对公司基本面信息反应过度或反应不足的心理启发和心理偏差。BSV 模型、DHS 模型、HS 模型分别从不同的角度分析投资者对信息的反应，并形成动量效应和反转效应的解释。在行为金融理论中还有从保守主义（Barberis 等，1998）、处置效应（Grinblatt 和 Han，2005；ShumWay 和 Wu，2005）、文化（Chui 等，2010）、认知失调（Antoniou 等，2013）等行为启发角度分析动量效应。这些理论都对动量效应的形成机制进行了丰富的探索与研究，但是鲜有文献关注股价前期高点动量效应的成因。本节在借鉴以上动量效应的相关研究文献基础上，从行为金融理论角度对股价前期高点动量效应的形成机制进行分析。

5.2.1 锚定偏差

锚定效应作为一种心理学现象，最早是由 Tversky 和 Kahneman（1974）在经典罗盘实验中提出的。在该项实验中，接受实验的成员被分为两组并给予两个不同的罗盘初始值。随后，接受实验的两组成员被要求估计非洲国家在联合国成员中的比例。实验结果表明被给予罗盘初始值较高组成员的平均估计值显著高于被给予罗盘初始值较低组成员的平均估计值。Tversky 和 Kahneman（1974）认为人们在面临不确定性时作出的决策会受到初始值（即锚定点）的影响，同时在初始锚定点范围内不断进行调整。但由于这种调整一般是不充分的，进而导致锚定偏差。随后，大量学者研究表明，锚定偏差作为一种心理现象普遍存在于房地产定价（Northcraft 和 Neale，1987）、股票估值偏差（Kaustia 等，2008）、谈判偏差（SchWeisberg 等，2012）、教育评分偏差（Bermeitinger 和 Unger，2014）、兼并收购溢价（Baker 等，2012；Gerritsen，2015）、财务决策偏差（Jetter 和 Walker，2017）等领域。

George 和 Hwang（2004）从锚定偏差角度对股价前期高点动量效应的形成机制进行分析，认为投资者受到初始锚定点的影响，当信息来临时，围绕初始锚定点不断调整投资决策。但这种调整一般是不充分的，形成对过去 52 周前期股票价格水平的依赖，进而形成股价前期高点动量效应。具体而言，当利好（利空）消息使当前股票价格逐渐上升（下跌）并不断接近（远离）52周股价前期高点时，投资者认为股票已经上涨（下跌）到一定程度了。因此即使存在确定的利好（利空）消息作为更高（更低）估值的合理依据时，投资者也不愿继续追高（追跌）接近（远离）52周股价前期高点的股票。但由于利好（利空）消息最终使股票价格进一步上涨（下跌），并延续股价波动趋势，即原来接近（远离）52周股价前期高点的股票，其价格继续上涨（下跌），并形成动量效应。

据此，结合上一章我国股票市场股价前期高点动量效应的实证研究结果，提出本章的前两个研究假设如下：

H1：我国股票市场的股价前期高点动量效应源于锚定偏差。

H2：在长期，股价前期高点动量投资策略收益不会发生反转。

5.2.2 近期偏差

如前所述，虽然52周股价前期高点在众多学术研究和实务投资中被合理设定为锚定点，但是股票价格接近或远离52周股价前期高点的时间在投资者决策中的作用也值得讨论。研究这一时间问题的动机部分归因于心理学文献中普遍存在的近期效应（Recency Effect）实验证据。

近期效应最早由Murdock（1962）于一项自由回忆实验中提出。在该项实验中，接受实验的成员被给予一张顺序不相关的单词列表。随后，要求接受实验的成员回忆单词。实验结果表明接受实验的成员更倾向于回忆列表末尾的单词。Murdock（1962）的这一实验发现（即近期效应）随后在业绩评估（Mohrman等，1989）、财务报表审计（Tubbs等，1990）、学生课程评估（Dickey和Pearson，2005）等领域被广泛运用。在金融学文献中，股票收益的动量效应以及共同基金的业绩追逐行为，也与投资者倾向于重视近期表现相一致（Gruber，1996）。

由于近期偏差的影响，相对于时间较远的信息，投资者更重视最近的信息。当52周股价前期高点出现的时间越近，投资者对信息的反应不足越明显；而52周股价前期高点出现的时间越久远，投资者对信息的掌握和分析相对更全面，因而对信息的反应不足会更弱。据此，提出以下研究假设：

H3a：在中国股票市场上存在显著的近期效应。

H3b：在中国股票市场上，投资者的锚定偏差随着近期偏差增强而增强。

5.2.3 处置效应

处置效应是Shefrin和Statman（1985）在前景理论基础上提出的，是指投资者更倾向于卖出已经盈利的股票而继续持有亏损的股票。因投资者在面临盈利和亏损两种状态下的不同态度，处置效应与传统的"持盈止损"观念相悖，在一定程度上解决了传统理论无法解释的问题。前景理论与处置效应广泛应用于经济金融研究中。实证研究中，Odean（1998）、Grinblatt和Han（2005）、BroWn等（2006）、Frino等（2015）相继发现了处置效应。投资者在面临盈利和损失两种状态下的不同风险态度导致动量效应。即当投资者出售（持有）出现盈利（亏损）的股票时，会导致盈利组合中的股票价值被低估（高估），在未来形成较高（较低）的收益。Hur和Singh（2019）对股票市场中的处置效应和锚定偏差的相互影响进行研究，发现当处置效应和锚定偏差同时增强（减弱）时，策略收益将会增加；当处置效应和锚定偏差作用相反时，策略收益将会减少甚至消失。根据以上内容，提出本章第4个研究假设：

H4：当处置效应与锚定偏差作用相同时会增强股价前期高点动量效应，当处置效应与锚定偏差作用相反时会削弱股价前期高点动量效应。

5.3 研究设计

5.3.1 数据来源与样本选择

在上一章相关数据来源和处理基础上，本章新增了交易量数据和流通股数据。所有交易量数据和流通股的相关数据均来自国泰安CSMAR经济金融研究数据库，其他数据来源与样本选取与第4章相同。

5.3.2 变量选择与定义

5.3.2.1 RR变量

根据（Bhootra和Hur，2013），将近期比率定义如下：

$$RR_t = 1 - \frac{天数}{364} \tag{5-1}$$

其中，天数表示达到52周股价前期高点距离当前价格的天数。RR变量衡量股票价格达到52周股价前期高点的时间距离：当时间距离越远，RR值越小；当时间距离越近，RR值越大。当股票价格为过去52周最高股票价格时，天数为零，RR值达到最大值1。

5.3.2.2 CGO变量

在目前的文献中，主要有三种不同方法衡量处置效应。第一种是以

Feng 和 Seasholes（2005）、Barber 和 Odean（2013）为代表，以每只股票盈利为条件，用危害率模型估计股票在购买后的出售率。另一种衡量处置效应的方法是由 Odean（1998）最初使用的基本方法或其相关变化。这种方法比较了投资者出售赢家（已实现收益）和输家（已实现损失）的比率，并将损益的实现与出售赢家和输家的机会联系起来以衡量处置效应。这两种方法的共同缺点是需要投资者买入卖出的详细信息，而这些信息不是公开信息难以获取。因此，这种方法不能用于股票的大样本。Grinblatt 和 Han（2005）提出的衡量处置效应的方法，只需要股票价格和交易量相关公开信息。

根据 Grinblatt 和 Han（2005），用未实现盈利值 CGO（Capital Gains Overhang）衡量投资者平均盈亏状况，定义如下：

$$CGO_t = \frac{P_t - RP_t}{P_t} \quad (5-2)$$

其中，P_t 表示 t 月末的股票价格；RP_t（Reference Price）表示 t 月的参考价格。根据 Grinblatt 和 Han（2005）、George 和 Hwang（2004），定义参考价格如下：

$$RP_t = \frac{V_{t-1}(1-V_t)P_{t-1} + V_{t-2}(1-V_{t-1})(1-V_t)P_{t-2} + \cdots + V_{t-24}(1-V_{t-23})(1-V_t)P_{t-24}}{V_{t-1}(1-V_t) + V_{t-2}(1-V_{t-1})(1-V_t) + \cdots + V_{t-24}(1-V_{t-23})(1-V_t)}$$

$$(5-3)$$

其中，P_t 表示 t 月末的股票价格；V_t 表示 t 月换手率，即交易量除以流通股数。公式（5-2）中 RP_t 是过去 24 个月股票价格的加权平均。由公式（5-2）可以看出，当 RP_t 越高时，CGO 变量值越小，投资者平均盈亏状况越差；当 RPt 越低时，CGO 变量值越大，投资者平均盈亏状况越好。

5.3.3 模型设定

在同时比较股价前期高点动量效应、传统动量效应和行业动量效应时，借鉴了Fama和MacBeth（1973）提出的两阶段回归法。Fama和MacBeth regression通过先截面回归后时序平均的估计方法，解决了面板数据中用最小二乘法存在的残差在截面上的相关问题。Fama和MacBeth regression在资产定价实证领域得到广泛运用，并成为该领域的经典分析方法。具体模型设定如下：

第一，本章用模型（5-4）同时分析股价前期高点动量效应、传统动量效应和行业动量效应的显著性，并分析比较锚定偏差在我国股票市场动量效应中的作用：

$$R_{i,t} = \alpha_{0jt} + \beta_{1jt}R_{i,t-1} + \beta_{2jt}Size_{i,t-1} + \beta_{3jt}PTH_{i,t-j} + \beta_{4jt}PTL_{i,t-j} + \varepsilon_{i,t} \quad (5\text{-}4a)$$

$$R_{i,t} = \alpha_{0jt} + \beta_{1jt}R_{i,t-1} + \beta_{2jt}Size_{i,t-1} + \beta_{3jt}PTH_{i,t-j} + \beta_{4jt}PTL_{i,t-j} + \beta_{5jt}JTH_{i,t-j} \\ + \beta_{6jt}JTL_{i,t-j} + \varepsilon_{i,t} \quad (5\text{-}4b)$$

$$R_{i,t} = \alpha_{0jt} + \beta_{1jt}R_{i,t-1} + \beta_{2jt}Size_{i,t-1} + \beta_{3jt}PTH_{i,t-j} + \beta_{4jt}PTL_{i,t-j} + \beta_{5jt}JTH_{i,t-j} \\ + \beta_{6jt}JTL_{i,t-j} + \beta_{7jt}MGH_{i,t-j} + \beta_{8jt}MGL_{i,t-j} + \varepsilon_{i,t} \quad (5\text{-}4c)$$

其中，$R_{i,t}$为股票i在t月的个股收益率；$R_{i,t-1}$为股票i在t-1月的个股收益率；$Size_{i,t-1}$为股票i在t-1月的市值（取自然对数）。$PTH_{i,t-j}$（$PTL_{i,t-j}$）是虚拟变量。当股票i的PTH值在t-j（j=2到7，或者j=2到13）月时处于PTH的最高（最低）分组时，$PTH_{i,t-j}$（$PTL_{i,t-j}$）取1，否则取值为0；$JTH_{i,t-j}$（$JTL_{i,t-j}$）是虚拟变量。当股票i的PR值在t-j月时处于PR的最高（最低）分组时，$JTH_{i,t-j}$（$JTL_{i,t-j}$）取1，否则取值为0；$MGH_{i,t-j}$（$MGL_{i,t-j}$）是虚拟变量。当股票i所在行业的PR值在t-j月时处于该行业PR的最高（最低）分组时，$MGH_{i,t-j}$（$MGL_{i,t-j}$）取1，否则取值为0。

第二，类似地，本章用模型（5-5）分析比较近期偏差在我国股票市场动量效应中的作用：

$$R_{i,t} = \alpha_{0jt} + \beta_{1jt}R_{i,t-1} + \beta_{2jt}Size_{i,t-1} + \beta_{3jt}RRH_{i,t-j} + \beta_{4jt}RRL_{i,t-j} + \varepsilon_{i,t} \quad (5\text{-}5a)$$

第5章 股价前期高点动量效应的形成机制

$$R_{i,t}=\alpha_{0jt}+\beta_{1jt}R_{i,t-1}+\beta_{2jt}Size_{i,t-1}+\beta_{3jt}RRH_{i,t-j}+\beta_{4jt}RRL_{i,t-j}+\beta_{5jt}JTH_{i,t-j}$$
$$+\beta_{6jt}JTL_{i,t-j}+\varepsilon_{i,t} \quad (5\text{-}5b)$$

$$R_{i,t}=\alpha_{0jt}+\beta_{1jt}R_{i,t-1}+\beta_{2jt}Size_{i,t-1}+\beta_{3jt}RRH_{i,t-j}+\beta_{4jt}RRL_{i,t-j}+\beta_{5jt}JTH_{i,t-j}$$
$$+\beta_{6jt}JTL_{i,t-j}+\beta_{7jt}MGH_{i,t-j}+\beta_{8jt}MGL_{i,t-j}+\varepsilon_{i,t} \quad (5\text{-}5c)$$

其中，$RRH_{i,t-j}$（$RRL_{i,t-j}$）是虚拟变量。当股票i的RR值在t-j（j=2到7，或者j=2到13）月时处于RR的最高（最低）分组时，$RRH_{i,t-j}$（$RRL_{i,t-j}$）取1，否则取值为0；其他变量定义同模型（5-4）。

第三，进一步地，本章用模型（5-6）分析比较锚定偏差与近期偏差在我国股票市场动量效应中的作用：

$$R_{i,t}=\alpha_{0jt}+\beta_{1jt}R_{i,t-1}+\beta_{2jt}Size_{i,t-1}+\beta_{3jt}PTH_{i,t-j}+\beta_{4jt}PTL_{i,t-j}+\beta_{5jt}RRH_{i,t-j}$$
$$+\beta_{6jt}RRL_{i,t-j}+\beta_{7jt}PTH_{i,t-j}RRH_{i,t-j}+\beta_{8jt}PTH_{i,t-j}RRL_{i,t-j}$$
$$+\beta_{9jt}PTL_{i,t-j}RRH_{i,t-j}+\beta_{10jt}PTL_{i,t-j}RRL_{i,t-j}+\varepsilon_{i,t} \quad (5\text{-}6a)$$

$$R_{i,t}=\alpha_{0jt}+\beta_{1jt}R_{i,t-1}+\beta_{2jt}Size_{i,t-1}+\beta_{3jt}PTH_{i,t-j}+\beta_{4jt}PTL_{i,t-j}+\beta_{5jt}RRH_{i,t-j}$$
$$+\beta_{6jt}RRL_{i,t-j}+\beta_{7jt}PTH_{i,t-j}RRH_{i,t-j}+\beta_{8jt}PTH_{i,t-j}RRL_{i,t-j}$$
$$+\beta_{9jt}PTL_{i,t-j}RRH_{i,t-j}+\beta_{10jt}PTL_{i,t-j}RRL_{i,t-j}+\beta_{11jt}JTH_{i,t-j}$$
$$+\beta_{12jt}JTL_{i,t-j}+\varepsilon_{i,t} \quad (5\text{-}6b)$$

$$R_{i,t}=\alpha_{0jt}+\beta_{1jt}R_{i,t-1}+\beta_{2jt}Size_{i,t-1}+\beta_{3jt}PTH_{i,t-j}+\beta_{4jt}PTL_{i,t-j}+\beta_{5jt}RRH_{i,t-j}$$
$$+\beta_{6jt}RRL_{i,t-j}+\beta_{7jt}PTH_{i,t-j}RRH_{i,t-j}+\beta_{8jt}PTH_{i,t-j}RRL_{i,t-j}$$
$$+\beta_{9jt}PTL_{i,t-j}RRH_{i,t-j}+\beta_{10jt}PTL_{i,t-j}RRL_{i,t-j}+\beta_{11jt}JTH_{i,t-j}$$
$$+\beta_{12jt}JTL_{i,t-j}+\beta_{13jt}MGH_{i,t-j}+\beta_{14jt}MGL_{i,t-j}+\varepsilon_{i,t} \quad (5\text{-}6c)$$

其中，$PTH_{i,t-j}$（$PTL_{i,t-j}$）是虚拟变量，定义同模型（5-4），$RRH_{i,t-j}$（$RRL_{i,t-j}$）是虚拟变量，定义同模型（5-5），其他变量定义同模型（5-4）。

第四，本章用模型（5-7）分析比较处置效应在我国股票市场动量效应中的作用：

$$R_{i,t}=\alpha_{0jt}+\beta_{1jt}R_{i,t-1}+\beta_{2jt}Size_{i,t-1}+\beta_{3jt}CGOH_{i,t-j}+\beta_{4jt}CGOL_{i,t-j}+\varepsilon_{i,t} \quad (5\text{-}7a)$$

$$R_{i,t}=\alpha_{0jt}+\beta_{1jt}R_{i,t-1}+\beta_{2jt}Size_{i,t-1}+\beta_{3jt}CGOH_{i,t-j}+\beta_{4jt}CGOL_{i,t-j}$$
$$+\beta_{5jt}JTH_{i,t-j}+\beta_{6jt}JTL_{i,t-j}+\varepsilon_{i,t} \quad (5\text{-}7b)$$

$$R_{i,t} = \alpha_{0jt} + \beta_{1jt}R_{i,t-1} + \beta_{2jt}Size_{i,t-1} + \beta_{3jt}CGOH_{i,t-j} + \beta_{4jt}CGOL_{i,t-j} \\ + \beta_{5jt}JTH_{i,t-j} + \beta_{6jt}JTL_{i,t-j} + \beta_{7jt}MGH_{i,t-j} + \beta_{8jt}MGL_{i,t-j} + \varepsilon_{i,t} \quad (5-7c)$$

其中，$CGOH_{i,t-j}$（$CGOL_{i,t-j}$）是虚拟变量。当股票i的CGO值在t-j（j=2到7，或者j=2到13）月时处于CGO的最高（最低）分组时，$CGOH_{i,t-j}$（$CGOL_{i,t-j}$）取1，否则取值为0；其他变量定义同模型（5-4）。

第五，本章用模型（5-8）分析比较锚定偏差与处置效应在我国股票市场动量效应中的作用：

$$R_{i,t} = \alpha_{0jt} + \beta_{1jt}R_{i,t-1} + \beta_{2jt}Size_{i,t-1} + \beta_{3jt}PTH_{i,t-j} + \beta_{4jt}PTL_{i,t-j} + \beta_{5jt}CGOH_{i,t-j} \\ + \beta_{6jt}CGOL_{i,t-j} + \beta_{7jt}PTH_{i,t-j}CGOH_{i,t-j} + \beta_{8jt}PTH_{i,t-j}CGOL_{i,t-j} \\ + \beta_{9jt}PTL_{i,t-j}CGOH_{i,t-j} + \beta_{10jt}PTL_{i,t-j}CGOL_{i,t-j} + \varepsilon_{i,t} \quad (5-8a)$$

$$R_{i,t} = \alpha_{0jt} + \beta_{1jt}R_{i,t-1} + \beta_{2jt}Size_{i,t-1} + \beta_{3jt}PTH_{i,t-j} + \beta_{4jt}PTL_{i,t-j} + \beta_{5jt}CGOH_{i,t-j} \\ + \beta_{6jt}CGOL_{i,t-j} + \beta_{7jt}PTH_{i,t-j}CGOH_{i,t-j} + \beta_{8jt}PTH_{i,t-j}CGOL_{i,t-j} \\ + \beta_{9jt}PTL_{i,t-j}CGOH_{i,t-j} + \beta_{10jt}PTL_{i,t-j}CGOL_{i,t-j} + \beta_{11jt}JTH_{i,t-j} \\ + \beta_{12jt}JTL_{i,t-j} + \varepsilon_{i,t} \quad (5-8b)$$

$$R_{i,t} = \alpha_{0jt} + \beta_{1jt}R_{i,t-1} + \beta_{2jt}Size_{i,t-1} + \beta_{3jt}PTH_{i,t-j} + \beta_{4jt}PTL_{i,t-j} + \beta_{5jt}CGOH_{i,t-j} \\ + \beta_{6jt}CGOL_{i,t-j} + \beta_{7jt}PTH_{i,t-j}CGOH_{i,t-j} + \beta_{8jt}PTH_{i,t-j}CGOL_{i,t-j} \\ + \beta_{9jt}PTL_{i,t-j}CGOH_{i,t-j} + \beta_{10jt}PTL_{i,t-j}CGOL_{i,t-j} + \beta_{11jt}JTH_{i,t-j} \\ + \beta_{12jt}JTL_{i,t-j} + \beta_{13jt}MGH_{i,t-j} + \beta_{14jt}MGL_{i,t-j} + \varepsilon_{i,t} \quad (5-8c)$$

其中，$PTH_{i,t-j}$（$PTL_{i,t-j}$）是虚拟变量，定义同模型（5-4），$CGOH_{i,t-j}$（$CGOL_{i,t-j}$）是虚拟变量，定义同模型（5-6），其他变量定义同模型（5-4）。

5.4 股价前期高点动量效应形成机制的实证分析

5.4.1 描述性统计分析

表5-1列示了变量RR与CGO的描述性统计信息。由表可知，RR变量的均值和中位数分别为0.50138、0.4973，均值与中位数非常接近，说明在

样本期间内有一半左右的股票达到52周股价前期高点的时间约为半年前。RR变量的最小值为0,即一年前达到52周股价前期高点;RR变量的最大值为1,即股价为52周以来的最高价。CGO变量的均值为 –0.0831,表示投资者的平均盈利状况为亏损,投资者倾向于持有股票。CGO的最大值为0.3578,即投资者倾向于卖出实现盈利的股票。

表5-1　　　　　　　　描述性统计分析(新增变量)

变量	均值	标准差	最小值	P25	中位数	P75	最大值
RR	0.50138	0.3725	0	0.1593	0.4973	0.9148	1
CGO$_{24}$	–0.0793	0.2032	–0.7198	–0.1945	–0.0571	0.0557	0.3606

注:变量的样本区间为2000年1月至2018年12月。

5.4.2　股价前期高点动量效应与锚定偏差

本节将从以下两个方面检验锚定偏差是否是引起股价前期高点动量效应的成因:第一,将股价前期高点动量效应与传统的传统动量效应和行业动量效应进行对比,分析锚定偏差在我国股票市场动量效应中的作用;第二,在长期中检验是否存在反转。

5.4.2.1　股价前期高点动量效应与锚定偏差

表5-2列示了模型(5-4)的回归结果。每个月t,对j=2到7进行6次的截面回归,并将回归系数进行平均。具体而言,持有期为6个月的赢家组合或输家组合在t月的收益计算为 $\overline{\beta}_{3t} = (1/6)\sum_{j=2}^{7}\beta_{3jt}, \cdots, \overline{\beta}_{8t} = (1/6)\sum_{j=2}^{7}\beta_{8jt}$,分别表示赢家组合或输家组合在t月的收益。其中,$\overline{\beta}_{3t}$减$\overline{\beta}_{4t}$、$\overline{\beta}_{5t}$减$\overline{\beta}_{6t}$、$\overline{\beta}_{7t}$减$\overline{\beta}_{8t}$分别表示股价前期高点动量投资策略、传统动量投资策略、行业动量投资策略在控制其他变量时的策略投资利润。表5-2同时报告了赢家组合和输家组

合的原始收益和Fama-French三因子调整收益在模型（5-4）中的分析结果。

表5-2 股价前期高点动量效应的截面回归——锚定偏差　　单位：%

变量	原始收益			调整收益		
	模型（5-4a）	模型（5-4b）	模型（5-4c）	模型（5-4a）	模型（5-4b）	模型（5-4c）
$R_{i,t-1}$	-4.80***	-4.85***	-4.94***	-5.49***	-5.51***	-5.56***
	(-6.59)	(-6.84)	(-7.07)	(-8.27)	(-8.45)	(-8.62)
Size	-0.39**	-0.37**	-0.36**	-0.17**	-0.15*	-0.14*
	(-2.28)	(-2.26)	(-2.23)	(-2.03)	(-1.96)	(-1.87)
PTH	0.10	0.11	0.09	0.07	0.10	0.09
	(0.85)	(1.05)	(0.93)	(0.62)	(1.17)	(1.06)
PTL	-0.40***	-0.27***	-0.26***	-0.30***	-0.20**	-0.19**
	(-3.22)	(-2.62)	(-2.62)	(-2.70)	(-2.31)	(-2.28)
JTH		-0.07	-0.10		-0.16	-0.18
		(-0.55)	(-0.74)		(-1.26)	(-1.47)
JTL		-0.23***	-0.21***		-0.14*	-0.13*
		(-2.70)	(-2.57)		(-1.76)	(-1.66)
MGH			0.10			0.05
			(0.67)			(0.35)
MGL			-0.06			-0.01
			(-0.52)			(-0.13)
PTH-PTL	0.50**	0.38**	0.36**	0.36**	0.30**	0.29**
	(2.47)	(2.17)	(2.10)	(2.00)	(2.08)	(2.00)
JTH-JTL		0.15	0.11		-0.02	-0.05
		(0.84)	(0.66)		(-0.11)	(-0.33)
MGH-MGL			0.16			0.06
			(0.96)			(0.42)

注：该表列示了2000年1月到2018年12月股价前期高点动量投资策略、传统动量投资策略和行业动量投资策略在j=2到7时模型（5-4）的回归结果。其中，第2—4列分别是模型（5-4a）、模型（5-4b）、模型（5-4c）的原始收益回归结果，第5—7列分别是模型（5-4a）、模型（5-4b）、模型（5-4c）的FF3调整收益回归结果。括号中报告了Newey-West的t统计值，*、**、***分别表示在10%、5%和1%水平上显著。

具体来看，首先从表5-2可以看出，$R_{i,t-1}$和$Size_{i,t-1}$的回归系数在各种模型中均显著为负，符合模型预期。其次，就原始收益而言，模型（5-4a）在不考虑传统动量投资策略和行业动量投资策略时，买入赢家组合卖出输家组合的股价前期高点动量投资策略产生0.50%（t=2.47）的显著收益。当模型中加入传统动量投资策略时［模型（5-4b）］，股价前期高点动量投资策略收益为0.38%（t=2.17），显著为正；而零成本的传统动量投资策略收益为0.15%（t=0.84），收益的绝对值和t统计值均小于股价前期高点动量投资策略。当模型同时考虑股价前期高点动量投资策略、传统动量投资策略和行业动量投资策略时［即模型（5-4c）］，股价前期高点动量投资策略组合收益为0.36%（t=2.10），仍然显著为正；而传统动量投资策略产生0.11%（t=0.66）的月收益，行业动量投资策略产生0.16%（t=0.96）的月收益，并且在统计上都不显著。在模型（5-4a）、模型（5-4b）和模型（5-4c）中，股价前期高点动量投资策略都产生显著的收益，而传统动量投资策略收益和行业动量投资策略收益均不显著，且在模型（5-4b）和模型（5-4c）中传统动量投资策略和行业动量投资策略的收益绝对值和t统计值均小于对应的股价前期高点动量投资策略。结果表明，就原始收益而言，股价前期高点动量投资策略在三种策略中占主导地位。

另外，在模型（5-4a）、模型（5-4b）和模型（5-4c）中股价前期高点动量投资策略的赢家组合收益分别为0.10%、0.11%和0.09%且都不显著，而对应的输家组合的收益分别为−0.40%、−0.27%和−0.26%，且在1%水平上显著为负。股价前期高点动量投资策略的输家组合的收益绝对值和显著性水平远远高于赢家组合，说明买入赢家组合卖出输家组合的股价前期高点动量投资策略收益主要源于输家组合。

就FF3调整收益而言，在模型（5-4a）、模型（5-4b）和模型（5-4c）

中股价前期高点动量投资策略的赢家组合收益分别为0.07%、0.10%、0.09%，t值分别为0.62、1.17、1.06，皆不显著；对应的输家组合收益分别为−0.30%（t=−2.70）、−0.20%（t=−2.31）、−0.19%（t=−2.28），显著为负，且输家组合收益绝对值远远大于赢家组合的收益绝对值。而买入赢家组合并卖出输家组合的股价前期高点动量投资策略在模型（5-4a）、模型（5-4b）和模型（5-4c）中的收益分别为0.36%（t=2.00）、0.30%（t=2.08）、0.29%（t=2.00），全部显著为正，说明股价前期高点动量投资策略收益主要源于股价前期高点动量投资策略的输家组合。另外，与显著的股价前期高点动量投资策略收益相比，传统动量投资策略在模型（5-4b）和模型（5-4c）中的收益分别为−0.02%（t=−0.11）、−0.05%（t=−0.33），皆不显著；行业动量投资策略的收益在模型（5-4c）中为0.06%（t=0.42），统计上不显著。调整收益的结果再次证明了股价前期高点动量投资策略在三种策略中的主导地位。

综上所述，表5-2的原始收益和FF3调整收益的结果表明，在控制传统动量效应和行业动量效应后，中国股票市场上仍然存在显著的股价前期高点动量效应，而不存在显著的传统动量效应和行业动量效应。研究结果支持我国股票市场的股价前期高点动量效应源于锚定偏差的假说，即股价前期高点动量效应在三种动量效应中占绝对主导地位。为了进一步检验股价前期高点动量效应的来源，接下来将从长期分析股价前期高点动量投资策略是否存在反转。

5.4.2.2　长期反转

与传统动量效应的行为金融学解释不同，George和Hwang（2004）认为股价前期高点动量效应和长期反转是两个独立的而非前后相关的序列现象。

为了进一步验证股价前期高点动量效应的来源,可以从长期检验股价前期高点动量投资策略是否存在反转。

与短期动量效应的检验过程中股价前期高点动量投资策略、传统动量投资策略和行业动量投资策略的形成期和持有期的时间间隔(Time Gap)不同,长期反转检验中的时间间隔大于1个月。在长期中,分别选取12个月、24个月、36个月、48个月共4个时间间隔对持有期为12个月的三大策略进行回归分析。其中,时间间隔12个月、24个月、36个月、48个月分别对应的策略形成期为j=14 to 25、j=26 to 37、j=38 to 49、j=50 to 61。为了节省空间,长期分析中表5-3仅列示了模型(5-4c)的回归结果,模型(5-4a)和模型(5-4b)的回归结果与表5-3类似。

具体来看,就原始收益而言,当时间间隔为12个月、24个月、36个月、48个月时,买入赢家组合卖出输家组合的股价前期高点动量投资策略收益分别为-0.10%(t=-0.90)、0.08%(t=0.77)、0.16%(t=1.45)、0.03%(t=0.27),在统计上均不显著,即股价前期高点动量投资策略没有发生反转。当时间间隔为12个月、24个月、36个月、48个月时,对应的传统动量(行业动量)策略收益分别为-0.19%(0.25%)、-0.17%(-0.24%)、-0.02%(-0.01%)、-0.11%(-0.04%),对应的t值分别为-2.09(1.60)、-1.80(-1.69)、-0.31(-0.05)、-1.26(-0.36)。结果显示传统动量投资策略收益在时间间隔为12个月和24个月时,显著为负;行业动量投资策略收益在时间间隔为24个月时,显著为负。即传统动量投资策略在第1年和第2年后发生反转,行业动量投资策略在第2年发生反转。

另外,就FF3调整收益而言,除了时间间隔为36的股价前期高点动量投资策略收益显著为正外,其他所有时间间隔的股价前期高点动量投资策略收益在统计上均不显著。即股价前期高点动量投资策略在时间间隔为12个月、24个月、36个月、48个月时均未发生反转。相应地，传统动量投资策略收益在时间间隔为12个月和24个月时，显著为负；而行业动量投资策略收益在所有时间间隔上均不显著。即传统动量投资策略在第1年和第2年发生反转，行业动量投资策略在接下来4年均未发生反转。

表5-3　　　　　　　　动量投资策略收益的持续性　　　　　　　单位：%

变量	原始收益				调整收益			
	Time Gap=12	Time Gap=24	Time Gap=36	Time Gap=48	Time Gap=12	Time Gap=24	Time Gap=36	Time Gap=48
Size	-0.37**	-0.37**	-0.36**	-0.37**	-0.14*	-0.14*	-0.14*	-0.15*
	(-2.10)	(-2.13)	(-2.16)	(-2.32)	(-1.67)	(-1.70)	(-1.66)	(-1.81)
PTH	-0.09	-0.05	0.07	0.01	-0.06	-0.05	0.11**	0.09
	(-1.23)	(-0.83)	(1.21)	(0.05)	(-1.08)	(-1.11)	(2.41)	(1.40)
PTL	0.02	-0.13*	-0.09	-0.02	0.09	-0.06	-0.10	0.01
	(0.24)	(-1.85)	(-1.17)	(-0.32)	(1.50)	(-0.91)	(-1.45)	(0.08)
JTH	-0.23***	-0.10	-0.04	-0.15**	-0.23***	-0.09	0.01	-0.09
	(-3.03)	(-1.35)	(-0.65)	(-2.52)	(-3.25)	(-1.27)	(0.04)	(-1.43)
JTL	-0.04	0.07	-0.01	-0.04	-0.03	0.11**	-0.02	-0.06
	(-0.92)	(1.44)	(-0.28)	(-0.64)	(-0.75)	(2.29)	(-0.40)	(-1.11)
MGH	0.19	-0.18	-0.02	-0.09	0.12	-0.10	0.03	0.04
	(1.27)	(-1.55)	(-0.20)	(-0.76)	(0.89)	(-0.94)	(0.26)	(0.36)
MGL	-0.06	0.06	-0.01	-0.05	-0.01	0.09	0.01	-0.05
	(-0.68)	(0.68)	(-0.15)	(-0.62)	(-0.13)	(1.07)	(0.08)	(-0.71)
PTH-PTL	-0.10	0.08	0.16	0.03	-0.14	0.01	0.21	0.08
	(-0.90)	(0.77)	(1.45)	(0.27)	(-1.62)	(0.11)	(1.10)	(0.94)
JTH-JTL	-0.19**	-0.17*	-0.02	-0.11	-0.20**	-0.20**	0.02	-0.02
	(-2.09)	(-1.80)	(-0.31)	(-1.26)	(-2.36)	(-2.15)	(0.27)	(-0.30)
MGH-MGL	0.25	-0.24*	-0.01	-0.04	0.13	-0.19	0.02	0.10
	(1.60)	(-1.69)	(-0.05)	(-0.36)	(0.93)	(-1.54)	(0.15)	(0.90)

注：该表列示了2000年1月到2018年12月股价前期高点动量投资策略、传统动量投资策略和行业动量投资策略在j=2到13时模型（5-4c）的回归结果。其中，第2—5列分别是时间间隔为12个月、24个月、36个月、48个月的原始收益回归结果，第7—9列为对应的FF3调整收益回归结果。括号中报告了Newey-West的t统计值，*、**、***分别表示在10%、5%和1%水平上显著。

综上所述，表5-3结果表明在长期股价前期高点动量投资策略不会发生反转。该结果不仅支持本章提出的研究假设H1，而且进一步验证了股价前期高点动量效应的锚定偏差解释。同时，研究结果与George和Hwang（2004）的美国股票市场一致，股价前期高点动量效应与长期反转不是前后相关的序列现象。

5.4.3 股价前期高点动量效应与近期偏差

5.4.3.1 股价前期高点动量效应与近期偏差

Bhoootra和Hur（2013）将近期偏差引入动量效应的研究中，认为除了锚定偏差，投资者在投资过程中更会受到近期偏差的影响。即投资者不仅受到当前股票价格与52周股价前期高点接近程度的影响，还会受到股票价格达到52周股价前期高点的时间距离的影响。相比很久以前达到的锚定点，投资者往往更关注近期锚定点。为了检验近期偏差在我国股票市场上的作用，利用模型（5-5）进行回归分析，表5-4列示了相关结果。

从表5-4可以看出，所有模型的$R_{i,t-1}$和$Size_{i,t-1}$回归系数均显著为负，符合模型预期。其次，就原始收益（FF3调整收益）而言，以近期比率RR变量构造的买入赢家组合并卖出输家组合的零成本策略收益在模型（5-5a）、模型（5-5b）、模型（5-5c）分别为0.10%（0.05%）、0.05%（0.05%）、0.04%（0.04%），在统计水平上均不显著。不管是否考虑传统动量投资策略、行业动量投资策略，所有以RR变量构造的动量策略均不能获取显著为正的收益，在中国股票市场上没有发现近期效应。与美国市场的实证研究结果不同，近期偏差在中国股票市场上的作用非常有限。

表5-4　　股价前期高点动量效应的截面回归——近期偏差　　单位：%

变量	原始收益			调整收益		
	模型（5-5a）	模型（5-5b）	模型（5-5c）	模型（5-5a）	模型（5-5b）	模型（5-5c）
$R_{i,t-1}$	−4.83***	−4.88***	−4.96***	−5.52***	−5.54***	−5.60***
	(−6.63)	(−6.91)	(−7.14)	(−8.32)	(−8.53)	(−8.69)
Size	−0.39**	−0.38**	−0.37**	−0.18**	−0.16**	−0.15*
	(−2.27)	(−2.26)	(−2.24)	(−2.05)	(−1.98)	(−1.91)
RRH	0.13	0.11	0.10	0.10	0.13	0.12
	(1.06)	(1.04)	(0.95)	(0.91)	(1.32)	(1.23)
RRL	0.03	0.06	0.06	0.05	0.08	0.08
	(0.33)	(0.78)	(0.84)	(0.70)	(1.12)	(1.16)
JTH		−0.05	−0.07		−0.14	−0.16
		(−0.34)	(−0.53)		(−1.08)	(−1.29)
JTL		−0.32***	−0.29***		−0.20*	−0.18*
		(−2.89)	(−2.76)		(−1.89)	(−1.81)
MGH			0.10			0.06
			(0.69)			(0.38)
MGL			−0.07			−0.02
			(−0.62)			(−0.23)
RRH−RRL	0.10	0.05	0.04	0.05	0.05	0.04
	(0.63)	(0.36)	(0.27)	(0.35)	(0.40)	(0.31)
JTH−JTL		0.27	0.22		0.06	0.02
		(1.31)	(1.13)		(0.30)	(0.10)
MGH−MGL			0.17			0.08
			(1.06)			(0.52)

注：该表列示了2000年1月到2018年12月RR策略[①]、传统动量投资策略和行业动量投资策略在j=2到7时模型（5-5）的回归结果。其中，第2—4列分别是模型（5-5a）、模型（5-5b）、模型（5-5c）的原始收益回归结果，第5—7列分别是模型（5-5a）、模型（5-5b）、模型（5-5c）的FF3调整收益回归结果。括号中报告了Newey-West的t统计值，*、**、***分别表示在10%、5%和1%水平上显著。

---

① RR动量投资策略与股价前期高点动量投资策略类似，唯一的不同之处在于RR策略是根据股票的近期比率RR进行分组并计算组合收益，而股价前期高点动量投资策略是根据当前价格与52周股价前期高点的比率（PTH）进行分组并计算组合收益。

5.4.3.2 锚定偏差与近期偏差

为了进一步检验锚定偏差与近期偏差在股票市场上的作用，利用模型（5-6）进行截面回归分析，具体结果如表5-5所示。首先，所有模型显著为负的 $R_{i,t-1}$ 和 $Size_{i,t-1}$ 回归系数符合模型预期。其次，所有股价前期高点动量投资策略的赢家组合收益均为正，而对应的输家组合收益显著为负，且其收益绝对值和显著水平均高于其赢家组合。可以看出，股价前期高点动量投资策略收益主要源于输家组合。以近期比率为基础构建的策略，其赢家组合与输家组合收益在所有模型中均为正且不显著，这一结果与表5-4类似。最后，就交乘项而言，所有模型的 PTH × RRH 的回归系数为负且不显著，而对应的 PTL × RRH 的回归系数显著为负；而 PTH × RRH 的系数与 PTL × RRH 的系数之差为正，并且除了模型（5-6a）的调整收益，其他均不显著。另外，所有模型的 PTH × RRL 的回归系数、PTL × RRL 的回归系数以及 PTH × RRL-PTL × RRL 的回归系数均为负且在统计上不显著。这些交乘项的回归结果表明，在中国股票市场上，投资者的锚定偏差并未随着近期偏差增强而增强。即当股价不断接近52周股价前期高点时，即使有存在利好消息投资者也不愿追高股价，这种行为并不会因为股价达到52周股价前期高点的时间越近而有所增强。表5-5的研究结果与美国市场不一致，并不支持本章的第3个研究假设，说明近期偏差对我国股票市场的动量效应影响有限。

我国股票市场个人投资者占比较高，与机构投资者相比，个人投资者对股票市场信息的处理能力更弱。有限的认知能力，使个人投资者更倾向于关注简单有效的信息。52周股价前期高点作为常见的简单有效的参照点比代表近期效应的RR变量更容易被投资者接受和关注，这可能是近期偏差对我国股票市场的动量效应影响有限，而锚定偏差成为动量效应来源的原因。

表5-5 股价前期高点动量效应的截面回归——锚定偏差与近期偏差　　　单位：%

变量	原始收益			调整收益		
	模型（5-6a）	模型（5-6b）	模型（5-6c）	模型（5-6a）	模型（5-6b）	模型（5-6c）
$R_{i,t-1}$	−4.83***	−4.88***	−4.97***	−5.51***	−5.53***	−5.59***
	（−6.72）	（−6.95）	（−7.18）	（−8.37）	（−8.54）	（−8.71）
Size	−0.39**	−0.38**	−0.37**	−0.18**	−0.16**	−0.15*
	（−2.34）	（−2.30）	（−2.28）	（−2.12）	（−2.04）	（−1.96）
PTH	0.06	0.08	0.08	0.05	0.10	0.10
	（0.53）	（0.80）	（0.74）	（0.52）	（1.24）	（1.24）
PTLL	−0.35***	−0.22*	−0.21*	−0.29**	−0.20*	−0.19*
	（−2.73）	（−1.96）	（−1.86）	（−2.37）	（−1.93）	（−1.83）
RRH	0.11	0.09	0.08	0.08	0.08	0.07
	（1.24）	（0.94）	（0.85）	（0.93）	（0.90）	（0.80）
RRL	0.08	0.09	0.10	0.09	0.10	0.10
	（1.03）	（1.25）	（1.35）	（1.27）	（1.45）	（1.55）
JTH		−0.08	−0.10		−0.18	−0.20*
		（−0.65）	（−0.84）		（−1.50）	（−1.72）
JTL		−0.21**	−0.19**		−0.13	−0.11
		（−2.54）	（−2.41）		（−1.62）	（−1.51）
MGH			0.10			0.05
			（0.68）			（0.36）
MGL			−0.06			−0.02
			（−0.56）			（−0.20）
PTH×RRH	−0.04	−0.01	−0.00	−0.02	−0.00	−0.00
	（−0.55）	（−0.08）	（−0.03）	（−0.32）	（−0.06）	（−0.05）
PTH×RRL	−0.12	−0.14	−0.14	−0.10	−0.13	−0.14
	（−1.22）	（−1.48）	（−1.58）	（−1.14）	（−1.50）	（−1.57）
PTL×RRH	−0.19**	−0.17*	−0.17*	−0.21**	−0.19**	−0.19**
	（−2.09）	（−1.92）	（−1.92）	（−2.29）	（−2.06）	（−2.08）

续表

变量	原始收益			调整收益		
	模型（5-6a）	模型（5-6b）	模型（5-6c）	模型（5-6a）	模型（5-6b）	模型（5-6c）
PTL×RRL	−0.02	−0.04	−0.05	0.04	0.04	0.04
	(−0.18)	(−0.43)	(−0.54)	(0.39)	(0.42)	(0.35)
PTH×R-RH-PTL×RRH	0.15	0.17	0.17	0.19**	0.18	0.18
	(1.55)	(1.48)	(1.51)	(1.99)	(1.62)	(1.63)
PTH×R-RL-PTL×RRL	−0.10	−0.10	−0.09	−0.14	−0.17	−0.17
	(−0.66)	(−0.67)	(−0.65)	(−0.98)	(−1.23)	(−1.29)
(PTH×R-RH-PTL×RR)−(PTH×R-RL-PTL×R-RL)	0.25	0.26	0.26	0.33**	0.36**	0.36**
	(1.40)	(1.50)	(1.52)	(2.01)	(2.15)	(2.21)

注：该表列示了2000年1月到2018年12月股价前期高点动量投资策略、RR动量投资策略、传统动量投资策略和行业动量投资策略在j=2到7时模型（5-6）的回归结果。其中，第2—4列分别是模型（5-6a）、模型（5-6b）、模型（5 6c）的原始收益回归结果，第5—7列分别是模型（5-6a）、模型（5-6b）、模型（5-6c）的FF3调整收益回归结果。括号中报告了Newey-West的t统计值，*、**、***分别表示在10%、5%和1%水平上显著。

5.4.4 股价前期高点动量效应与处置效应

5.4.4.1 股价前期高点动量效应与处置效应

Grinblatt和Han（2005）在前景理论的基础上，提出投资者在面临盈利和亏损两种不同状态时风险态度也不同：投资者更倾向于卖出已经盈利的股票而持有继续亏损的股票，即所谓的处置效应。为了进一步检验在中国股票市场上处置效应是否为动量效应的来源，用模型（5-7）进行回归分析。表5-6提供了相关分析结果。

表 5-6 股价前期高点动量效应的截面回归——处置效应 单位：%

变量	原始收益			调整收益		
	模型（5-7a）	模型（5-7b）	模型（5-7c）	模型（5-7a）	模型（5-7b）	模型（5-7c）
$R_{i,t-1}$	−5.21***	−5.26***	−5.32***	−5.98***	−6.01***	−6.06***
	（−7.08）	（−7.25）	（−7.34）	（−8.66）	（−8.83）	（−8.88）
Size	−0.33**	−0.33**	−0.33**	−0.10	−0.10	−0.10
	（−1.99）	（−2.04）	（−2.03）	（−1.28）	（−1.37）	（−1.30）
CGOH	−0.10	−0.12	−0.13	−0.13	−0.11	−0.12
	（−0.75）	（−1.19）	（−1.24）	（−1.09）	（−1.25）	（−1.36）
CGOL	−0.23**	−0.12	−0.11	−0.19*	−0.12	−0.11
	（−2.12）	（−1.21）	（−1.12）	（−1.82）	（−1.27）	（−1.21）
JTH		−0.05	−0.07		−0.17	−0.19
		（−0.31）	（−0.47）		（−1.19）	（−1.39）
JTL		−0.36***	−0.33***		−0.23**	−0.21**
		（−3.26）	（−3.11）		（−2.15）	（−2.04）
MGH			0.13			0.10
			（0.78）			（0.61）
MGL			−0.02			0.02
			（−0.15）			（0.21）
CGOH−CGOL	0.13	−0.01	−0.02	0.06	0.01	−0.01
	（0.62）	（−0.05）	（−0.13）	（0.31）	（0.07）	（−0.04）
JTH−JTL		0.31	0.27		0.06	0.02
		（1.47）	（1.30）		（0.29）	（0.08）
MGH−MGL			0.14			0.07
			（0.81）			（0.45）

注：该表列示了2000年1月到2018年12月CGO策略①、传统动量投资策略和行业动量投资策略在j=2到7时模型（5-7）的回归结果。其中，第2—4列分别是模型（5-7a）、模型（5-7b）、模型（5-7c）的原始收益回归结果，第5—7列分别是模型（5-7a）、模型（5-7b）、模型（5-7c）的FF3调整收益回归结果。括号中报告了Newey-West的t统计值，*、**、***分别表示在10%、5%和1%水平上显著。

---

① CGO策略与股价前期高点动量投资策略类似，唯一的不同之处在于CGO策略是根据股票的平均盈亏情况CGO指标进行分组并计算组合收益，而股价前期高点动量投资策略是根据当前价格与52周股价前期高点的比率PTH进行分组并计算组合收益。

从表5-6可以看出，所有模型的$R_{i,t-1}$和$Size_{i,t-1}$回归系数为负，符合模型预期。就原始收益而言，以平均盈亏状况指标CGO变量构造的买入赢家组合并卖出输家组合的零成本策略收益在模型（5-7a）、模型（5-7a）、模型（5-7a）分别为0.13%（t=0.62）、–0.01%（t=–0.05）、–0.02%（t=–0.13），在统计水平上均不显著。就调整收益而言，对应的收益分别为0.06%（t=0.31）、0.01%（t=0.07）、–0.01%（t=–0.04），在统计水平上均不显著。不管是否考虑传统动量投资策略、行业动量投资策略，所有以CGO变量构造的动量策略均不能获取显著收益。

5.4.4.2 锚定偏差与处置效应

用模型（5-8）进一步检验锚定偏差与处置效应在我国股票市场上的作用，具体结果如表5-7所示。与前面的分析一致，所有模型的$R_{i,t-1}$和$Size_{i,t-1}$回归系数为负，符合模型预期；股价前期高点动量投资策略收益主要源于其收益显著为负的输家组合。

就交乘项而言，所有模型的PTH×CGOH回归系数在1%的水平上显著为正，所有模型的PTL×CGOL回归系数也显著为正；对应地，所有模型的PTH×CGOL回归系数显著为负，而PTL×CGOL回归系数为负。进一步地，就原始收益（调整收益）而言，模型（5-8a）、模型（5-8b）、模型（5-8c）的PTH×CGOH–PTL×CGOH回归系数分别为0.55%（0.63%）、0.58%（0.65%）、0.63%（0.69%），且所有系数在5%的水平上显著为正；对应地，模型（5-8a）、模型（5-8b）、模型（5-8c）的PTH×CGOL–PTL×CGOL回归系数分别为–0.83%（–0.84%）、–0.67%（–0.64%）、–0.64%（–0.61%），且所有系数在1%的水平上显著为负；而所有模型的PTH×CGOH–PTL×CGOH的回归系数与PTH×CGOL-PTL×CGOL的回归系数之差在统计水平上显著为正。结果表明，当处置效应和锚定偏差同时增强（减弱）时，策略收益将会增加；当处置效应和锚定偏差作用相反时，策略收益将会减少，实证结果支持研究假设。

表5-7　　　　　　　股价前期高点动量效应的截面回归
　　　　　　　——锚定偏差与处置效应　　　　　单位：%

变量	原始收益			调整收益		
	模型（5-8a）	模型（5-8b）	模型（5-8c）	模型（5-8a）	模型（5-8b）	模型（5-8c）
$R_{i,t-1}$	-5.23***	-5.28***	-5.34***	-5.98***	-6.01***	-6.06***
	（-7.12）	（-7.28）	（-7.36）	（-8.62）	（-8.78）	（-8.83）
Size	-0.34**	-0.33**	-0.33**	-0.11	-0.11	-0.10
	（-2.08）	（-2.10）	（-2.08）	（-1.42）	（-1.48）	（-1.40）
PTH	0.03	0.03	0.02	-0.01	0.02	0.01
	（0.23）	（0.30）	（0.20）	（-0.05）	（0.24）	（0.16）
PTLL	-0.54***	-0.43***	-0.42***	-0.40***	-0.32***	-0.31***
	（-3.86）	（-3.33）	（-3.34）	（-3.07）	（-2.68）	（-2.64）
CGOH	-0.60***	-0.62***	-0.64***	-0.62***	-0.61***	-0.64***
	（-2.81）	（-2.97）	（-3.01）	（-3.19）	（-3.29）	（-3.33）
CGOL	-0.12	-0.08	-0.07	-0.12	-0.10	-0.09
	（-1.08）	（-0.81）	（-0.73）	（-1.25）	（-1.08）	（-1.00）
JTH		-0.09	-0.11		-0.21	-0.23*
		（-0.69）	（-0.86）		（-1.63）	（-1.83）
JTL		-0.28***	-0.26***		-0.19**	-0.17**
		（-3.20）	（-3.02）		（-2.24）	（-2.07）
MGH			0.13			0.10
			（0.79）			（0.62）
MGL			-0.01			0.02
			（-0.09）			（0.20）
PTH×CGOH	0.53***	0.57***	0.60***	0.55***	0.58***	0.61***
	（2.92）	（3.01）	（3.05）	（3.14）	（3.21）	（3.24）

续表

变量	原始收益			调整收益		
	模型（5-8a）	模型（5-8b）	模型（5-8c）	模型（5-8a）	模型（5-8b）	模型（5-8c）
PTH×CGOL	−0.49***	−0.32**	−0.29*	−0.54***	−0.34**	−0.32**
	（−2.71）	（−2.08）	（−1.93）	（−3.19）	（−2.30）	（−2.20）
PTL×CGOH	−0.01	−0.02	−0.03	−0.08	−0.07	−0.08
	（−0.07）	（−0.08）	（−0.16）	（−0.41）	（−0.36）	（−0.43）
PTL×CGOL	0.34***	0.35***	0.35***	0.29**	0.30**	0.30**
	（2.64）	（2.74）	（2.68）	（2.43）	（2.49）	（2.44）
PTH×CGOH−PTL×CGOH	0.55**	0.58**	0.63**	0.63**	0.65**	0.69***
	（2.21）	（2.43）	（2.55）	（2.35）	（2.51）	（2.66）
PTH×CGOL−PTL×CGOL	−0.83***	−0.67***	−0.64***	−0.84***	−0.64***	−0.61***
	（−3.48）	（−3.15）	（−3.01）	（−3.93）	（−3.29）	（−3.24）
（PTH×CGOH−PTL×CGOH）−（PTH×CGOL−PTL×CGOL）	1.38***	1.25***	1.27***	1.47***	1.28***	1.30***
	（4.57）	（4.47）	（4.44）	（4.81）	（4.44）	（4.51）

注：该表列示了2000年1月到2018年12月股价前期高点动量投资策略、CGO策略、传统动量投资策略和行业动量投资策略在j=2到7时模型（5-8）的回归结果。其中，第2—4列分别是模型（5-8a）、模型（5-8b）、模型（5-8c）的原始收益回归结果，第5—7列分别是模型（5-8a）、模型（5-8b）、模型（5-8c）的调整收益回归结果。括号中报告了Newey-West的t统计值，*、**、***分别表示在10%、5%和1%水平上显著。

5.4.5 稳健性检验

5.4.5.1 分组断点检验

为了避免研究结论受到三大策略分组断点的影响，与表5-2的分组断点10%不同，表5-8列示了股价前期高点动量投资策略、传统动量投资策略和行业动量投资策略在j=2到7时，各种策略分组断点为20%的截面回归结果。首先，从$R_{i,t-1}$和$Size_{i,t-1}$的回归系数来看，各回归系数仍然显著为负。

其次，从原始收益来看，股价前期高点动量投资策略在模型（5-4a）、模型（5-4b）和模型（5-4c）中的赢家组合收益分别为0.09%、0.10%、0.10%，都不显著；而对应的输家组合的收益分别为-0.27%、-0.23%、-0.22%，均在1%的水平上显著为负，且股价前期高点动量投资策略的输家组合收益绝对值远远大于赢家组合。可以看出，买入赢家组合并卖出输家组合的股价前期高点动量投资策略的收益主要源于输家组合，更重要的是股价前期高点动量投资策略利润在5%的显著性水平上全部为正，并随着模型中逐渐加入传统动量效应和行业动量效应，股价前期高点动量效应在单调递减。

表5-8　　　稳健性检验：股价前期高点动量效应截面回归
——分组断点　　　　　　　单位：%

变量	原始收益			调整收益		
	模型（5-4a）	模型（5-4b）	模型（5-4c）	模型（5-4a）	模型（5-4b）	模型（5-4c）
$R_{i,t-1}$	-4.79***	-4.86***	-4.94***	-5.49***	-5.52***	-5.59***
	(-6.61)	(-6.89)	(-7.05)	(-8.30)	(-8.52)	(-8.68)
Size	-0.40**	-0.38**	-0.37**	-0.17**	-0.15**	-0.15*
	(-2.34)	(-2.31)	(-2.30)	(-2.09)	(-2.01)	(-1.91)
PTH	0.09	0.10	0.10	0.06	0.10	0.10
	(0.88)	(1.27)	(1.21)	(0.66)	(1.57)	(1.55)
PTL	-0.27***	-0.23***	-0.22***	-0.20**	-0.17**	-0.17**
	(-2.72)	(-2.62)	(-2.60)	(-2.19)	(-2.23)	(-2.19)
JTH		-0.09	-0.09		-0.15	-0.16
		(-0.76)	(-0.84)		(-1.45)	(-1.56)
JTL		-0.10	-0.09		-0.04	-0.03
		(-1.59)	(-1.47)		(-0.59)	(-0.49)
MGH			0.07			0.02
			(0.57)			(0.16)
MGL			-0.02			-0.01
			(-0.24)			(-0.12)

续表

变量	原始收益			调整收益		
	模型（5-4a）	模型（5-4b）	模型（5-4c）	模型（5-4a）	模型（5-4b）	模型（5-4c）
PTH-PTL	0.37**	0.33**	0.32**	0.26*	0.28**	0.27**
	(2.09)	(2.30)	(2.27)	(1.66)	(2.26)	(2.24)
JTH-JTL		0.02	0.00		−0.11	−0.13
		(0.12)	(0.02)		(−0.82)	(−0.96)
MGH-MGL			0.09			0.03
			(0.86)			(0.28)

注：该表列示了2000年1月到2018年12月股价前期高点动量投资策略、传统动量投资策略和行业动量投资策略在j=2到7时模型（5-4）的回归结果。其中，第2—4列分别是模型（5-4a）、模型（5-4b）、模型（5-4c）的组合收益回归结果，第5—7列分别是模型（5-4a）、模型（5-4b）、模型（5-4c）的调整收益回归结果。括号中报告了Newey-West的t统计值，*、**、***分别表示在10%、5%和1%水平上显著。

具体来看，买入赢家组合卖出输家组合的股价前期高点动量投资策略在模型（5-4a）、模型（5-4b）和模型（5-4c）中的收益分别为0.37%（t=2.09）、0.33%（t=2.30）、0.32%（t=2.27）。另外，在截面回归中，传统动量效应和行业动量效应都不显著。传统动量投资策略在模型（5-4b）和模型（5-4c）中的收益分别为0.02%（t=0.12）、0.00%（t=0.02），行业动量投资策略的收益在模型（5-4c）中为0.09%（t=0.86）；传统动量投资策略和行业动量投资策略在对应模型中的收益绝对值和t统计值均小于对应模型中股价前期高点动量投资策略。

最后，就调整收益的回归结果而言，与组合收益的回归结果类似，股价前期高点动量投资策略在模型（5-4a）、模型（5-4b）和模型（5-4c）中具有显著的收益，且收益主要源于股价前期高点动量投资策略的输家组合。而传统动量投资策略在模型（5-4b）和模型（5-4c）中的收益以及行业动量投资策略在模型（5-4c）中的收益绝对值都小于对应模型中股价前期高点动量投资策略的收益，且都不显著。表5-8的结果表明，股价前期高点动量投资策略能够产生显著为正的收益，且在三种策略中占主导地位。该结论与表5-2的研究结论一致，表明股价前期高点动量效应的显著性和主导性不受策略分组断点的影响。

5.4.5.2 持有期检验

在用模型（5-4）对股价前期高点动量效应、传统动量效应和行业动量效应进行分析时，不仅考虑了文献中常常研究的持有期为6个月的策略，表5-9和表5-10分析了三种策略持有期为12个月的情况。与表5-2和表5-8不同，在样本期间内的每个月进行12个截面的回归，并平均回归系数，最后在时间序列上进行平均并得到回归结果。

表5-9　　　稳健性检验：股价前期高点动量效应截面回归
——持有期　　　　　　　　　　　单位：%

变量	原始收益			调整收益		
	模型（5-4a）	模型（5-4b）	模型（5-4c）	模型（5-4a）	模型（5-4b）	模型（5-4c）
$R_{i,t-1}$	−4.60***	−4.61***	−4.70***	−5.30***	−5.30***	−5.36***
	(−6.43)	(−6.58)	(−6.84)	(−8.18)	(−8.28)	(−8.49)
Size	−0.39**	−0.37**	−0.36**	−0.16*	−0.15*	−0.14*
	(−2.24)	(−2.19)	(−2.18)	(−1.95)	(−1.86)	(−1.80)
PTHJ	−0.02	0.03	0.02	−0.02	0.05	0.04
	(−0.23)	(0.39)	(0.29)	(−0.20)	(0.68)	(0.61)
PTL	−0.28***	−0.23***	−0.23***	−0.20**	−0.17**	−0.17**
	(−2.69)	(−2.74)	(−2.82)	(−2.23)	(−2.33)	(−2.40)
JTH		−0.21**	−0.22**		−0.24**	−0.25**
		(−2.02)	(−2.21)		(−2.40)	(−2.58)
JTL		−0.08	−0.08		−0.05	−0.05
		(−1.48)	(−1.49)		(−1.00)	(−1.01)

续表

变量	原始收益			调整收益		
	模型（5-4a）	模型（5-4b）	模型（5-4c）	模型（5-4a）	模型（5-4b）	模型（5-4c）
MGH			0.03			-0.01
			（0.24）			（-0.08）
MGL			-0.03			-0.00
			（-0.38）			（-0.05）
PTH-PTL	0.26	0.26*	0.25*	0.18	0.21*	0.21*
	（1.51）	（1.80）	（1.78）	（1.26）	（1.79）	（1.79）
JTH-JTL		-0.13	-0.14		-0.19	-0.21*
		（-0.98）	（-1.14）		（-1.58）	（-1.77）
MGH-MGL			0.07			-0.01
			（0.50）			（-0.05）

注：该表列示了2000年1月到2018年12月股价前期高点动量投资策略、传统动量投资策略和行业动量投资策略在j=2到13时模型（5-4）的回归结果。其中，第2—4列分别是模型（5-4a）、模型（5-4b）、模型（5-4c）的原始收益回归结果，第5—7列分别是模型（5-4a）、模型（5-4b）、模型（5-4c）的调整收益回归结果。括号中报告了Newey-West的t统计值，*、**、***分别表示在10%、5%和1%水平上显著。

表5-9列示了持有期为12个月、投资组合分组断点为10%的三种动量投资策略的截面回归结果。其中，收益值以百分比形式表示，括号中的t统计量为经Newey-West调整的t值。具体来看，首先由表5-9可以看出，与预期一致，所有模型中的$R_{i,t-1}$和$Size_{i,t-1}$回归系数显著为负。其次，从组合收益来看，股价前期高点动量投资策略在模型（5-4a）、模型（5-4b）和模型（5-4c）中的赢家组合收益都不显著；而对应的输家组合的收益均在1%的水平上显著为负，且股价前期高点动量投资策略的输家组合收益绝对值远远大于赢家组合。可以看出，除了模型（5-4a），股价前期高点动量投资策略利润显著为正，并随着模型中逐渐加入传统动量效应和行业动量效应，股价前期高点动量效应在单调递减。最后，调整收益的回归结果与组合收

益的回归结果类似。传统动量投资策略在模型（5-4b）和模型（5-4c）中的收益以及行业动量投资策略在模型（5-4c）中的收益绝对值都小于对应模型中股价前期高点动量投资策略的收益，且都不显著。表5-9的结果表明，股价前期高点动量投资策略能够产生显著为正的收益，且在三种策略中占主导地位。该结论与表5-2的研究结论一致，表明股价前期高点动量效应的显著性和主导性不受策略分组断点的影响。

5.4.5.3 分组断点与持有期检验

表5-10列示了持有期为12个月、投资组合分组断点为20%的三种动量投资策略的截面回归结果。其中，收益值以百分比形式表示，括号中的t统计量为经Newey-West调整的t值。表5-10的实证结果与表5-9类似，股价前期高点动量投资策略能够产生显著为正的收益，且在三种策略中占主导地位。该结论与表5-2的研究结论一致，表明股价前期高点动量效应的显著性和主导性不受策略分组断点与持有期的影响。

表5-10　　稳健性检验：股价前期高点动量效应截面回归
——分组断点与持有期　　　　单位：%

变量	原始收益			调整收益		
	模型（5-4a）	模型（5-4b）	模型（5-4c）	模型（5-4a）	模型（5-4b）	模型（5-4c）
$R_{i,t-1}$	−4.59***	−4.62***	−4.69***	−5.29***	−5.31***	−5.37***
	（−6.44）	（−6.63）	（−6.81）	（−8.19）	（−8.33）	（−8.52）
Size	−0.39**	−0.37**	−0.37**	−0.17**	−0.15*	−0.14*
	（−2.28）	（−2.24）	（−2.23）	（−1.99）	（−1.91）	（−1.83）
PTH	−0.01	0.05	0.05	−0.01	0.07	0.06
	（−0.12）	（0.80）	（0.70）	（−0.07）	（1.23）	（1.16）
PTL	−0.17**	−0.17**	−0.16**	−0.12	−0.12*	−0.12*
	（−2.10）	（−2.37）	（−2.35）	（−1.63）	（−1.92）	（−1.88）

续表

变量	原始收益			调整收益		
	模型(5-4a)	模型(5-4b)	模型(5-4c)	模型(5-4a)	模型(5-4b)	模型(5-4c)
JTH		−0.18**	−0.18**		−0.20**	−0.20***
		(−2.16)	(−2.26)		(−2.56)	(−2.62)
JTL		−0.00	0.00		0.02	0.02
		(−0.09)	(0.03)		(0.44)	(0.56)
MGH			0.07			0.01
			(0.65)			(0.12)
MGL			−0.01			0.00
			(−0.09)			(0.06)
PTH−PTL	0.16	0.22*	0.21*	0.11	0.19*	0.18*
	(1.12)	(1.84)	(1.78)	(0.91)	(1.88)	(1.84)
JTH−JTL		−0.18	−0.19*		−0.22**	−0.22**
		(−1.62)	(−1.77)		(−2.20)	(−2.33)
MGH−MGL			0.08			0.01
			(0.83)			(0.11)

注：该表列示了2000年1月到2018年12月股价前期高点动量投资策略、传统动量投资策略和行业动量投资策略在j=2到7时模型（5-4）的回归结果。其中，第2—4列分别是模型（5-4a）、模型（5-4b）、模型（5-4c）的原始收益回归结果，第5—7列分别是模型（5-4a）、模型（5-4b）、模型（5-4c）的调整收益回归结果。括号中报告了Newey-West的t统计值，*、**、***分别表示在10%、5%和1%水平上显著。

5.5 本章小结

本章在上一章股价前期高点动量效应存在性检验的基础上，结合传统动量效应和行业动量效应，从锚定偏差、近期偏差、处置效应等行为金融角度，对中国股票市场的股价前期高点动量效应的形成机制进行全面分析与比较。

首先，本章从以下两个方面检验锚定偏差是否是引起股价前期高点动量效应的成因：一是将股价前期高点动量效应与传统的传统动量效应和行业动量效应进行对比，分析锚定偏差在我国股票市场动量效应中的作用；二是在长期中检验是否存在反转。研究结果表明，当同时考虑股价前期高点动量投资策略、传统动量投资策略和行业动量投资策略时，股价前期高点动量投资策略的组合收益显著为正；而传统动量投资策略收益、行业动量投资策略收益，在统计上都不显著。进一步地，在长期分析中，股价前期高点动量投资策略没有发生反转。研究结果表明，在控制传统动量效应和行业动量效应后，中国股票市场上仍然存在显著的股价前期高点动量效应，而不存在显著的传统动量效应和行业动量效应。研究结果支持我国股票市场的股价前期高点动量效应源于锚定偏差的假说，即股价前期高点动量效应在三种动量效应中占绝对主导地位。该研究结论在考虑不同分组断点、不同持有期等情况下，依然成立。

其次，本章将近期偏差引入动量效应的研究中，检验近期偏差在我国股票市场上的作用。研究结果表明，不管是否考虑传统动量投资策略、行业动量投资策略，所有以RR变量构造的动量策略均不能获取显著收益。此外，本章进一步检验锚定偏差与近期偏差在股票市场上的作用。交乘项的回归结果表明，在中国股票市场上，投资者的锚定偏差并未随着近期偏差增强而增强。即当股价不断接近52周股价前期高点时，即使有存在利好消息投资者也不愿追高股价，这种行为并不会因为股价达到52周股价前期高点的时间越近而有所增强。这一研究结果与美国股票市场研究结论存在一定差异。导致这一差异的原因可能源于我国股票市场中个人投资者的占比较高，有限的认知能力使其关注较为复杂的RR变量难度高于简单的52周股价前期高点。因此，近期偏差在我国股票市场中的作用有限。

最后，为了进一步检验在中国股票市场上处置效应是否为动量效应的来源，本章以平均盈亏状况指标CGO变量构造零成本投资策略。研究结果显示，不管是否考虑传统动量投资策略、行业动量投资策略，所有以CGO变量构造的动量策略均不能获取显著收益。此外，本章进一步检验了锚定偏差与处置效应在我国股票市场上的作用。实证结果表明，当处置效应和锚定偏差同时增强（减弱）时，策略收益将会增加；当处置效应和锚定偏差作用相反时，策略收益将会减少。

第6章
Chapter 6

经济政策不确定性对股价前期高点动量效应的影响

现有文献关于策略投资组合收益的研究表明，商业周期（Chordi 和 Shivakumar，2002）、投资者情绪（Antoniou 等，2013）、过去的市场回报（Cooper 等，2004）、市场波动（Wang 和 Xu，2015）、市场流动性不足（Avramov 等，2016）、不确定性（Gu 等，2019）等因素都有可能对投资组合收益产生影响。作为不确定性的特定表现形式（张喜艳和陈乐一，2019），经济政策不确定性（Economic Policy Uncertainty）在众多经济状态变量中受到了社会各界的密切关注。然而，几乎没有文献对经济政策不确定性是否影响股价前期高点动量效应、经济政策不确定性对股价前期高点动量效应的影响机制是什么、经济政策不确定性如何影响股价前期高点动量效应等问题进行探索。本书首次对以上问题进行创新性探索，对以上问题的研究不仅能够更好地分析不确定性下的投资者行为偏差，而且对提高投资者风险防范意识、提升投资效率具有重要的现实意义。

6.1 引言

自 2008 年美国金融危机以来，欧美等发达国家以及各个新兴市场主体纷纷出台了一系列宏观经济政策。这些宏观经济政策的实施在应对金融危机、防止经济加速衰退的同时，也带来了极大的不确定性冲击（王红建等，2014；Baker 等，2016）。经济政策不确定性的加剧在一定程度上会减缓经济复苏（Baker 等，2016），对宏观经济（Da 等，2015）、企业投资（Jens，2017；Bonaime 等，2018）、汇率（Krol，2014；Bartsch，2019）、金融市场资产定价（Tsai，2017）等具有重要影响。然而，几乎没有文献研究经济政策不确定性对金融市场异象的影响，而动量效应作为最持久且普遍存在的异象之一，是社会各界关注的焦点。基于此，本章以股价前期高点动量效应为基础，首次创新性地提出经济政策不确定性影响股价前期高点动量效应的作用机制，并深入探索经济政策不确定性影响股价前期高点动量效应背后的行为金融学解释。

6.2　机制分析与研究假设

就投资者而言，在作出投资决策时，总会面临各种各样的不确定性。近期一些文献开始讨论这种不确定性如何影响投资决策进而影响策略投资收益。Starks 和 Sun（2016）认为，投资者常常用股票在过去一段时间的业绩表现作为参考并作出投资决策，但是这种参考价值会随着不确定性的增加而减少[①]。当经济政策不确定性较高时，即使是过去业绩表现较好的赢家组合，投资者也不愿再追加投资。Agarwal 等（2019）认为，当经济政策不确定性不断上升时，投资者可能不会再参与股票市场的相关投资。Gu 等（2019）对美国股票市场进行研究，发现经济政策不确定性对策略组合的投资收益具有负面影响。上述文献虽然探讨了不确定性下的投资组合收益变化，但是目前还没有文献研究作为市场异象的股价前期高点动量效应是否会受到经济政策不确定性的影响。进一步地，如果存在这种影响关系，经济政策不确定性又是如何影响股价前期高点动量效应的。本书拟从投资者行为偏差角度对上述问题进行创新性探索。

---

① Lou（2012）通过资金流动机制解释动量效应，并认为过去业绩表现较好的赢家组合会吸引更多的资金流入，而输家组合会导致资金流出。投资者往往基于这一资金流动机制，参考股票在过去的业绩表现，并作出投资决策。

具体而言，与经济政策不确定性较高时相比，投资者在经济政策不确定性较低时更加乐观（Starks 和 Sun 2016；Agarwal 等，2019）。因此，当经济政策不确定性较低时，利好消息会使赢家组合的股票价格更接近52周股价前期高点；相反，当经济政策不确定性较高时，利空消息会使股票价格进一步远离52周股价前期高点。虽然这一论点给出了经济政策不确定性处于高、低状态下的对称性锚定偏差假设，但考虑到卖空限制问题，实际上锚定偏差可能在经济政策不确定性较低时会更加明显。

基于此，提出本章的第1个和第2个研究假设：

H1：在其他条件一定的情况下，经济政策不确定性与股价前期高点动量效应之间呈此消彼长关系。

H2：在其他条件一定的情况下，当经济政策不确定性较低时，存在显著的股价前期高点动量效应；当经济政策不确定性较高时，股价前期高点动量效应不显著。

第2个研究假设（H2）是在没有排除风险因素的影响下提出的。即，当经济政策不确定性较低时显著的股价前期高点动量效应，可能是因为赢家（输家）组合的资产价格波动源于赢家（输家）组合承载了更高（更低）的风险，并延续资产价格运动方向形成动量效应。为了排除这种可能性，进一步分析经济政策不确定性下的股价前期高点动量效应是否受到风险因素的影响，提出本章的第3个研究假设：

H3a：在其他条件一定的情况下，当考虑风险因素时，股价前期高点动量效应在经济政策不确定性较低时显著存在，在经济政策不确定性较高时不显著。

H3b：在其他条件一定的情况下，当考虑风险因素时，不存在显著的股价前期高点动量效应。

规模效应被证实广泛存在于各个市场。为了进一步分析经济政策不确定性下的股价前期高点动量效应是否受到规模效应的影响，提出本章的第4个研究假设：

H4a：在其他条件一定的情况下，股价前期高点动量效应在经济政策不确定性较（高）低时（不）显著的研究结论在考虑规模效应时仍然成立。

H4b：在其他条件一定的情况下，股价前期高点动量效应在经济政策不确定性较（高）低时（不）显著的研究结论在考虑规模效应时不成立。

为了进一步分析经济政策不确定性下的股价前期高点动量效应是否受到市场状态的影响，提出本章的第5个研究假设：

H5a：在其他条件一定的情况下，股价前期高点动量效应在经济政策不确定性较（高）低时（不）显著的研究结论在考虑市场状态时仍然成立。

H5b：在其他条件一定的情况下，股价前期高点动量效应在经济政策不确定性较（高）低时（不）显著的研究结论在考虑市场状态时不成立。

George和Hwang（2004）发现美国股票市场上存在短期动量效应，而长期并未发生反转，说明股价前期高点动量效应与长期反转是两个独立的而非前后序惯相连的现象。为进一步分析经济政策不确定性下的股价前期高点动量投资策略是否发生长期反转，提出本章的第6个研究假设：

H6a：在其他条件一定的情况下，当经济政策不确定性较高或较低时，股价前期高点动量投资策略不会发生长期反转。

H6b：在其他条件一定的情况下，当经济政策不确定性较高或较低时，股价前期高点动量投资策略发生长期反转。

6.3 研究设计

6.3.1 数据来源与样本选择

在第4章的数据来源和处理基础上,本章新增了经济政策不确定性指数(Economic Policy Uncertainty,EPU)、金融压力指数(Financial Stresss Indicator,FSI)数据。其中,EPU数据来源于Baker等(2016)构建的中国EPU指数数据,即http://www.policyuncertainty.com,FSI数据来源于http://aric.adb.org/database/fsi,其他数据来源与样本选取与第4章相同。

6.3.2 变量选择与定义

6.3.2.1 经济政策不确定性指数(EPU)

Baker等(2016)根据香港《南华早报》(South China Morning Post,SCMP),构建了中国的EPU指数。该指数在学术研究中得到了广泛的认可和应用。迄今为止,Baker等(2016)构建的EPU指数涵盖了主要的发达国家和一些主要的新兴市场体,其中也包括中国市场。本书用Baker等(2016)中以SCMP为基础构造的EPU指数来衡量中国经济政策的不确定性。进一步地,为了排除经济政策不确定性中宏观经济、金融经济的不确定性影响,参考Antoniou等(2013),本书用EPU指数对FSI进行回归,并用其残差作为EPU指数的代表变量。

6.3.2.2 金融压力指数(FSI)

Ludvigson等(2021)认为在研究经济政策不确定性相关影响时,应该控制其他不确定性因素的影响。本书用FSI作为一系列宏观经济与金融经济的不确定性代表变量。

6.3.2.3 市场状态（Market State）

参考Cooper等（2004），按过去36个月的市场回报率将市场状态区分为上行市场（Up Market）和下行市场（Down Market）。具体而言，在每个月t，当过去36个月的市场回报率为正时，将t月定义为上行市场；否则，将t月定义为下行市场。本章其他相关变量的定义与第4章相同。

6.3.3 模型设定

在下面的讨论中，本书分别运用投资组合分析法、时间序列回归法、Fama和MacBeth regression（1973）分析方法对经济政策不确定性下的股价前期高点动量效应进行实证分析。在本章中，除非特别说明，股价前期高点动量效应的分析主要集中于学术界最为关注的6个月动量投资策略持有期（George和Hwang，2004；Bhootra和Hur，2013；Gu等，2019）。具体模型设定如下：

第一，为了考察经济政策不确定性与股价前期高点动量效应之间的关系，本章用模型（6-1）进行时间序列回归：

$$R_t - R_{ft} = \alpha + \beta_1 EPU_t + \beta_2 MKT_t + \beta_3 SMB_t + \beta_4 HML_t + \varepsilon_t \tag{6-1}$$

其中，R_t为股价前期高点动量策略投资组合（W，L，W-L）在t月的组合收益率；R_{ft}为t月的无风险利率；EPU_t为t月的EPU标准化指数。MKT_t、SMB_t、HML_t分别对应Fama-French三因子模型中在t月的市场溢价因子、规模因子和账面市值比因子。

第二,借鉴Cooper等(2004)、Antoniou等(2013),本书用模型(6-2)检验不同经济政策不确定性状态下的股价前期高点动量效应是否显著。利用该方法,我们可以得到各个投资组合收益的全部时间序列,并使用Newey-West(1987)标准误差来估计经过自相关和异方差调整的t-统计量。具体如下:

(1)用第一个时间序列回归模型(6-2a),检验不同经济政策不确定性状态的回归系数是否等于零。即用股价前期高点动量策略投资组合收益对高、中、低状态的经济政策不确定性虚拟变量作线性回归:

$$R_{K,t}=\alpha_1 H_t+\alpha_2 M_t+\alpha_3 L_t+\varepsilon_{K,t} \qquad (6-2a)$$

其中,$R_{K,t}$为组合K在t月的收益率;H_t(M_t或L_t)是t月EPU的虚拟变量。每个月对EPU进行升序排列,并按30%、40%、30%进行分组。当t-1期所有策略投资组合形成期的EPU为其EPU值的最高组30%时,H_t取值为1,否则为0;当t-1期所有策略投资组合形成期的EPU为其EPU值的中间40%时,则M_t取值为1,否则为0;当t-1期所有策略投资组合形成期的EPU为其EPU最低组的30%时,L_t取值为1,否则为0。

(2)用第二个时间序列回归模型(6-2b),分析经济政策不确定性较高时与经济政策不确定性较低时的股价前期高点动量效应是否存在显著差异:

$$R_{K,t}=\alpha_0+\alpha_1 H_t+\alpha_2 M_t+\varepsilon_{K,t} \qquad (6-2b)$$

其中,模型(6-2b)中的α_1表示高EPU减低EPU(H-L)时的策略投资组合收益。其他比变量($R_{K,t}$,H_t,M_t)定义同模型(6-2a)。

第三,模型(6-2)的研究是在没有排除风险因素的影响下,分析不同EPU状态下的股价前期高点动量效应。为了排除风险因素对研究结果的影响，本章用模型（6-3）进一步分析经济政策不确定性下的股价前期高点动量效应。

（1）类似Antoniou等（2013），用模型（6-3a）对动量投资策略收益进行风险调整：

$$R^a_{K,t}=R_{K,t}-\beta_{K,RMF}f_{RMRF,t}-\beta_{K,SMB}f_{SMB,t}-\beta_{K,HML}f_{HML,t} \quad (6-3a)$$

其中，$R_{K,t}$是在t月持有期为K个月的策略投资组合（赢家组合，输家组合或赢家组合减输家组合）的收益；$f_{RMF,t}$、$f_{SMB,t}$和$f_{HML,t}$是t月的FF3风险因子；$\beta_{RMF,t}$、$\beta_{SMB,t}$、$\beta_{HML,t}$为对应的估计系数。

（2）在模型（6-3b）和模型（6-3c）中，用经过风险调整的投资组合收益对经济政策不确定性的虚拟变量进行回归：

$$R^a_{K,t}=\alpha_1 H_t+\alpha_2 M_t+\alpha_3 L_t+\varepsilon_{K,t} \quad (6-3b)$$

$$R^a_{K,t}=\alpha_0+\alpha_1 H_t+\alpha_2 M_t+\varepsilon_{K,t} \quad (6-3c)$$

其中，$R^a_{K,t}$是在t月持有期为K个月的投资组合（W，L，或W-L）经FF3风险因子调整后的收益；其他变量（H_t，M_t，L_t）定义同模型（6-2a）。

第四，除了时间序列分析外，在Fama和MacBeth（1973）回归基础上，用模型（6-4）检验经济政策不确定性是否显著影响股价前期高点动量效应。这种截面回归方法不仅可以同时比较股价前期高点动量效应、传统动量效应和行业动量效应，同时还可以在控制其他变量时，得到动量效应的净效应。

（1）本章用模型（6-4a）做以下截面回归：

$$R_{i,t}=\alpha_{0jt}+\beta_{1jt}R_{i,t-1}+\beta_{2jt}Size_{i,t-1}+\beta_{3jt}PTH_{i,t-j}+\beta_{4jt}PTL_{i,t-j}+\beta_{5jt}JTH_{i,t-j}$$
$$+\beta_{6jt}JTL_{i,t-j}+\beta_{7jt}MGH_{i,t-j}+\beta_{8jt}MGL_{i,t-j}+\varepsilon_{i,t} \quad (6-4a)$$

其中，$R_{i,t}$为股票i在t月的个股收益率；$R_{i,t-1}$为股票i在t-1月的个股收益率；$Size_{i,t-1}$为股票i在t-1月的市值（取自然对数）。$PTH_{i,t-j}$（$PTL_{i,t-j}$）是虚拟变量。当股票i的PTH值在t–j（j=2到7）月时处于PTH的最高（最低）分组时，$PTH_{i,t-j}$（$PTL_{i,t-j}$）取1，否则取值为0；$JTH_{i,t-j}$（$JTL_{i,t-j}$）是虚拟变量。当股票i的PR值在t–j月时处于PR的最高（最低）分组时，$JTH_{i,t-j}$（$JTL_{i,t-j}$）取1，否则取值为0；$MGH_{i,t-j}$（$MGL_{i,t-j}$）是虚拟变量。当股票i所在行业的PR值在t–j月时处于该行业PR的最高（最低）分组时，$MGH_{i,t-j}$（$MGL_{i,t-j}$）取1，否则取值为0。

每个月t，当j=2到7或（j=2到13）时，进行六次横截面回归。对于给定的动量投资策略，$\bar{\beta}_{3t}=(1/6)\sum_{j=2}^{7}\beta_{3jt}$，…，$\bar{\beta}_{8t}=(1/6)\sum_{j=2}^{7}\beta_{8jt}$，分别表示赢家组合或输家组合在t月的收益。其中，$\bar{\beta}_{3t}$减$\bar{\beta}_{4t}$，$\bar{\beta}_{5t}$减$\bar{\beta}_{6t}$，$\bar{\beta}_{7t}$减$\bar{\beta}_{8t}$分别表示股价前期高点动量投资策略、传统动量投资策略、行业动量投资策略在控制其他变量时的策略投资利润。

（2）用模型（6-4b）和模型（6-4c）分析经济政策不确定性是否对股价前期高点动量效应产生影响：

$$\bar{\beta}_{3t}-\bar{\beta}_{4t}=\alpha_1 H_t+\alpha_2 M_t+\alpha_3 L_t+\varepsilon_{K,t} \quad (6\text{-}4b)$$

$$\bar{\beta}_{3t}-\bar{\beta}_{4t}=\alpha_0+\alpha_1 H_t+\alpha_2 M_t+\varepsilon_{K,t} \quad (6\text{-}4c)$$

其中，变量（H_t，M_t，L_t）定义同模型（6-2a）。

第五，在短期分析结束后，用模型（6-5）来分析经济政策不确定性下的股价前期高点动量投资策略是否发生长期反转：

$$R_{i,t}=\alpha_{0jt}+\beta_{1jt}R_{i,t-1}+\beta_{2jt}Size_{i,t-1}+\beta_{3jt}PTH_{i,t-j}+\beta_{4jt}PTL_{i,t-j}+\beta_{5jt}JTH_{i,t-j}+\beta_{6jt}JTL_{i,t-j}+\beta_{7jt}MGH_{i,t-j}+\beta_{8jt}MGL_{i,t-j}+\varepsilon_{i,t} \quad (6\text{-}5a)$$

$$\bar{\beta}_{3t}-\bar{\beta}_{4t}=\alpha_1 H_t+\alpha_2 M_t+\alpha_3 L_t+\varepsilon_{K,t} \quad (6\text{-}5b)$$

$$\bar{\beta}_{3t}-\bar{\beta}_{4t}=\alpha_0+\alpha_1 H_t+\alpha_2 M_t+\varepsilon_{K,t} \quad (6\text{-}5c)$$

模型（6-5）类似于模型（6-4），不同之处在于，在长期分析中对每个月进行了12次截面回归，动量投资策略的形成期与持有期的时间间隔（time gap）大于1个月。模型（6-5）中采用了12个月、24个月、36个月和48个月的时间间隔，分别对应于j=14到25、j=26到37、j=38到49、j=50到61；这些时间间隔分别代表第2年、第3年、第4年和第5年。

6.4 经济政策不确定性影响股价前期高点动量效应的实证分析

本章的研究建立在经济政策不确定性影响股价前期高点动量效应的核心假设基础上。本书用Baker等（2016）中以SCMP为基础构造的中国EPU指数排除其他不确定性的影响后作为经济政策不确定性的代表变量。在下面的分析中，本书将用经济政策不确定性分为总体经济政策不确定性（A General EPU）与分类经济政策不确定性（the EPU Magnitude Indicators）两种类型分析经济政策不确定性对股价前期高点动量效应的影响。

其中，对分类经济政策不确定性的界定如下：每个月对经济政策不确定性进行升序排列，并按30%、40%、30%（或40%、20%、40%）进行分组。当t-1—t-k月的经济政策不确定性处于其经济政策不确定性值最高的30%（或40%）时，则t月为经济政策不确定性较高的月份，即经济政策不确定性较高时期（H）；当t-1—t-k月的经济政策不确定性处于其经济政策不确定性值中间的40%（或20%）时，则t月为经济政策不确定性适中时期（M）；当t-1—t-k月的经济政策不确定性值处于其经济政策不确定性值最低的30%（或40%）时，则t月为经济政策不确定性较低时期（L）。对分类经济政策不确定性的界定适用于6.4.3节到6.4.6节的相关研究。

6.4.1 描述性统计分析

表6-1列示了变量经济政策不确定性和FSI的描述性统计信息。由表可知，EPU变量的均值和中位数分别为0.0212、-0.0367，均值与中位数相差较大。FSI变量均值为-0.0737，大于其中位数。两类变量的变化范围都不大。

表6-1　　　　　　　　描述性统计分析（新增变量）

变量	均值	标准差	最小值	P25	中位数	P75	最大值
EPU	0.0212	0.713	-2.4923	-0.3865	-0.0367	0.4894	1.8046
FSI	-0.0737	0.7240	-1.5945	-0.5702	-0.1655	0.4312	2.1388

注：变量的样本区间为2000年1月至2018年12月。

6.4.2　经济政策不确定性对股价前期高点动量效应的影响

表6-2列示了模型（6-1）的回归结果。其中，模型（a）、模型（c）、模型（e）分别为不控制FF3因素的回归模型，模型（b）、模型（d）、模型（f）分别为控制FF3因素的回归结果。

表6-2　　　经济政策不确定性对股价前期高点动量效应的影响
　　　　　　　　　　——总体时间序列回归

变量	输家组合（L）		赢家组合（W）		W-L	
	模型（a）	模型（b）	模型（c）	模型（d）	模型（e）	模型（f）
EPU（%）	-1.37**	0.18	-1.75***	-0.36***	-0.38*	-0.55***
	(-2.62)	(1.22)	(-3.68)	(-2.62)	(-1.76)	(-2.72)
MKT		1.08***		0.98***		-0.10**
		(37.32)		(41.10)		(-2.35)

续表

变量	输家组合（L）		赢家组合（W）		W−L	
	模型（a）	模型（b）	模型（c）	模型（d）	模型（e）	模型（f）
SMB		0.85***		0.54***		−0.31***
		(10.86)		(6.89)		(−2.64)
HML		−0.06		−0.24**		−0.17
		(−0.61)		(−2.57)		(−1.23)

注：该表报告的样本区间为2000年1月到2018年12月。括号中报告了Newey–West的t统计值。其中，*、**、***分别表示在10%、5%和1%水平上显著。

从表6-2中可以看出，模型（c）和模型（d）中赢家组合（W）的经济政策不确定性回归系数显著为负，而输家组合（L）的经济政策不确定性回归系数在控制FF3因素后显著为正。更为重要的是，模型（e）中赢家组合减输家组合（W−L）的β_1为−0.38%（t=−1.76）；控制FF3因素后，模型（f）中W−L投资组合的β_1为−0.55%，在1%的水平上显著为负。结果表明在控制FF3因素后，当经济政策不确定性下降一个标准差，股价前期高点动量投资策略利润将增加0.55%。此外，模型（e）和模型（f）中W−L的β_1均显著为负，说明经济政策不确定性越高，股价前期高点动量投资策略利润越低；经济政策不确定性越低，股价前期高点动量投资策略利润越高；经济政策不确定性能够显著预测股价前期高点动量投资策略利润。这一研究结论与Gu等（2019）对美国股票市场中经济政策不确定性与传统动量投资策略利润的研究结论一致。

6.4.3　经济政策不确定性下的股价前期高点动量效应

表6-3列示了2000年1月到2018年12月模型（6-2）中持有期（K）分别为3个月、6个月、9个月和12个月的回归结果。其中，Panel A的EPU按

30%、40%、30%的断点进行分组,Panel B的EPU按40%、20%、40%的断点进行分组。表中收益数据按百分数形式列示,括号中列示了Newey-West的t统计值。

表6-3 经济政策不确定性对股价前期高点动量效应的影响
——分类时间序列回归

Panel A 30%、40%、30% EPU				Panel B 40%、20%、40% EPU			
state	Loser	Winner	W–L	state	Loser	Winner	W–L
Panel A1. K=3 month				Panel B1. K=3 month			
H	−0.51	−0.49	0.03	H	−0.70	−0.16	0.54
	(−0.48)	(−0.51)	(0.06)		(−0.71)	(−0.18)	(1.27)
M	0.17	0.80	0.63	M	2.64	1.75	−0.88
	(0.13)	(0.72)	(1.27)		(1.32)	(1.14)	(−1.12)
L	2.14*	3.49***	1.36**	L	0.72	2.31*	1.58***
	(1.76)	(3.09)	(2.43)		(0.55)	(1.95)	(3.45)
H–L	−2.65	−3.98***	−1.33*	H–L	−1.43	−2.47*	−1.05*
	(1.63)	(−2.66)	(−1.87)		(−0.90)	(−1.70)	(−1.72)
Panel A2. K=6 month				Panel B2. K=6 month			
H	−0.54	−0.43	0.11	H	−0.75	−0.12	0.63*
	(−0.53)	(−0.44)	(0.33)		(−0.73)	(−0.13)	(1.73)
M	0.17	0.79	0.62	M	2.64	1.66	−0.98
	(0.14)	(0.71)	(1.35)		(1.44)	(1.11)	(−1.44)
L	2.16*	3.52***	1.36***	L	0.78	2.36**	1.58***
	(1.91)	(3.15)	(2.75)		(0.65)	(2.03)	(4.01)
H–L	2.70*	−3.95***	−1.25**	H–L	−1.53	−2.48*	−0.95**
	(1.76)	(−2.63)	(−2.08)		(−0.98)	(−1.69)	(−1.98)
Panel A3. K=9 month				Panel B3. K=9 month			
H	−0.53	−0.44	0.09	H	−0.70	−0.19	0.51
	(−0.52)	(−0.45)	(0.29)		(−0.68)	(−0.20)	(1.52)
M	0.28	0.74	0.46	M	2.60	1.71	−0.89
	(0.22)	(0.66)	(1.08)		(1.44)	(1.12)	(−1.39)

续表

	Panel A 30%、40%、30% EPU				Panel B 40%、20%、40% EPU		
state	Loser	Winner	W–L	state	Loser	Winner	W–L
L	2.24**	3.49***	1.25***	L	0.93	2.33**	1.40***
	(2.02)	(3.09)	(2.63)		(0.78)	(1.98)	(3.80)
H–L	−2.77**	−3.93***	−1.16**	H–L	−1.63	−2.52*	−0.89**
	(−1.81)	(−2.60)	(−2.03)		(−1.05)	(−1.71)	(−1.99)
Panel A4. K=12 month				Panel B4. K=12 month			
H	−0.50	−0.44	0.07	H	−0.66	−0.22	0.43
	(−0.49)	(−0.45)	(0.23)		(−0.64)	(−0.24)	(1.42)
M	0.37	0.68	0.31	M	2.64	1.70	−0.94
	(0.29)	(0.60)	(0.78)		(1.48)	(1.10)	(−1.54)
L	2.47**	3.45***	0.99**	L	1.14	2.28*	1.14***
	(2.17)	(3.07)	(2.14)		(0.94)	(1.94)	(3.14)
H–L	−2.97*	−3.89**	−0.92*	H–L	−1.80	−2.51*	−0.71*
	(−1.92)	(−2.58)	(−1.69)		(−1.15)	(−1.71)	(−1.69)

注：该表报告的样本区间为2000年1月到2018年12月。括号中报告了Newey–West的t统计值。其中，*、**、***分别表示在10%、5%和1%水平上显著。

从表6–3可以得出两个有趣的发现。首先，股价前期高点动量投资策略利润对经济政策不确定性的变化非常敏感。在Panel A2中，当持有期（K）为6个月时，股价前期高点动量投资策略的零成本投资组合（W–L）收益在经济政策不确定性较高的时期（H）为0.11%（t=0.33），在经济政策不确定性较低的时期（L）为1.36%（t=2.75），且仅在经济政策不确定性较低时显著。进一步地，模型（6–2b）中的 α_1，即H–L下的W–L组合收益为−1.25%（t=−2.08），在5%的水平上显著为负，说明该组合收益在不同的经济政策不确定性状态下差异明显。当持有期（K）为3个月、9个月、12个月时，结果类似。即股价前期高点动量效应在经济政策不确定性较低时显著为正，在经济政策不确定性较高时不显著，股价前期高点动量效应对经济政策不确定性变化非常敏感，研究假设H2得到验证。

其次，W-L组合收益的绝对值在不同经济政策不确定性状态下的差异（即H-L）随着持有期增加而单调递减。在表6-3的Panel A中，当K=3、6、9、12时，H-L的W-L组合收益分别为-1.33%、-1.25%、-1.16%、-0.92%，均显著为负，且其绝对值随着持有期的增加而单调递减。随着持有期（K）的增加，经济政策不确定性的高低差异对股价前期高点动量效应的影响也逐渐减弱。

进一步地，为了排除以上研究结果受到经济政策不确定性分类的影响，表6-3的Panel B使用40%、20%、40%作为划分高、中、低经济政策不确定性时的分组断点。实证结果表明，表6-3 Panel A中的结论在Panel B中仍然成立。

6.4.3.1 经济政策不确定性对股价前期高点动量效应的影响——风险因素分析

表6-3的实证结果表明W-L组合收益在经济政策不确定性较低时显著为正，而在经济政策不确定性较高时不显著。这一研究结论有可能是因为在经济政策不确定性较低时，赢家组合承载了更多风险所致。为了排除风险因素对研究结论影响的可能性，利用模型（6-3）对考虑风险因素时，经济政策不确定性下的股价前期高点动量效应进行进一步检验。表6-4列示了相应的实证结果。其中，Panel A的EPU按30%、40%、30%的断点进行分组，Panel B的EPU按40%、20%、40%的断点进行分组。表中收益数据按百分数形式列示，括号中列示了Newey-West的t统计值。

表6-4　　　经济政策不确定性对股价前期高点动量效应的影响
　　　　　　　　——风险因素分析

Panel A 30%、40%、30% EPU				Panel B 40%、20%、40% EPU			
state	Loser	Winner	W–L	state	Loser	Winner	W–L
Panel A1. K=3 month				Panel B1. K=3 month			
H	−0.41	−0.29	0.13	H	−0.35	0.30	0.66
	(−1.34)	(−1.31)	(0.32)		(−1.25)	(1.24)	(1.58)
M	−0.16	0.72***	0.89*	M	0.47	0.01	−0.46
	(−0.45)	(2.86)	(1.91)		(1.04)	(0.03)	(−0.67)
L	−1.19***	0.56*	1.75***	L	−1.27***	0.62**	1.88***
	(−3.13)	(1.69)	(3.11)		(−4.07)	(2.31)	(4.29)
H–L	0.78	−0.85**	−1.62**	H–L	0.91**	−0.32	−1.23**
	(1.55)	(−2.12)	(−2.34)		(2.14)	(−0.88)	(−1.99)
Panel A2. K=6 month				Panel B2. K=6 month			
H	−0.50*	−0.24	0.26	H	−0.48*	0.34	0.82**
	(−1.91)	(−1.16)	(0.81)		(−1.97)	(1.51)	(2.32)
M	−0.24	0.71***	0.94**	M	0.42	−0.09	−0.51
	(−0.73)	(2.88)	(2.18)		(1.06)	(−0.24)	(−0.82)
L	−1.14***	0.58*	1.71***	L	−1.21***	0.66***	1.87***
	(−3.55)	(1.80)	(3.54)		(−4.48)	(2.63)	(4.90)
H–L	0.64	−0.81**	−1.45**	H–L	0.73*	−0.32	−1.06**
	(1.55)	(−2.13)	(−2.51)		(2.02)	(−0.95)	(−2.04)
Panel A3. K=9 month				Panel B3. K=9 month			
H	−0.51**	−0.24	0.27	H	−0.46**	0.27	0.73**
	(−2.09)	(−1.33)	(0.94)		(−2.01)	(1.33)	(2.32)
M	−0.16	0.66***	0.82**	M	0.37	−0.06	−0.43
	(−0.55)	(2.75)	(2.02)		(0.99)	(−0.16)	(−0.72)
L	−1.03***	0.52*	1.56***	L	−1.05***	0.62**	1.67***
	(−3.53)	(1.69)	(3.47)		(−4.36)	(2.49)	(4.75)
H–L	0.52	−0.77**	−1.29**	H–L	0.59*	−0.34	−0.94**
	(1.38)	(−2.11)	(−2.44)		(1.78)	(−1.06)	(−1.98)

续表

Panel A 30%、40%、30% EPU				Panel B 40%、20%、40% EPU			
state	Loser	Winner	W–L	state	Loser	Winner	W–L
Panel A4. K=12 month				Panel B4. K=12 month			
H	−0.49**	−0.24	0.25	H	−0.43*	0.24	0.67**
	(−2.10)	(−1.36)	(0.97)		(−1.95)	(1.24)	(2.32)
M	−0.08	0.59**	0.67*	M	0.40	−0.08	−0.49
	(−0.29)	(2.60)	(1.78)		(1.12)	(−0.24)	(−0.86)
L	−0.81***	0.47	1.27***	L	−0.84***	0.55**	1.39***
	(−3.05)	(1.53)	(3.03)		(−3.82)	(2.28)	(4.31)
H–L	0.32	−0.70**	−1.02**	H–L	0.41	−0.31	−0.72*
	(0.90)	(−1.98)	(−2.08)		(1.33)	(−1.00)	(−1.90)

注：该表报告的样本区间为2000年1月到2018年12月。括号中报告了Newey-West的t统计值。其中，*、**、***分别表示在10%、5%和1%水平上显著。

从表6-4可以看出，首先，当持期（K）为3个月、6个月、9个月、12个月时，Panel A（Panel B）W–L的组合收益在经济政策不确定性较低时分别为1.75%（1.88%）、1.71%（1.87%）、1.56%（1.67%）、1.27%（1.39%），均在1%的统计水平上显著为正，且随着持有期的增加单调递减；而对应的组合收益在经济政策不确定性较高时均不显著。经济政策不确定性较低时的W–L组合收益值与显著性水平均大于经济政策不确定性较高时的对应值。其次，当K=3、6、9、12时，Panel A（Panel B）中H–L时W–L的组合收益分别为−1.62%（−1.23%）、−1.45%（−1.06%）、−1.29%（−0.94%）、−1.02%（−0.72%），均显著为负，且其绝对值随着持有期的增加而单调递减。以上实证结果表明，表6-3的研究结论在考虑FF3风险因素后依然成立，股价前期高点动量效应仅在经济政策不确定性较低时显著。

6.4.3.2 经济政策不确定性对股价前期高点动量效应的影响——规模效应分析

为了进一步分析经济政策不确定性下的股价前期高点动量效应是否受到规模效应的影响,首先根据公司规模(即市场价值=股票价格×流通股数)对公司进行分组。具体而言,每个月根据公司规模将所有股票进行升序排列,当股票市值低于中位数时,则归为小规模公司;否则归为大规模公司。其次,利用模型(6-2)对不同规模的公司进行回归。表6-5列式了相应回归结果[①]。其中,Panel A的EPU按30%、40%、30%的断点进行分组,Panel B的EPU按40%、20%、40%的断点进行分组。表中收益数据按百分数形式列示,括号中报告了Newey-West的t统计值。

表6-5　经济政策不确定性对股价前期高点动量效应的影响——规模效应分析

	Panel A 30%、40%、30% EPU				Panel B 40%、20%、40% EPU		
state	Loser	Winner	W–L	state	Loser	Winner	W–L
Panel A1. Small firms				Panel B1. Small firms			
H	−0.20	−0.39	−0.20	H	−0.24	−0.05	0.19
	(−0.18)	(−0.37)	(−0.81)		(−0.23)	(−0.05)	(0.61)
M	0.76	1.13	0.38	M	2.86	2.11	−0.76
	(0.54)	(0.92)	(0.97)		(1.40)	(1.20)	(−1.42)
L	2.48**	3.57***	1.09**	L	1.24	2.48**	1.24***
	(2.27)	(3.01)	(2.39)		(1.04)	(1.99)	(3.38)
H–L	−2.68*	−3.97**	−1.29**	H–L	−1.48	−2.54	−1.05*
	(−1.71)	(−2.45)	(−2.47)		(−0.96)	(−1.62)	(−1.95)

---

① 为了节约空间,表6-5仅列式了文献研究中最为关注的持有期为6个月的相关结果,持有期为3个月、9个月、12个月的实证结果与该表结果类似。

续表

Panel A 30%、40%、30% EPU				Panel B 40%、20%、40% EPU			
state	Loser	Winner	W–L	state	Loser	Winner	W–L
Panel A2. Large firms				Panel B2. Large firms			
H	−0.85	−0.58	0.27	H	−1.12	−0.33	0.79**
	(−0.86)	(−0.64)	(0.60)		(−1.18)	(−0.38)	(1.99)
M	−0.24	0.37	0.61	M	2.36	1.15	−1.21
	(−0.19)	(0.37)	(1.18)		(1.26)	(0.83)	(−1.43)
L	2.07*	3.39***	1.32***	L	0.58	2.20*	1.62***
	(1.71)	(2.94)	(2.66)		(0.44)	(1.85)	(3.74)
H–L	−2.92*	−3.97**	−1.05	H–L	−1.70	−2.53*	−0.84
	(−1.86)	(−2.69)	(1.57)		(−1.10)	(−1.78)	(−1.42)

注：该表报告的样本区间为2000年1月到2018年12月。括号中报告了Newey-West的t统计值。其中，*、**、***分别表示在10%、5%和1%水平上显著。

如表6-5所示，在Panel A（Panel B）中，当经济政策不确定性较低时，W–L组合收益在小规模公司和大规模公司分别为1.09%（1.24%）、1.32%（1.62%），对应的t值分别为2.39（3.38）、2.66（3.74）；当经济政策不确定性较高时，W–L组合收益在小规模公司和大规模公司分别为−0.20%（0.19%）、0.27%（0.79%），对应的t值分别为−0.81（0.61）、0.60（1.99）。说明不管是规模较小的公司还是规模较大的公司，W–L组合收益在经济政策不确定性较低时更为显著。此外，在Panel A1和Panel B1中，小规模公司W–L组合收益在H–L中为−1.29%（t=−2.47）、−1.05%（t=−1.95），在Panel A2和Panel B2中，大公司规模的W–L组合收益在H–L中为−1.05%（t=−1.57）、−0.84%（t=−1.42）。说明在H–L中，小公司规模的W–L组合收益绝对值与显著性水平皆高于大规模公司。综上所述，股价前期高点动量效应仅仅在经济政策不确定性较低时显著的基本结论在小规模公司和大规模公司中都成立，研究结论不受规模效应的影响。进一步地，相比较而言，经济政策不确定性对股价前期高点动量效应的影响在小规模公司中更为显著。

6.4.3.3　经济政策不确定性对股价前期高点动量效应的影响——市场状态分析

为了进一步分析经济政策不确定性下的股价前期高点动量效应是否受到市场状态的影响，参考Cooper等（2004），首先将市场状态区分为上行市场（Up Markets）和下行市场（Down Markets）。具体而言，在每个月t，当过去36个月的市场回报率为正时，将t月定义为上行市场；否则，将t月定义为下行市场。然后，利用模型（6-2）对不同市场状态下的股价前期高点动量效应受经济政策不确定性的影响进行分析。表6-6列式了相应回归结果①。其中，Panel A的EPU按30%、40%、30%的断点进行分组，Panel A的EPU按40%、20%、40%的断点进行分组。表中收益数据按百分数形式列示，括号中列示了Newey-West的t统计值。

表6-6　经济政策不确定性对股价前期高点动量效应的影响——市场状态分析

Panel A 30%、40%、30% EPU				Panel B 40%、20%、40% EPU			
state	Loser	Winner	W-L	state	Loser	Winner	W-L
Panel A1. Up markets				Panel B1. Up markets			
H	-0.31	-0.46	-0.15	H	-0.59	-0.39	0.20
	(-0.24)	(-0.40)	(-0.37)		(-0.52)	(-0.36)	(0.61)
M	0.70	0.93	0.24	M	3.24	1.80	-1.45*
	(0.34)	(0.51)	(0.49)		(1.05)	(0.67)	(-1.85)
L	4.49***	5.43***	0.94***	L	2.84	4.10**	1.26***
	(2.60)	(3.10)	(2.85)		(1.42)	(2.10)	(4.06)

---

① 为了节约空间，表6-6仅列式了文献研究中最为关注的持有期为6个月的相关结果，持有期为3个月、9个月、12个月的实证结果与该表结果类似。

续表

Panel A 30%、40%、30% EPU				Panel B 40%、20%、40% EPU			
state	Loser	Winner	W–L	state	Loser	Winner	W–L
H–L	−4.80*	−5.89***	−1.09**	H–L	−3.43	−4.49**	−1.06**
	(−2.23)	(−2.79)	(−2.05)		(−1.53)	(−2.07)	(−2.32)
Panel A2. Down markets				Panel B2. Down markets			
H	−1.10	−0.36	0.74	H	−1.07	0.41	1.48
	(−0.79)	(−0.22)	(1.02)		(−0.64)	(0.27)	(1.65)
M	−0.42	0.63	1.04	M	1.98	1.52	−0.46
	(−0.28)	(0.57)	(1.31)		(0.95)	(1.11)	(−0.41)
L	−0.39	1.42	1.82*	L	−1.53	0.41	1.94**
	(−0.37)	(1.44)	(1.82)		(−1.54)	(0.45)	(2.53)
H–L	−0.71	−1.79	−1.08	H–L	0.46	−0.00	−0.47
	(−0.40)	(−0.92)	(−0.87)		(0.23)	(−0.01)	(−0.36)

注：该表报告的样本区间为2000年1月到2018年12月。括号中报告了Newey-West的t统计值。其中，*、**、***分别表示在10%、5%和1%水平上显著。

从表6-6可以看出，在Panel A（Panel B）中，当经济政策不确定性较低时，W–L组合收益在上行市场和下行市场时分别为0.94%（1.26%）、1.82%（1.94%），对应的t值分别为2.85（4.06）、1.82（2.53）；当经济政策不确定性较高时，W–L组合收益在市场向上和市场向下时分别为−0.15%（0.20%）、0.74%（1.48%），对应的t值分别为−0.37（0.61）、1.02（1.65）。说明不管是市场向上时还是市场向下时，W–L组合收益仅在经济政策不确定性较低时显著。此外，在Panel A1和Panel B1中，市场向下时的W–L组合收益在H–L中为−1.09%（t=−2.05）、−1.06%（t=−2.32），在Panel A2和Panel B2中，市场向上时的W–L组合收益在H–L中为−1.08%（t=−0.87）、−0.47%（t=−0.36）。说明在H–L中，市场向上时的W–L组合收益绝对值与显著性水平皆高于市场向下时的水平。综上所述，股价前期高点动量效应仅在经济政策不确定性较低时显著的基本结论在市场向上或市场向下时都成立，研究结论不受市场状态的影响。进一步地，相比较而言，经济政策不确定性对股价前期高点动量效应的影响在市场向上时更为显著。

6.4.4 股价前期高点动量效应、锚定偏差与经济政策不确定性

除了时间序列分析外，本节在Fama和MacBeth（1973）的基础上，利用截面回归方法对考虑经济政策不确定性时的股价前期高点动量效应进行进一步检验。这种方法不仅可以同时比较股价前期高点动量效应、传统动量效应和行业动量效应，还可以排除回归方程中其他变量对回归结果的干扰。利用模型（6-4）得到回归结果，具体如表6-7所示。其中，EPU按30%、40%、30%的断点进行分组，收益数据按百分数形式列示，括号中列示了Newey-West的t统计值。

从表6-7中可以看出，就动量策略投资组合的原始收益而言，在控制传统动量效应和行业动量效应后，股价前期高点动量投资策略的W-L组合收益（即表中的PTH-PTL）在经济政策不确定性较低时（L）为0.90%（t=3.26），在1%的统计水平上显著为正；当经济政策不确定性较高时（H），股价前期高点动量投资策略的W-L组合收益（即表中的PTH-PTL）为0.02%（t=0.06）。就调整收益而言，在控制传统动量效应和行业动量效应后，股价前期高点动量投资策略的W-L（即表中的PTH-PTL）组合收益在经济政策不确定性较低时（L）为0.84%（t=3.60），并且在1%的统计水平上显著为正；当经济政策不确定性较高时（H），股价前期高点动量投资策略的W-L组合收益为0.01%（t=0.02）。结果表明，在考虑传统动量效应和行业动量效应后，股价前期高点动量效应仅在经济政策不确定性较低时显

著的研究结论依然成立。另外，模型（6-4c）的 $α_1$ 在组合原始收益与调整收益下，分别为 –0.88（t=–2.33）、–0.84（t=–2.63），分别在5%、1%的水平上显著为负。综上所述，表6-7的实证结果表明，表6-3的研究结论（即股价前期高点动量效应仅仅在经济政策不确定性较低时显著，股价前期高点动量效应对经济政策不确定性的变化非常敏感）在控制传统动量效应和行业动量效应后依然成立。

表6-7 经济政策不确定性对股价前期高点动量效应的影响
——截面回归分析

变量	原始收益（j=2到7）				调整收益（j=2到7）			
	H	M	L	H–L	H	M	L	H–L
Intercept	6.33	10.57*	10.43	–4.10	3.52	2.15	5.35	–1.83
	(0.93)	(1.69)	(1.60)	(–0.44)	(1.53)	(0.89)	(1.51)	(–0.43)
$R_{i,t-1}$	–5.59***	–4.30***	–5.12***	–0.46	–6.36***	–4.59***	–6.08***	–0.28
	(–4.79)	(–3.78)	(–2.81)	(–0.21)	(–6.00)	(–4.42)	(–3.80)	(–0.15)
Size	–0.30	–0.45*	–0.32	0.02	–0.16	–0.07	–0.23	0.07
	(–1.07)	(–1.73)	(–1.02)	(0.05)	(–1.54)	(–0.63)	(–1.31)	(0.34)
PTH–PTL	0.02	0.24	0.90***	–0.88**	0.01	0.11	0.84***	–0.84***
	(0.06)	(0.76)	(3.26)	(–2.33)	(0.02)	(0.43)	(3.60)	(–2.63)
JTH–JTL	–0.14	0.08	0.45	–0.60	–0.31	0.04	0.10	–0.42
	(–0.62)	(0.30)	(1.11)	(–1.26)	(–1.47)	(0.16)	(0.29)	(–0.98)
MGH–MGL	0.10	0.10	0.31	–0.21	–0.18	0.14	0.23	–0.42
	(0.40)	(0.31)	(0.81)	(–0.47)	(–0.92)	(0.46)	(0.68)	(–1.04)

注：该表报告的样本区间为2000年1月到2018年12月。括号中报告了Newey-West的t统计值。其中，*、**、*** 分别表示在10%、5%和1%水平上显著。

6.4.5 长期反转、锚定偏差与经济政策不确定性

与BSV模型、DHS模型、HS模型等对传统的传统动量效应在行为金融

学上的解释不同，George 和 Hwang（2004）从锚定偏差角度解释股价前期高点动量效应，并认为短期股价前期高点动量效应与长期反转不是前后序惯相连的两个现象。本书第4章已经对股价前期高点动量投资策略进行了长期分析，也证实了中国股票市场不存在对应的长期反转。然而，上一节关于经济政策不确定性与股价前期高点动量效应的分析结果表明经济政策不确定性对股价前期高点动量效应具有显著的影响。那么，如果从长远来看，在考虑经济政策不确定性时股价前期高点动量投资策略是否会发反转？其影响又如何？

本节利用模型（6-5）对此进行分析，具体的回归结果如表6-8所示。表中分别列式了股价前期高点动量投资策略形成期与持有期的时间间隔（Time Gap）。其中12个月、24个月、36个月、48个月的时间间隔分别对应 j=14到25、j=26到37、j=38到49、j=50到61，分别代表第2年、第3年、第4年和第5年。表中EPU按30%、40%、30%的断点进行分组，收益数据按百分数形式列示，括号中列示了Newey-West的t统计值。

如表6-8所示，在经济政策不确定性较低时，当时间间隔（Time Gap）分别为12个月、24个月、36个月、48个月时，股价前期高点动量投资策略的W-L组合收益分别为 –0.04%（t=–0.20）、–0.03%（t=–0.19）、0.26%（t=1.40）、0.23%（t=1.54），均不显著；在经济政策不确定性较高时，股价前期高点动量投资策略的W-L对应的组合收益分别为 0.01%（t=0.05）、0.20%（t=1.21）、0.03%（t=0.19）、–0.01%（t=–0.08），均不显著。以上实证结果表明，无论是经济政策不确定性较高时还是经济政策不确定性较低时，在表6-8中均没有发现股价前期高点动量投资策略的长期反转。即在排除传统动量投资策略、行业动量投资策略的影响后，股价前期高点动量投资策略在考虑经济政策不确定性后，没有发生显著的长期反转。这一结论进一步证实了股价前期高点动量效应与长期反转是两个独立现象，股价前期高点动量效应源于锚定偏差的结论得到进一步证实。

表6-8　　　　经济政策不确定性对股价前期高点动量效应的影响
　　　　　　　　　　——长期反转

变量	Time Gap=12			Time Gap=24			Time Gap=36			Time Gap=48		
	H	L	H–L	H	L	H–L	H	L	H–L	H	L	H–L
$R_{i,t-1}$	−4.78***	−5.34***	0.56	−5.09***	−5.23***	0.14	−4.85***	−5.77***	0.92	−4.77***	−5.58***	0.81
	(−3.93)	(−2.93)	(0.26)	(−4.19)	(−2.76)	(0.06)	(−4.01)	(−3.09)	(0.41)	(−3.79)	(−2.85)	(0.34)
Size	−0.34	−0.28	−0.06	−0.36	−0.25	−0.12	−0.33	−0.27	−0.06	−0.33	−0.29	−0.04
	(−1.17)	(−0.88)	(−0.14)	(−1.23)	(−0.79)	(−0.28)	(−1.14)	(−0.88)	(−0.13)	(−1.17)	(−0.94)	(−0.10)
PTH–PTL	0.01	−0.04	0.05	0.20	−0.03	0.23	0.03	0.26	−0.23	−0.11	0.23	−0.34
	(0.05)	(−0.20)	(0.19)	(1.21)	(−0.19)	(0.98)	(0.19)	(1.40)	(−0.95)	(−0.81)	(1.54)	(−147)
JTH–JTL	−0.17	−0.22	0.05	−0.15	−0.26**	0.11	−0.18	0.04	−0.22	−0.14	−0.08	−0.06
	(−1.13)	(−1.06)	(0.19)	(−1.10)	(−1.99)	(0.56)	(−1.65)	(0.30)	(−1.26)	(−1.14)	(−0.46)	(−0.26)
MGH–MGL	0.29	0.43	−0.14	−0.03	−0.33	0.30	0.01	0.04	−0.03	0.01	0.28	−0.28
	(1.07)	(1.26)	(−0.33)	(−0.14)	(−1.13)	(0.80)	(0.06)	(0.13)	(−0.08)	(0.02)	(0.96)	(−0.79)

注：该表报告的样本区间为2000年1月到2018年12月。括号中报告了Newey-West的t统计值。其中，*、**、***分别表示在10%、5%和1%水平上显著。

6.4.6　稳健性检验

本章在分析经济政策不确定性对股价前期高点动量效应的影响过程中，用Baker等（2016）以香港南华早报相关内容为基础构造的EPU指数衡量中国经济政策的不确定性。在稳健性检验中，本书参考Huang和Luk（2020）、Steven等（2019）以大陆主要报纸相关内容为基础构造的EPU指数衡量中国经济政策的不确定性。除此之外，本章在衡量经济政策不确定性时，为排除其他不确定性对经济政策不确定性的影响，用亚洲区域一体化中心（Asia Regional Integration Center）构建的FSI指数作为其他经济不确定变量。为了确保研究结论的稳健性，本书也通过构造FSI数据进行检验。为节省空间，本节内容仅仅提供EPU指数的稳健性检验结果，FSI数据的检验结果支持本章研究结论。

6.4.6.1 经济政策不确定性对股价前期高点动量效应的影响——总体时间序列回归

根据模型（6-1）利用替代的EPU指数进行重新估计，回归结果如表6-9所示。

表6-9　稳健性检验：经济政策不确定性对股价前期高点动量效应的影响——总体时间序列回归分析

变量	输家组合L		赢家组合W		W−L	
	模型（a）	模型（b）	模型（c）	模型（d）	模型（e）	模型（f）
EPU（%）	−1.67**	0.05	−1.86***	−0.34**	−0.19*	−0.39**
	(−2.04)	(0.37)	(−4.07)	(−2.52)	(−1.89)	(−2.12)
MKT		1.07***		0.98***		−0.09**
		(36.69)		(40.18)		(−2.22)
SMB		0.85***		0.53***		−0.31***
		(10.87)		(6.82)		(−2.65)
HML		−0.06		−0.23**		−0.17
		(−0.59)		(−2.48)		(−1.18)

注：该表报告的样本区间为2000年1月到2018年12月。括号中报告了Newey-West的t统计值。其中，*、**、***分别表示在10%、5%和1%水平上显著。

从表6-9中可以看出，模型（e）和模型（f）中W−L组合的β_1分别为−0.19%（t=−1.89）、−0.39%（t=−2.12），均显著为负。说明经济政策不确定性对股价前期高点动量效应的影响是负面的，这一研究结论与本章6.4.2节一致。

6.4.6.2　经济政策不确定性对股价前期高点动量效应的影响——分类时间序列回归分析

表 6-10 列式了根据模型（6-2）利用替代的 EPU 指数进行回归的结果。其中，Panel A 的 EPU 按 30%、40%、30% 的断点进行分组，Panel B 的 EPU 按 40%、20%、40% 的断点进行分组。表中收益按百分数形式列示，括号中列示了 Newey-West 的 t 统计值。

表 6-10　稳健性检验：经济政策不确定性对股价前期高点动量效应的影响——分类时间序列回归分析

state	Panel A 30%、40%、30% EPU			state	Panel B 40%、20%、40% EPU		
	Loser	Winner	W−L		Loser	Winner	W−L
	Panel A1. K=3 month				Panel B1. K=3 month		
H	−1.16	−0.88	0.28	H	−1.38	−1.02	0.36
	（−1.10）	（−0.98）	（0.57）		（−1.51）	（−1.24）	（0.85）
M	0.98	0.94	−0.04	M	0.73	0.62	−0.12
	（0.78）	（0.95）	（−0.10）		（0.45）	（0.44）	（−0.21）
L	1.64	3.55***	1.91***	L	2.35*	3.64***	1.29***
	（1.19）	（3.01）	（3.50）		（1.86）	（3.42）	（2.63）
H−L	−2.80*	−4.42***	−1.63**	H−L	−3.73**	−4.66***	−0.93**
	（−1.70）	（−3.25）	（−2.12）		（−2.59）	（−3.73）	（−1.99）
	Panel A2. K=6 month				Panel B2. K=6 month		
H	−1.13	−0.83	0.30	H	−1.35	−0.98	0.38
	（−1.05）	（−0.89）	（0.69）		（−1.42）	（−1.14）	（1.04）
M	0.93	0.94	0.01	M	0.68	0.62	−0.06
	（0.77）	（0.94）	（0.02）		（0.42）	（0.43）	（−0.11）
L	1.69	3.59***	1.90***	L	2.36**	3.66***	1.30***
	（1.29）	（2.99）	（3.96）		（2.00）	（3.45）	（3.00）
H−L	−2.82*	−4.42***	−1.60**	H−L	−3.71**	−4.64***	−0.92**
	（−1.73）	（−3.09）	（−2.33）		（−2.60）	（−3.61）	（−2.12）

续表

	Panel A 30%、40%、30% EPU				Panel B 40%、20%、40% EPU		
state	Loser	Winner	W−L	state	Loser	Winner	W−L
	Panel A3. K=9 month				Panel B3. K=9 month		
H	−1.08	−0.87	0.22	H	−1.33	−1.01	0.32
	(−1.01)	(−0.93)	(0.55)		(−1.40)	(−1.18)	(0.98)
M	0.95	0.91	−0.03	M	0.76	0.61	−0.15
	(0.80)	(0.91)	(−0.09)		(0.49)	(0.42)	(−0.28)
L	1.84	3.55***	1.71***	L	2.46**	3.62***	1.16***
	(1.43)	(2.91)	(3.78)		(2.11)	(3.36)	(2.81)
H−L	−2.92*	−4.42***	−1.49**	H−L	−3.79***	−4.63***	−0.84**
	(−1.81)	(−3.07)	(−2.33)		(−2.67)	(−3.57)	(−2.10)
	Panel A4. K=12 month				Panel B4. K=12 month		
H	−1.01	−0.91	0.10	H	−1.27	−1.03	0.25
	(−0.96)	(−0.98)	(0.27)		(−1.35)	(−1.20)	(0.84)
M	1.01	0.92	−0.09	M	0.81	0.59	−0.23
	(0.85)	(0.90)	(−0.24)		(0.53)	(0.40)	(−0.42)
L	2.05	3.47***	1.42***	L	2.65**	3.56***	0.91**
	(1.56)	(2.84)	(3.18)		(2.24)	(3.29)	(2.28)
H−L	−3.05*	−4.38***	−1.33**	H−L	−3.92***	−4.59***	−0.66**
	(−1.87)	(−3.04)	(−2.16)		(−2.73)	(−3.54)	(−1.97)

注：该表报告的样本区间为2000年1月到2018年12月。括号中报告了Newey-West的t统计值。其中，*、**、***分别表示在10%、5%和1%水平上显著。

从表6-10可以看出股价前期高点动量投资策略利润对经济政策不确定性的变化非常敏感。在Panel A2中，当持有期（K）为6个月时，股价前期高点动量投资策略的零成本投资组合（W−L）收益在经济政策不确定性较高的时期（H）为0.30%（t=0.69），在经济政策不确定性较低的时期（L）为1.90%（t=3.96），且仅在经济政策不确定性较低时显著。进一步地，模型（4b）中的α_1，即H−L下的W−L组合收益为−1.60%（t=−2.33），在5%的水平上显著为负,说明该组合收益在不同的经济政策不确定性状态下差异明显。当持有期(K)为3个月、9个月、12个月时,结果类似。即股价前期高点动量效应在经济政策不确定性较低时显著为正,在经济政策不确定性较高时不显著,股价前期高点动量效应对经济政策不确定性变化非常敏感,研究假设H3得到验证。

另外,W-L组合收益的绝对值在不同经济政策不确定性状态下的差异(即H-L)随着持有期增加而单调递减。在表6-3的Panel A中,当K=3、6、9、12时,H-L的W-L组合收益分别为-1.63%、-1.60%、-1.49%、-1.33%,均显著为负,且其绝对值随着持有期的增加而单调递减。随着持有期(K)的增加,经济政策不确定性的高低差异对股价前期高点动量效应的影响逐渐减弱。

表6-10中Panel B结果类似。这些结果表明,表6-3中的结论在替换EPU衡量指数后仍然成立。EPU替代指数通过稳健性检验。

6.4.6.3 经济政策不确定性对股价前期高点动量效应的影响——截面回归分析

根据模型(6-4)利用替代的EPU指数重新进行Fama和MacBeth(1973)回归分析,回归结果如表6-11所示。其中,EPU按30%、40%、30%的断点进行分组,收益按百分数形式列示,括号中列示了Newey-West的t统计值。

从表6-11中可以看出,就组合收益而言,在控制传统动量效应和行业动量效应后,股价前期高点动量投资策略的W-L(即表中的PTH-PTL)组合收益在经济政策不确定性较低时(L)为1.23%(t=5.00),在1%的水平上显著为正;当经济政策不确定性较高时(H),股价前期高点动量投资策略的W-L组合收益为0.11%(t=0.36)。就超额收益而言,在控制传统动量效应和行业动量效应后，股价前期高点动量投资策略的 W–L（即表中的 PTH–PTL）组合收益在经济政策不确定性较低时（L）为 1.11%（t=4.83），在 1% 的水平上显著为正；当经济政策不确定性较高时（H），股价前期高点动量投资策略的 W–L 组合收益为 –0.06%（t=–0.24）。说明，在考虑传统动量效应和行业动量效应后，股价前期高点动量效应仅在经济政策不确定性较低时显著的研究结论依然成立。另外，模型（6-4c）的 α_1 为在组合收益与超额收益时，分别为 –1.22（t=–2.73）、–1.17（t=–3.31），在 1% 的水平上显著为负。综上所述，表 6-11 的实证结果表明，股价前期高点动量效应在控制传统动量效应和行业动量效应后依然成立，替代的 EPU 指数通过稳健性检验。

表 6-11　稳健性检验：经济政策不确定性对股价前期高点动量效应的影响——截面回归分析

变量	原始收益（j=2 到 7）				调整收益（j=2 到 7）			
	H	M	L	H–L	H	M	L	H–L
$R_{i,t-1}$	–5.55***	–5.49***	–3.59**	–1.96	–6.03***	–6.37***	–4.05***	–1.99
	(–4.87)	(–5.25)	(–2.16)	(–0.95)	(–5.70)	(–6.41)	(–2.79)	(–1.08)
Size	–0.40	–0.30	–0.41	0.01	–0.21**	–0.04	–0.20	–0.02
	(–1.40)	(–1.21)	(–1.39)	(0.01)	(–2.18)	(–0.37)	(–1.14)	(–0.07)
PTH–PTL	0.11	–0.12	1.23***	–1.12***	–0.06	–0.09	1.11***	–0.17***
	(0.36)	(–0.37)	(5.00)	(–2.73)	(–0.24)	(–0.36)	(4.83)	(–3.31)
JTH–JTL	–0.20	–0.10	0.71	–0.91	–0.37	–0.17	0.42	–0.79
	(–0.87)	(–0.38)	(1.00)	(–1.11)	(–1.50)	(–0.69)	(1.31)	(–1.49)
MGH–MGL	0.45	–0.36	0.52*	–0.08	0.16	–0.30	0.43	–0.28
	(1.16)	(–1.58)	(1.77)	(–0.16)	(0.43)	—	(1.56)	(–0.62)

注：该表报告的样本区间为 2000 年 1 月到 2018 年 12 月。括号中报告了 Newey–West 的 t 统计值。其中，*、**、*** 分别表示在 10%、5% 和 1% 水平上显著。

6.4.6.4 经济政策不确定性对股价前期高点动量效应的影响——长期反转

利用模型（6-5）对替代的EPU指数对经济政策不确定性下的股价前期高点动量投资策略在长期是否产生反转进行分析，回归结果如表6-12所示。表中分别列式了股价前期高点动量投资策略形成期与持有期的时间间隔（Time Gap）。其中12个月、24个月、36个月、48个月的时间间隔分别对应j=14到25、j=26到37、j=38到49、j=50到61，分别代表第2年、第3年、第4年和第5年。表中EPU按30%、40%、30%的断点进行分组，收益按百分数形式列示，括号中列示了Newey-West的t统计值。

如表6-12所示，在经济政策不确定性较低时，当时间间隔（Time Gap）分别为12个月、24个月、36个月、48个月时，股价前期高点动量投资策略的W–L组合收益分别为–0.09%（t=–0.41）、–0.02%（t=–0.12）、0.37%（t=1.64）、0.22%（t=1.17），均不显著；在经济政策不确定性较高时，股价前期高点动量投资策略的W–L对应的组合收益分别为–0.01%（t=–0.02）、0.07%（t=0.39）、0.16%（t=0.94）、–0.05%（t=–0.31），均不显著。以上实证结果表明，无论是经济政策不确定性较高时还是经济政策不确定性较低时，在表6-12中均没有发现股价前期高点动量投资策略的长期反转。在排除传统动量投资策略、行业动量投资策略的影响后，股价前期高点动量投资策略在考虑经济政策不确定性后，没有发生显著的长期反转。这一结论进一步证实了股价前期高点动量效应与长期反转是两个独立现象，股价前期高点动量效应源于锚定偏差（George和Hwang，2004）。这一研究结论与6.4.5节结论一致，表明替代的EPU指数通过稳健性检验。

表6-12　　稳健性检验：经济政策不确定性对股价前期高点动量效应的影响——长期反转

变量	Time Gap=12			Time Gap=24			Time Gap=36			Time Gap=48		
	H	L	H-L	H	L	H-L	H	L	H-L	H	L	H-L
$R_{i,t-1}$	-4.64***	-3.43**	-1.21	-4.66***	-3.49***	-1.17	-4.47***	-4.10***	-0.37	-4.44***	-4.22**	-0.22
	(-4.08)	(-2.02)	(-0.57)	(-4.20)	(-2.07)	(-0.56)	(-3.99)	(-2.51)	(-0.18)	(-3.84)	(-2.47)	(-0.10)
Size	-0.42	-0.33	-0.09	-0.44	-0.30	-0.14	-0.42	-0.32	-0.10	-0.40	-0.31	-0.09
	(-1.36)	(-1.11)	(-0.20)	(-1.41)	(-1.03)	(-0.33)	(-1.38)	(-1.10)	(-0.24)	(-1.34)	(-1.07)	(-0.22)
PTH-PTL	-0.01	-0.09	0.09	0.07	-0.02	0.09	0.16	0.37	-0.21	-0.05	0.22	-0.26
	(-0.02)	(-0.41)	(0.31)	(0.39)	(-0.12)	(0.35)	(0.94)	(1.64)	(-0.78)	(-0.31)	(1.17)	(-1.09)
JTH-JTL	-0.31**	-0.32	0.02	-0.30**	-0.26	-0.05	-0.10	-0.03	-0.08	-0.23*	0.05	-0.28
	(-2.20)	(-1.55)	(0.07)	(-2.38)	(-1.69)	(-0.24)	(-0.91)	(-0.18)	(-0.43)	(-1.81)	(0.31)	(-1.34)
MGH-MGL	0.16	0.58*	-0.42	-0.28	-0.37	0.09	0.15	-0.04	0.19	-0.01	0.09	-0.10
	(0.61)	(1.70)	(-1.08)	(-1.21)	(-1.33)	(0.25)	(0.72)	(-0.14)	(0.56)	(-0.04)	(0.37)	(-0.30)

注：该表报告的样本区间为2000年1月到2018年12月。括号中报告了Newey-West的t统计值。其中，*、**、***分别表示在10%、5%和1%水平上显著。

6.5　本章小结

党的十九大报告指出"世界面临的不稳定性不确定性突出，人类面临许多共同挑战"。2020年5月，两会期间的政府工作报告指出全球疫情和经贸形式的不确定性很大，经济发展面临难以预料的影响因素。不确定性问题成为政府、学术界、业界关注的共同话题。作为不确定性的特定表现形式（张喜艳和陈乐一，2019），经济政策的不确定性受到了广泛关注。自2008年美国金融危机以来，欧美等发达国家以及各个新兴市场主体纷纷出台了一系列宏观经济政策。这些宏观经济政策的实施在应对金融危机、防止经济加速衰退的同时，也带来了极大的不确定性冲击（王红建等，2014；Baker等，2016）。本章利用Baker等（2016）构造的关于中国经济政策不确定指数（Economic Policy Uncertainty，EPU）来衡量我国经济政策的不确定性，为了排除经济政策不确定性中宏观经济、金融经济的不确定性影响，本书用EPU指数对FSI进行回归，并用残差作为EPU指数的代表变量。

投资者在作出投资决策时，总是要面对各种各样的不确定性。一些文献开始讨论经济政策不确定性如何影响投资决策。本书从锚定偏差角度创新性探索经济政策不确定性影响股价前期高点动量效应的新渠道。George和Hwang（2004）认为股价前期高点动量效应源于锚定偏差，而这种偏见在投资者以52周股价前期高点作为锚定点来评估信息对股价的影响时，随着价格不断接近（或远离）锚定点而增强。因此，当考虑到经济政策不确定性时，投资者的锚定偏差会在经济政策不确定性较低（高）时的赢（输）家组合股票中更突出。具体而言，与经济政策不确定性较高时相比，投资者在经济政策不确定性较低时更加乐观（Starks和Sun 2016；Agarwal等2019）。因此，当经济政策不确定性较低时，利好消息会使赢家组合的股票价格更接近52周股价前期高点；相反，当经济政策不确定性较高时，利空消息会使股票价格进一步远离52周股价前期高点。虽然这一论点给出了经济政策不确定性处于高低状态下的对称性锚定偏差假设，但考虑到卖空限制问题，实际上锚定偏差可能在经济政策不确定性较低时会更加明显。

在实证研究中，本章用总体经济政策不确定性和分类经济政策不确定性两种经济政策不确定性分析经济政策不确定性对股价前期高点动量效应的影响。首先对经济政策不确定性于股价前期高点动量效应的线性关系进行检验，在控制FF3因素后，发现经济政策不确定性越高（越低），股价前期高点动量投资策略利润越低（越高）。为了进一步分析经济政策不确定性与股价前期高点动量效应之间的关系，本章对经济政策不确定性进行分类,并根据不同标准将样本期间内的每个月界定为经济政策不确定性较高时、经济政策不确定性中等时和经济政策不确定性较低时。通过对股价前期高点动量效应在不同经济政策不确定性阶段的研究,发现短期内股价前期高点动量效应仅在经济政策不确定性较低时显著,而在经济政策不确定性较高时不显著。在长期分析中,发现不管是在经济政策不确定性较低时还是在经济政策不确定性较高时,股价前期高点动量投资策略收益并未发生反转。研究再次证实锚定偏差是股价前期高点动量效应的来源,即使在考虑经济政策不确定性的情况下,锚定偏差仍然能够解释股价前期高点动量效应。

　　综上所述,宏观方面,全面检验与分析经济政策不确定性影响股价前期高点动量效应的作用机制,能够从宏观经济政策的制定角度预期经济政策不确定性对经济金融市场的冲击,进而促进政府科学合理地根据经济形势出台相关经济政策;微观方面,经济政策不确定性影响股价前期高点动量效应的机制分析,为投资者面临不同经济政策不确定性作出合理的投资决策提供依据。

第7章
Chapter 7

股价前期高点与动量崩溃

第 7 章 股价前期高点与动量崩溃

作为最持久且普遍存在的异象之一,动量效应显著存在于多数发达国家和发展中国家。动量效应实质上是对资产组合过去业绩表现的对赌,认为资产收益会延续过去的趋势,并构造赢家组合的多头头寸与输家组合的空头头寸实现投资收益(Daniel 和 Moskowitz,2016)。然而,动量策略也时常遭遇极端损失,并面临显著而持久的负收益,即动量崩溃。那么什么情况下会发生动量崩溃?动量崩溃形成的内在驱动因素是什么?动量崩溃是否具备可预测性?应如何管理动量崩溃风险?本章围绕动量效应,全面检验中国股票市场是否存在动量崩溃,并从锚定偏差、风险补偿等角度分析动量崩溃的驱动因素,探索动量崩溃的预测性问题。

7.1 引言

大量学者从不同样本区间、不同市场、不同资产类别中证实了动量效应的持久性和普遍性(Fama 和 French,2008;Daniel 和 Moskowitz,2016;Andrei 和 Cujean,2018)。然而,研究表明,动量策略也时常遭遇极端损失。Grundy 和 Martin(2001)从市场因子的风险暴露角度分析了动量策略损失的过程。当市场行情上行(下行)时,赢家组合的 Beta 值高(低)于输家组合的 Beta,因而多空头寸的动量策略在经历极端下行市场后的反弹期间,会产生巨大损失。Grobys(2014)对 1998—2013 年全球股票市场的动量效应进行分析,发现在较近的经济衰退期间动量策略产生显著为负的收益,即动量崩溃。动量崩溃是在市场严重下跌后逐渐反弹中产生的,比如 2009 年 3 月和 4 月。Daniel 和 Moskowitz(2016)在对 1927—2013 年的美国股票市场的研究中发现,通过构建多头的赢家组合和空头的输家组合的投资策略收益显著为负。其中，在1932年7—8月，输家组合收益高达232%，而赢家组合收益仅为32%；在2009年3—5月，输家组合收益上升至163%，而赢家组合收益仅为8%。在这两段期间，动量投资策略均遭受了巨大的损失。Daniel和Moskowitz（2016）将其定义为"动量崩溃"，并发现动量崩溃广泛存在于股票市场、货币市场、债券市场、商品期货市场等其他市场。此外，他们发现动量崩溃集中在市场遭受极端下跌后的反弹期间。

国外学者从不同角度对动量崩溃的驱动因素进行了研究。Grundy和Martin（2001）从风险角度对动量崩溃进行了解释，认为在经历极端下行市场后的反弹期间，由于动量策略组合的风险暴露为负，导致动量策略产生极端损失。Daniel和Moskowitz（2016）认为Grundy和Martin（2001）对动量崩溃的风险解释是有偏误的，风险只能解释部分动量崩溃；并从期权性质角度对动量崩溃进行了解释，认为期权性质在市场上行和市场下行行情时的不对称性，导致动量策略的输家组合在市场异常下跌时被低估，进而在市场反弹时出现动量崩溃。Byun和Jeon（2020）对1926—2015年的美国股票市场进行研究，发现了动量崩溃现象。

目前国内文献主要集中于对不同动量效应的检验与内在驱动因素的分析，鲜有文献对动量崩溃进行研究。尽管国外一些文献对动量效应的研究中发现了显著的动量崩溃现象，但目前的检验主要针对传统的传统动量策略，鲜有文献对股价前期高点动量投资策略是否发生动量崩溃进行研究。作为新兴市场的重要组成部分，中国股票市场是世界上仅次于美国的第二大股票市场（Liu等，2019），对中国股票市场的动量崩溃进行研究具有重要的研究意义。鉴于动量崩溃在学术和实践中的重要性，本书拟从锚定偏差角度对基于52周前期股价高点的动量效应进行分析，检验股价前期高点动量投资策略在市场大跌的反弹过程中是否产生显著为负的收益,并探索该动量崩溃的内在驱动因素。

7.2 机制分析与研究假设

动量崩溃在学术上的重要性与现实存在性,使其成为研究的焦点。一些学者试图探索为什么动量崩溃是由特定的时间驱动的。Grundy和Martin(2001)基于风险对动量效应的分析被认为是有偏差的(Daniel和Moskowitz,2016),而Daniel和Moskowitz(2016)虽然从动量策略的期权性质对动量崩溃进行了解释,但是他们无法解释期权性质为什么会被错误定价。且已有文献主要从传统的传统动量策略出发分析动量崩溃现象,本书拟从股价前期高点动量投资策略分析动量崩溃现象。George和Hwang(2004)认为股价前期高点动量效应源于锚定偏差,即当利好(利空)消息使股票价格不断接近(远离)52周股价前期高点时,投资者低估了股票价格的未来走势,进而形成动量效应。Byun和Jeon(2020)认为动量崩溃源于在市场发生反弹时,投资者对远离52周股价前期高点股票需求的大幅增加。

具体而言,当市场逐渐摆脱长期低迷时,市场情绪从低谷中复苏,投机需求流入市场(Brown和Cliff,2004)。由于股价前期高点动量效应的锚定点为52周股价前期高点,此时投资者更偏好股价远离锚定点的股票(George和Hwang,2004)。因此,随着投资者对股价远离52周股价前期高点的股票需求的增加,导致这部分股票价格不断上涨。因为股票价格远离52周股价前期高点的股票大多为股价前期高点动量投资策略的输家组合,所以构建多头头寸的赢家组合和空头头寸的输家组合的股价前期高点动量投资策略收益为负。随着市场逐渐复苏，投资者试图寻求未来反弹最大的股票，即选择那些具有足够上涨空间的股票。而过去那些远离52周股价前期高点的股票成为投资者的首选。因此，远离52周股价前期高点的股票的表现优于接近52周股价前期高点的股票，并产生动量崩溃现象。基于此，提出本章的第1个研究假设：

H1：当市场复苏时，股价远离52周前期高点的股票表现优于股价接近52周前期高点的股票，股价前期高点动量投资策略在中国股票市场存在显著的动量崩溃现象。

在研究假设H1的基础上，继续讨论是什么原因导致股价远离52周前期高点的股票表现优于股价接近52周前期高点的股票。当市场逐渐摆脱长期低迷时，市场情绪从低谷中复苏，滋生大量投机需求（Brown和Cliff，2004）。进一步地，以52周前期高点作为锚定点的投资者更倾向于寻求当前股价远离52周前期高点的股票。因此，随着投资者对股价远离52周前期高点的股票需求增加，导致这部分股票被高估。

实际上，大量文献研究表明投资者会以股价前期高点作为锚定点，并偏好股价远离52周前期高点的股票。Grinblatt和Keloharju（2001）个人投资者倾向于购买股价远离前期高点的股票而卖出股价接近前期高点的股票。Liu等（2011）对全球20个市场的52周股价前期高点动量策略进行研究，发现52周股价前期高点动量策略在国际市场上是有效的。大量文献发现锚定偏差还广泛存在于各类市场中。George等（2015）发现盈余公告前的价格漂移异象可以用锚定偏差来解释。他们认为当股价接近52周前期高点时，由于投资者以为股票价格已经完全反映了盈余公告相关信息，进而导致投资者对正向的盈余公告信息的低估，产生盈余公告前的价格漂移异象。Goh 和 Jeon（2017）、Shin 和 Park（2018）发现投资者往往根据股价接近52周股价前期高点的程度来解读盈余公告信息，发现股票价格与52周前期高点的接近程度与盈余公告前的价格漂移幅度正相关。Bake 等（2012）发现52周前期高点以及历史价格高点在兼并决策中也常常被用作锚定点。Heath 等（1999）发现当股价超出前一年的历史股价高点时，大量股票期权会被执行。可以看出52周前期高点作为锚定点会影响投资者决策，锚定偏差的解释在大量文献中得到一致结论。

Byun 和 Jeon（2020）认为 George 和 Hwang（2004）中关于锚定偏差中股价接近52周前期高点的股票表现优于股价远离52周前期高点的股票，这一研究结论看起来似乎与动量崩溃的研究假设相矛盾。实际上，一方面，George 和 Hwang（2004）认为在组合形成期，股价远离52周前期高点的股票已经被高估了。因此，在组合持有期，这些股票的高估会随着信息流入被逐渐纠正。在全样本时间段的研究中，由于总体市场看涨，市场中常常存在投机需求。所以在组合构造期，股价接近52周前期高点的股票被错误定价。另一方面，本章对动量崩溃的研究基于市场逐渐复苏阶段。在组合构造期，因市场已经经历长期持续的下滑，投机需求几乎不存在。随着市场逐渐复苏，投机需求逐渐滋长，导致股价远离52周前期高点的股票被高估。也就是说，本章以市场逐渐复苏为重点关注的研究推进了错误定价阶段，而 George 和 Huang（2004）的无条件研究侧重于锚定偏差的解释。

鉴于此，提出本章的第2个研究假设：

H2：股价前期高点动量投资策略在中国股票市场的动量崩溃现象源于锚定偏差。

在验证动量崩溃并探索动量崩溃的形成原因后,应该进一步考虑如何调整股价前期高点动量投资策略以减少投资损失,并试图提出修正的股价前期高点动量投资策略。修正的股价前期高点动量策略是否优于原来的股价前期高点动量投资策略,主要从以下几个方面进行考察与评估:第一,修正的股价前期高点动量投资策略在面临大萧条时,是否会导致巨大损失,产生动量崩溃现象。第二,修正的股价前期高点动量投资策略是否会受到过去市场收益、市场波动、市场流动性的影响?与原来的股价前期高点动量投资策略相比,修正的股价前期高点动量投资策略是否会牺牲其原来的投资利润?

鉴于此,提出本章的第3个研究假设:

H3a:修正的股价前期高点动量投资策略优于原来的股价前期高点动量投资策略。

H3b:修正的股价前期高点动量投资策略并不优于原来的股价前期高点动量投资策略。

7.3 研究设计

7.3.1 数据来源与样本选择

在上一章数据来源和处理基础上,本章新增了交易量数据和流通股数据。所有交易量数据和流通股数据均来自国泰安CSMAR经济金融研究数据库,其他数据来源与样本选取与第4章相同。

7.3.2 变量选择与定义

7.3.2.1 MOM（Momentun）变量

MOM 为过去12个月的累积回报率：

$$\text{MOM}_{i,t} = \prod_{s=t-1}^{t-12}(1+R_{i,s})-1 \tag{7-1}$$

其中，$R_{i,s}$ 是股票 i 在 s 月的回报率。

7.3.2.2 Beta 变量

本章用过去6个月的日度每股收益数据与日度市场收益数据估计3个 Beta 值，并将其加总值定义为股票 i 在 t 月的 $\text{Beta}_{i,t}$ 值。具体回归方程如下：

$$R_{i,d} = \alpha + \beta_1 R_{M,d} + \beta_2 R_{M,d-1} + \beta_3 R_{M,d-2} + \varepsilon \tag{7-2}$$

其中，$R_{i,d}$ 是股票 i 在 d 日的收益，$R_{M,d}$（$R_{M,d-1}$，$R_{M,d-2}$）分别为 d（d-1，d-2）日的市场收益。

7.3.2.3 LR（Long-run Reversal）变量

本章将股票 i 的长期反转定义如下：

$$\text{LR}_{i,t} = \prod_{s=t-36}^{s=t-12}(1+R_{i,s})-1 \tag{7-3}$$

其中，$R_{i,s}$ 是股票 i 在 s 月的回报率。

7.3.2.4 IV（Idiosyncratic Volatility）变量

本章用回归方程（7-2）中的残差标准差定义股票 i 在 t 月的异质波动率。

7.3.2.5 SK（Skewness）与 KU（Kurtosis）变量

本章用 $\text{SK}_{i,t}$ 表示股票 i 在 t 月的日度回报率的偏度；用 $\text{KU}_{i,t}$ 表示股票 i 在 t

月的日度回报率的峰度。

7.3.2.6 ILL（Illiquidity）变量

本章用Amihud（2002）的方法度量股票i在t月的流动性，即：

$$ILL_{i,t} = \frac{1}{Day_{i/t}} \sum_{d=1}^{days} \frac{|R_{t,d}^i|}{ROV_{t,d}^i} \tag{7-4}$$

其中，$Day_{i/t}$表示股票i在t月的交易天数；$R_{t,d}^i$表示股票i在t月d日的对数回报率；$ROV_{t,d}^i$表示股票i在t月d日的成交额。$ILL_{i,t}$表示股票i在t月的非流动性指标；$ILL_{i,t}$越大表示流动性越低，$ILL_{i,t}$越小表示流动性越高。

7.3.2.7 Max（Maximum Return）变量

本章用$Max_{i,t}$表示股票i在t月内日回报率的最大值。

7.3.2.8 MILL变量

本章用个股加权的$ILL_{i,t-1}$值表示t月的市场流动性指标。

7.3.2.9 MVOL变量

本章用过去半年的日度市场回报率的方差代表市场波动情况。

7.3.3 模型设定

在计算动量投资组合收益时，本章通过CAPM模型与FF3因子模型来控制风险并计算投资组合的风险调整收益。具体模型设定如下：

第一，本章用模型（7-5a）分析股价前期高点动量投资组合的风险调整收益：

$$R_{p,t+1}^a = R_{p,t+1}^{raw} - \sum_{i=1}^{n} \hat{\beta}_{i,p,t} f_{i,t+1} \tag{7-5a}$$

其中，$R_{p,t+1}^a$ 为动量投资组合 p 在 t+1 月的风险调整收益；$R_{p,t+1}^{raw}$ 为动量投资组合 p 在 t+1 月的组合收益；n 为因子个数，$f_{i,t+1}$ 为 t+1 月的第 i 个因子，$\hat{\beta}_{i,p,t}$ 是在每月 t 用过去 6 个月的日回报率估计的 β 值之和。具体估计模型如下：

$$R_{p,d}^{raw} - R_f = \sum_{i=1}^{n} \beta_{i,p}^1 f_{i,d} + \beta_{i,p}^2 f_{i,d-1} + \beta_{i,p}^3 f_{i,d-2} \tag{7-5b}$$

其中，$R_{p,d}^{raw}$ 为动量投资组合 p 在 d 日的组合收益；n 为因子个数，$f_{i,d}$（$f_{i,d-1}$，$f_{i,d-2}$）为 d（d-1，d-2）日的第 i 个因子。

第二，除了直观的投资组合分析方法外，本章在分析动量效应在崩溃阶段的横截面预测能力时，用回归模型以控制其他动量效应和公司特征对回归结果的影响。具体模型设定如下：

$$R_{i,t+1} = \alpha + \beta_1 PTH_{i,t} + \varepsilon_{i,t+1} \tag{7-6a}$$

$$R_{i,t+1} = \alpha + \beta_1 MOM_{i,t} + \varepsilon_{i,t+1} \tag{7-6b}$$

$$R_{i,t+1} = \alpha + \beta_1 MOM_{i,t} + \beta_2 PTH_{i,t} + \varepsilon_{i,t+1} \tag{7-6c}$$

$$R_{i,t+1} = \alpha + \beta_1 MOM_{i,t} + \beta_2 PTH_{i,t} + \gamma X_{i,t} + \varepsilon_{i,t+1} \tag{7-6d}$$

其中，$R_{i,t+1}$ 为股票 i 在 t+1 月的个股收益率；$MOM_{i,t}$ 为股票 i 在 t 月计算的过去 12 个月的累积收益。$PTH_{i,t}$ 是股票 i 在 t 月末的股票价格与过去 12 个月的最高股票日收盘价之比。$X_{i,t}$ 是控制变量，主要包括 $R_{i,t}$、LR、Beta、ME、BM、IV、SK、KU、ILL、Max 等变量。

第三，在分析比较股价前期高点动量投资策略与修正的股价前期高点动量投资策略时，本章用模型（7-7）进行时间序列回归：

$$R_t = \alpha + \beta_1 MOM_{t-1} + \beta_2 MOM_{t-1}^2 + \varepsilon_t \tag{7-7a}$$

$$R_t = \alpha + \beta_1 MILL_{t-1} + \varepsilon_t \tag{7-7b}$$

$$R_t = \alpha + \beta_1 MVOL_{t-1} + \varepsilon_t \tag{7-7c}$$

$$R_t = \alpha + \beta_1 Ijan_{t-1} + \varepsilon_t \tag{7-7d}$$

其中，R_t 为股价前期高点动量投资策略（或股价前期高点中性动量投资策略）在t月的W−L组合收益，即策略投资利润；MOM_{t-1}是t−1月到t−12月的累积市场回报率；MOM_{t-1}^2是t−1月到t−12月的累积市场回报率的平方；$MILL_{t-1}$是按市值计算的t−1月的Amihud（2002）的流动性指标；$MVOL_{t-1}$是t−1月到t−6月日度市场回报的方差；$Ijan_{t-1}$是时间虚拟变量；当t−1月为1月时，$Ijan_{t-1}$取1；否则$Ijan_{t-1}$取0。

7.4 股价前期高点与动量崩溃实证分析

7.4.1 描述性统计分析

表7−1列示了本章新增变量的描述性统计信息。具体来看，MOM的平均值为0.1727，大于中位数−0.0148，而绝大部分MOM值介于−0.2485到0.3795，样本区间内MOM的最小值为−0.6356，最大值为2.9876。Beta变量均值大于1，并与中位数接近。SK均值为负，整体数据分布呈现左偏，KU均值大于3，整体数据呈现尖峰分布。股票在当月的最高回报率均值为0.054，最小值为0.0122，最大值为5.6022。

表7−1　　　　　　　　　描述性统计分析

变量	均值	标准差	最小值	P25	中位数	P75	最大值
MOM	0.1727	0.6492	−0.6356	−0.2485	−0.0148	0.3795	2.9876
LR	0.4582	1.1984	−0.6519	−0.2781	0.090	0.7079	6.3732
Beta	1.1916	0.4809	−0.1153	0.9119	1.1890	1.4709	2.6242
IV	0.0190	0.0092	0.0050	0.012	0.0172	0.2430	0.0478
SK	−0.0049	0.7192	−1.8623	−0.4417	−0.0168	0.4190	4.1612
KU	3.3890	1.4400	1.6362	2.4352	3.0033	3.8920	18.9670

续表

变量	均值	标准差	最小值	P25	中位数	P75	最大值
ILL	0.1400	0.2563	0.0025	0.0189	0.0459	0.1260	1.5461
Max	0.0545	0.0503	0.0122	0.0317	0.0471	0.0754	5.6022
MILL	0.1080	0.1385	0.0069	0.0171	0.0347	0.1525	0.6748
MVOL	0.0003	0.0003	0.0001	0.0002	0.0002	0.0004	0.0012

注：变量的样本区间为2000年1月至2018年12月，计算时涉及滞后期间。

7.4.2　股价前期高点与动量崩溃实证分析

7.4.2.1　崩溃阶段（Crash Periods）与非崩溃阶段（Non-crash Periods）

既然本章主要围绕动量崩溃进行分析，首先有必要对崩溃阶段进行定义。Asem和Tian（2010）在研究中发现传统动量投资策略组合（W-L）在市场逐渐反弹时收益为负。Daniel和Moskowitz（2016）发现传统的传统动量投资策略组合（W-L）在面临市场恐慌阶段（比如市场大幅下滑、市场波动率非常高，同时伴随市场反弹时），会遭受持续损失，并详细列式了传统动量投资策略在最糟糕的15个月的损失情况。基于以上文献，本书将崩溃阶段定义如下：将当月市场收益为正并且过去一年的累积市场收益为负的月份定义为崩溃阶段（Crash Periods）；否则为非崩溃阶段（Non-crash Periods）。其中市场收益用A股市场综合月度加权市场回报率计算。在2000年1月至2018年12月共228个月的样本期间内，共有53个月的市场状态被定义为崩溃阶段，175个月的市场状态被定义为非崩溃阶段。

7.4.2.2 动量投资策略构建

关于股价前期高点动量投资策略构建具体如下：在t月末，将所有股票按照t-1月的PTH进行升序（降序）排序，并分为10组。其中PTH值最小（最大）的一组为组合1，称为输家组合Loser（L），PTH值最大（最小）的一组为组合10，称为赢家组合Winner（W）。组合的持有期为1个月，采用重叠抽样方法，计算10个组合未来1个月的组合收益，以及零投资组合（即买入赢家组合并卖出输家组合Winner-Loser，即W-L）的收益。在股价前期高点动量投资策略构建过程中，将PTH为1的观察值排除在分组断点之外，并在分组时将PTH为1的股票纳入赢家组合。传统动量投资策略的构建基本与股价前期高点动量投资组合策略类似，不同之处在于传统动量投资策略以股票过去12个月的累积收益为基础进行排序并分组。

7.4.2.3 动量投资组合收益实证分析

表7-2列示了2000年1月到2018年12月股价前期高点动量投资组合与传统动量投资组合在崩溃与非崩溃阶段的组合收益情况，表中分别列示了组合收益与风险调整收益（包括经CAPM模型和FF3模型调整的风险收益）。

如表7-2所示，在崩溃阶段，股价前期高点动量投资策略组合收益从输家组合（组合1）向赢家组合（组合10）大致呈现递减现象。其中，输家组合月度收益为7.60%，而赢家组合收益为5.64%，均在1%的统计水平上显著。进一步地，输家组合收益在崩溃阶段的月平均收益比赢家组合收益高1.96%，说明股价前期高点动量投资策略的Long-short组合收益在崩溃阶段显著为负（t=-2.95）。对应地，本书用模型（7-5）计算了经CAPM模型和FF3模型调整的股价前期高点动量组合收益。在崩溃阶段，经CAPM模型和FF3模型修正的股价前期高点动量投资策略的Long-short组合收益分别为-0.32%、-0.80%，均在5%的水平上显著。除了崩溃阶段，在非崩溃阶段，股价前期高点动量策略的零成本投资组合收益为1.08%（t=2.97），显著为正，与George和Hwang（2004）研究结论一致。

表7-2的结果表明，在崩溃阶段，股价前期高点动量投资策略组合收益与未来组合收益呈现反向变动关系。在崩溃阶段，那些股价远离52周股价前期高点的股票组合（即输家组合）收益高于那些股价接近52周股价前期高点的股票组合（赢家组合）。因此，可以推测，在动量崩溃阶段，那些股价远离52周股价前期高点的股票潜力在复苏，投资者对股价前期高点动量投资策略输家组合的股票需求不断增加。研究结论支持本章第一个研究假设H1，即当市场复苏时，股价远离52周前期高点的股票表现优于股价接近52周前期高点的股票，股价前期高点动量投资策略在中国股票市场存在显著的动量崩溃现象。

表7-2 股价前期高点动量投资组合收益情况
（崩溃与非崩溃阶段）

单位：%

	1（L）	2	3	4	5	6	7	8	9	10（W）	W-L
Panel A：崩溃阶段											
Raw	7.60***	6.93***	7.02***	6.98***	7.02***	6.74***	6.77***	6.49***	6.26***	5.64***	-1.96***
	（7.69）	（8.70）	（8.01）	（7.84）	（7.48）	（7.47）	（7.77）	（7.74）	（7.29）	（6.37）	（-2.95）
CAPM	0.75	0.82**	0.91**	0.92**	0.90**	0.72**	0.98**	0.92*	0.86*	0.43	-0.32**
	（1.56）	（2.09）	（2.33）	（2.18）	（2.02）	（1.95）	（2.28）	（1.97）	（1.85）	（0.80）	（-2.09）
FF3	0.57	0.51*	0.51**	0.44*	0.32	0.25	0.33*	0.29	0.24	-0.23	-0.80**
	（1.44）	（1.85）	（2.44）	（1.94）	（1.31）	（1.68）	（1.72）	（1.16）	（0.80）	（-0.60）	（-2.18）

续表

	1(L)	2	3	4	5	6	7	8	9	10(W)	W-L
Panel B：非崩溃阶段											
Raw	-1.04	-0.54	-0.61	-0.44	-0.35	-0.43	-0.35	-0.22	-0.05	0.03	1.08***
	(-0.94)	(-0.50)	(-0.56)	(-0.40)	(-0.32)	(-0.42)	(-0.35)	(-0.21)	(-0.05)	(0.04)	(2.97)
CAPM	0.53	0.81**	0.83**	0.92**	0.97***	0.78**	0.82**	0.94***	1.04***	1.00***	0.47**
	(1.19)	(2.13)	(2.31)	(2.54)	(2.70)	(2.37)	(2.60)	(3.26)	(3.69)	(3.22)	(2.41)
FF3	0.32	0.55**	0.50**	0.52**	0.43**	0.36**	0.30**	0.35**	0.38***	0.43*	0.11*
	(1.55)	(2.29)	(2.50)	(2.35)	(2.42)	(2.31)	(2.06)	(1.86)	(2.72)	(1.86)	(1.98)

注：为节省空间，该表仅仅报告了2000年1月到2018年12月的等权组合收益；实际上，本书也计算了对应的加权组合收益，结果与等权组合收益结果类似。括号中报告了Newey-West的t统计值。其中，*、**、***分别表示在10%、5%和1%水平上显著。

7.4.2.4 股价前期高点动量效应与传统动量效应在动量崩溃阶段的相互作用

为了进一步分析股价前期高点动量崩溃，本书将股价前期高点动量效应与传统动量效应结合起来，运用投资组合分析方法中的双重分组（Double-sorted）对两种效应在崩溃阶段的相互作用进行分析。具体而言，在t月末，将所有股票分别按股票价格与52周股价前期高点之比（即PTH）以及股票过去12个月的累积收益为基础进行排序并分为5组，形成25个（5×5）投资组合。投资组合的持有期为1个月，采用重叠抽样方法，计算25个组合未来1个月等权收益，以及零投资组合（即买入赢家组合并卖出输家组合Winner-Loser，即W-L）的收益。表7-3提供了这些组合在崩溃阶段的收益情况。其中，表格的最后一行与表格的最右一列列式了样本期间内构造的零成本投资组合的月度平均收益。

第 7 章 股价前期高点与动量崩溃

表 7-3　　　　　　　　崩溃阶段的动量投资组合收益　　　　　单位：%

动量分组		股价前期高点动量分组					
		1（L）	2	3	4	5（W）	W-L
JT 动量分组	1（L）	7.44***	6.92***	6.52***	6.37***	5.00***	-2.58*
		(7.70)	(7.60)	(7.08)	(6.11)	(2.89)	(-1.96)
	2	6.74***	6.66***	6.40***	5.99***	6.12***	-1.10
		(8.68)	(9.22)	(9.09)	(8.74)	(5.65)	(-1.29)
	3	7.45***	6.84***	6.54***	6.41***	5.57***	-1.78***
		(7.86)	(8.29)	(7.90)	(8.17)	(6.02)	(-3.74)
	4	7.02***	7.14***	6.84***	6.63***	5.76***	-1.08*
		(7.27)	(7.55)	(7.19)	(7.51)	(6.85)	(-1.96)
	5（W）	8.37***	7.34***	6.72***	6.27***	5.14***	-2.74***
		(7.29)	(6.54)	(7.42)	(6.48)	(5.94)	(-3.25)
	W-L	0.61	0.30	0.17	0.18	-0.35	
		(0.62)	(0.50)	(0.23)	(0.26)	(-0.22)	

注：该表报告了 2000 年 1 月到 2018 年 12 月的等权组合收益。括号中报告了 Newey-West 的 t 统计值。其中，*、**、*** 分别表示在 10%、5% 和 1% 水平上显著。

从双重分组的表 7-3 中可以得出以下结论。首先，在崩溃阶段，股价前期高点动量效应在控制传统的传统动量效应后依然显著。股价前期高点动量投资策略的输家组合在崩溃阶段的收益均高于赢家组合。即在控制传统动量效应后，股价远离 52 周前期高点的股票在崩溃阶段的表现明显优于股价接近 52 周前期高点的股票。具体来看，崩溃阶段就传统动量效应的赢家组合而言，股价前期高点动量投资组合的输家组合收益为 8.37%（t=7.29），对应的赢家组合收益为 5.14%（t=5.94），输家组合收益平均高于赢家组合收益 2.74%，且该收益在 1% 的统计水平上显著。从表 7-3 中可以看出，除了传统动量分组的第 2 组外，其他传统动量分组水平上的股价前期高点动量策略的零成本投资组合收益均显著为负。即在控制传统动量效应后，股价前期高点动量效应在崩溃阶段仍然具有预测能力，呈现显著的动量崩溃现象。

其次，在崩溃阶段，在控制股价前期高点动量效应后，传统的传统动量效应不再具备预测能力。例如，在股价接近52周前期高点的股票中（即股价前期高点动量的赢家组合），传统动量的输家组合收益与赢家组合收益差别不大，且在统计水平上不显著。在股价前期高点动量的其他分组中，传统动量组合的输家组合收益甚至略小于赢家组合，传统动量投资策略的零成本投资组合收益在统计水平上均不显著。

最后，在表7–3中的25个（5×5）投资组合中，在崩溃阶段反弹最大的5个组合不是传统动量投资策略的输家组合，而是股价远离52周前期高点的投资组合；在崩溃阶段下跌最多的不是传统动量投资策略的赢家组合，而是股价接近52周前期高点的投资组合。因此，股价前期高点动量投资策略的零成本投资组合收益在崩溃阶段出现大幅下滑，出现股价前期高点动量崩溃现象。

7.4.3 动量崩溃与锚定偏差

本章前面研究结论一致表明，当市场开始复苏时，股价远离52周前期高点的股票表现优于股价接近52周前期高点的股票；而动量崩溃就是这种情况的显性表现。在此基础上，继续探索形成动量崩溃的原因显得十分必要。当市场经过长期低迷并逐渐从低谷中复苏时，由于投资者形成对股价远离52周前期高点股票内在投机需求，导致这部分股票被高估。投资者以52周股价前期高点为锚定点形成的锚定偏差导致股价远离52周前期高点的股票表现优于股价接近52周前期高点的股票。

7.4.3.1 动量崩溃的截面回归

除了投资组合分析方法，本书用Fama和MacBeth（1973）回归对崩溃阶段的传统动量效应与股价前期高点动量效应在未来股票收益中的作用进行检验，进一步验证研究假设H1。Fama和MacBeth（1973）回归方法在同时考虑相关公司特征的同时，可以将传统动量效应与股价前期高点动量效应的预测作用进行有效区分。利用模型（7-6）对崩溃阶段动量效应的预测作用进行实证研究，具体结果如表7-4所示。

表7-4 动量崩溃的截面回归

变量	模型1	模型2	模型3	模型4	模型5	模型6	模型7	模型8	模型9
PTH	-0.1261***		-0.1472***	-0.1042***		-0.1236***	-0.1069***		-0.0915***
	(-13.56)		(-11.76)	(-10.53)		(-9.22)	(6.42)		(-4.46)
MOM		-0.0196***	0.0199***		-0.0085	0.0217***		-0.0398***	-0.0132
		(-2.75)	(3.12)		(-1.23)	(2.97)		(-5.17)	(-1.40)
R				-0.0332***	-0.0827***	-0.0211	-0.1244***	-0.1891***	-0.1364***
				(-2.93)	(-6.81)	(-1.37)	(-5.80)	(-15.31)	(-6.86)
Beta				0.0030	0.0128***	0.0038	0.0124**	0.0180***	0.0139**
				(1.28)	(4.18)	(1.31)	(2.61)	(3.00)	(2.64)
Log(ME)				0.0103***	0.0096***	0.0095***	0.0070**	0.0072**	0.0065**
				(7.31)	(6.66)	(7.09)	(2.63)	(2.32)	(2.35)
Log(BM)				0.0093***	0.0114***	0.0092***	0.0065**	0.0060***	0.0068***
				(5.64)	(6.61)	(5.30)	(3.32)	(3.19)	(3.26)
Log(P)				-0.0047**	-0.0116***	-0.0081***	-0.0032	-0.0048	-0.0024
				(-2.66)	(-4.66)	(-4.05)	(-0.84)	(-1.03)	(-0.58)
LR							-0.0028	-0.0013	-0.0031
							(-0.47)	(-0.21)	(-0.50)
IV							-0.7701*	-0.7349*	-0.7198*
							(-1.96)	(-1.90)	(-1.88)
SK							-0.0004	-0.0015	-0.0001
							(-0.14)	(-0.54)	(-0.04)

续表

变量	模型1	模型2	模型3	模型4	模型5	模型6	模型7	模型8	模型9
KU							−0.0027**	−0.0041***	−0.0027**
							(−2.78)	(−3.47)	(−2.79)
ILL							0.0125	0.0162	0.0099
							(0.24)	(0.30)	(0.19)
Max							0.1438	0.2639	0.1304
							(0.89)	(1.44)	(0.78)

注：该表样本期间为2000年1月到2018年12月。括号中报告了Newey–West的t统计值。其中，*、**、***分别表示在10%、5%和1%水平上显著。

表7-4中的模型1、模型2、和模型3仅考虑了动量效应，模型4—模型9加入了微观结构效应、风险Beta、规模效应、价值效应、反转效应、异质波动性、流动性以及其他异质性分析。首先，从模型1中可以看出股价前期高点动量效应的回归系数为−0.1261（t=−13.56），在1%的统计水平上显著为负，说明在崩溃阶段远离52周前期高点的投资组合收益高于接近52周前期高点的投资组合收益。模型2显著为负的传统动量效应回归系数表明传统动量投资策略的输家组合收益高于赢家组合收益。然而，当同时考虑股价前期高点动量效应与传统动量效应时（即模型3），传统动量效应的回归系数为0.0199（t=3.12），其回归系数符号由负数变为正数；但模型3中股价前期高点动量效应的PTH回归系数为−0.1472（t=−11.76），在1%的统计水平上仍然显著为负。在控制微观结构效应、风险Beta、规模效应、价值效应以及价格的影响后（模型4到模型6），股价前期高点动量效应的回归系数在排除传统动量效应后为−0.1236（t=−9.22），在统计水平上依然显著为负；而传统动量效应却不再显著。而该结论在控制反转效应、异质波动率、流动性、股价历史效应等（模型7到模型9）仍然成立。结合模型3、模型6和模型9可以看出，股价前期高点动量效应在中国股票市场上的主导地位不受传

统动量效应以及其他公司特征影响，股价前期高点动量效应在崩溃阶段对股票收益具有显著的预测作用。

7.4.3.2 国有企业、非国有企业、AH交叉股的动量崩溃

表7-4的分析是针对我国股票市场的所有A股企业而言的，在我国国有企业性质与非国有企业性质大不相同，本节针对不同性质的两类企业进行动量崩溃分析。此外，由于我国股票市场在交易制度、运行机制、发展环境、投资者构成等各方面与发达国家市场有所差异，因此本节增加了AH交叉股的动量崩溃分析。具体结果如表7-5所示。考虑到样本量，表7-5仅报告了表7-4中的模型3和模型6的回归结果。

表7-5　国有企业、非国有企业、AH交叉股动量崩溃的截面回归

变量	国有企业		非国有企业		AH交叉股	
	模型3	模型6	模型3	模型6	模型3	模型6
PTH	-0.1439***	-0.1159***	-0.1411***	-0.1302***	-0.0837***	-0.0747**
	(-12.35)	(-8.99)	(-9.60)	(-7.64)	(-3.99)	(-2.54)
MOM	0.0215***	0.0125*	0.0121	0.0219**	-0.0029	-0.0047
	(3.26)	(1.87)	(1.41)	(2.28)	(-0.24)	(-0.41)
R		-0.0410***		0.0189		-0.0713*
		(-3.12)		(1.04)		(-1.68)
Beta		0.0015		0.0044		-0.0112*
		(0.40)		(1.27)		(-1.68)
Log（ME）		0.0073***		0.0123***		0.0101***
		(3.62)		(4.70)		(3.10)
Log（BM）		0.0112***		0.0108***		0.0075**
		(5.52)		(3.89)		(2.58)
Log（P）		-0.0035		-0.0114***		0.0074*
		(-1.27)		(-3.78)		(1.72)

注：该表样本期间为2000年1月到2018年12月。括号中报告了Newey-West的t统计值。其中，*、**、***分别表示在10%、5%和1%水平上显著。

从表7-5可以看出，就国有企业而言，在崩溃阶段股价前期高点动量效应在控制传统动量效应后，其回归系数为-0.1439（t=-12.35），在1%的统计水平上显著为负；加入微观结构效应、风险Beta、规模效应、价值效应等控制变量后，回归系数为-0.1159（t=-8.99），仍然显著为负。然而，国有企业在崩溃阶段的传统动量效应回归系数在加入股价前期高点动量效应后不再显著为负，并且回归系数由负号变为正好。非国有企业与国有企业类似，在崩溃阶段只有股价前期高点动量效应对未来收益具有预测能力。就AH交叉股而言，在崩溃阶段，模型3和模型6的股价前期高点动量效应回归系数分别为-0.0837（t=-3.99）、-0.0747（t=-2.54），均在1%的统计水平上显著为负。相对地，在崩溃阶段，模型3和模型6的传统动量效应回归系数均为负，但并不显著。表7-5的研究结论表明在崩溃阶段，仅有股价前期高点动量效应对就国有企业、非国有企业、AH交叉股的未来股票收益具有负向的预测能力。在崩溃阶段，股价前期高点动量效应在控制传统动量效应后仍占据主导地位。

7.4.3.3 极端崩溃月份的动量效应回归

表7-4的研究结论表明在崩溃阶段，同时加入股价前期高点动量效应与传统动量效应后，只有股价前期高点动量效应能对股票的未来收益进行预测。然而，在研究样本中有53个月被定义为崩溃阶段，传统动量效应的预测能力不显著可能受限于所处崩溃阶段的下跌程度。那么，传统动量效应在这53个月中的极端崩溃情况下能否对未来收益进行预测呢？股价前期高点动量效应在极端崩溃情况下的表现又如何呢？本书选取了10个极端崩溃阶段对此进行研究。

表7-6列式了10个极端崩溃阶段中表7-4中模型3和模型6中截面回归的动量回归系数。其中，W-L表示Long-short的动量投资策略加权组合收益；累积市场收益是指过去一年的市场累积收益；市场收益表示当月的市场收益，表中所用市场收益为股票市场综合市场的加权收益。为了能够有效地进行经济显著性比较，此处对模型中的自变量进行了标准化处理。同时，为了节省空间，表7-6只报告了股价前期高点动量效应和传统动量效应的回归系数。

从表7-6可以看出，当市场经历长时间下跌并逐渐复苏时，在动量崩溃的极端月份中，股价前期高点动量效应对未来股票收益具有负向的预测能力，而传统动量效应在控制传统动量效应后无法显著预测股票未来收益。具体来讲，整体而言，股价前期高点动量效应的Fama和MacBeth（1973）回归系数在控制传统动量效应后在1%的统计水平上仍显著为负。就传统动量效应而言，除了模型3中的2018年11月、2014年的11月和模型6中的2018年11月、2009年的3月外，其他所有月份的回归系数均不显著为负，有些系数在加入股价前期高点动量效应后甚至由负号变为正。就模型3而言，所有的（10个月）股价前期高点动量效应的回归系数均比传统动量效应的回归系数更显著为负；在加入其他控制变量后，模型6中，10个月有8个月的股价前期高点动量回归系数比传统动量效应的回归系数更显著为负。进一步地，在模型3和模型6中，10个月中分别仅有2个月份的传统动量效应回归系数显著为负；而对应的，10个月中模型3的股价前期高点动量效应的回归系数全部在1%的统计水平上显著为负，模型6的股价前期高点动量效应的回归系数10个月中有8个月在1%的统计水平上显著为负。

表7-6　　　　　　　动量崩溃的截面回归（10个极端崩溃月份）

序号	日期	W-L/%	累积市场收益/%	市场收益/%	模型3 PTH	模型3 MOM	模型6 PTH	模型6 MOM
1	2005-08	-14.27	-24.97	8.84	-0.0648*** (-12.67)	0.0034 (0.73)	-0.0408*** (-6.58)	0.0113** (2.08)
2	2009-01	-13.78	-63.54	13.42	-0.0750*** (-9.53)	0.0142*** (2.79)	-0.0386*** (-4.45)	-0.0022 (-0.41)
3	2012-01	-11.82	-22.42	3.30	-0.0388*** (-15.06)	0.0144*** (6.34)	-0.0331*** (-9.57)	0.0147*** (6.13)
4	2018-11	-10.90	-24.93	0.78	-0.0230*** (-8.67)	-0.0101*** (-3.95)	-0.0141*** (-3.90)	-0.0102*** (-2.85)
5	2004-11	-9.89	-7.78	2.27	-0.0281*** (-8.44)	-0.0066** (-2.07)	-0.0136*** (-2.80)	-0.0029 (-0.74)
6	2008-11	-9.74	-68.78	13.21	-0.0335*** (-3.96)	-0.0040 (-0.72)	-0.0014 (-0.16)	-0.0004 (-0.06)
7	2009-03	-9.32	-52.40	18.67	-0.0398*** (-6.69)	0.0020 (0.40)	0.0014 (0.21)	-0.0141** (-2.56)
8	2004-02	-8.81	-4.83	7.15	-0.0269*** (-5.74)	0.0025 (0.54)	-0.0236*** (-4.46)	0.0148*** (2.85)
9	2012-12	-8.75	-15.39	15.08	-0.0306*** (-13.02)	0.0186*** (8.36)	-0.0269*** (-8.62)	0.0187*** (7.18)
10	2012-02	-8.62	-18.19	7.11	-0.0406*** (-13.50)	0.0133*** (5.13)	-0.0297*** (-9.51)	0.0076*** (2.87)

注：该表样本期间为2000年1月到2018年12月。括号中报告了Newey-West的t统计值。其中，*、**、***分别表示在10%、5%和1%水平上显著。

7.4.3.4　动量崩溃与市场状态

本节主要考虑股价前期高点动量投资策略在不同市场状态下的表现。与崩溃阶段的定义类似，根据过去一年市场收益的累积收益率与当前收益率情况将市场状态分为向上与向上、向上与向下、向下与向上、向下与向下四种市场状态。如果过去一年的市场收益率与当前市场收益率同时为正，则将市场状态界定为向上与向上；如果过去一年的市场收益率为正，而当前市场收益率为负，则将市场状态界定为向上与向下；如果过去一年的市场收益率为负，而当前市场收益率为正，则将市场状态界定为向下与向上；如果过去一年的市场收益率与当前市场收益率同时为负，则将市场状态界定为向下与向下（见表7-7）。

表7-7　　　　　　　　股价前期高点动量效应与市场状态　　　　　　单位：%

收益	向上与向上	向上与向下	向下与向上	向下与向下
Panel A：加权组合收益				
Raw	0.39	2.51***	−2.20***	2.21***
	（0.56）	（3.96）	（−3.06）	（3.04）
CAPM	0.05**	1.43**	−0.22**	0.13
	（2.05）	（2.34）	（−2.63）	（0.19）
FF3	0.29**	0.33**	−0.60**	0.28
	（2.45）	（2.54）	（−2.28）	（0.62）
Panel B：等权组合收益				
Raw	0.13	1.96***	−1.96***	1.97***
	（0.27）	（3.65）	（−2.95）	（3.13）
CAPM	0.30**	1.11**	−0.32**	0.21
	（2.52）	（2.58）	（−2.09）	（0.39）
FF3	0.17**	0.03**	−0.80**	0.10
	（2.30）	（2.06）	（−2.18）	（0.30）

注：该表样本期间为2000年1月到2018年12月。括号中报告了Newey-West的t统计值。其中，*、**、***分别表示在10%、5%和1%水平上显著。

在股价前期高点动量策略的形成期，如果过去一年的累积市场收益率为正（包括向上与向上和向上与向下两种市场状态），那么说明股价远离52周前期高点的股票被高估了。所以，股价前期高点动量投资策略的Long-short组合会获得正向回报。并且，由于投机需求的影响，在当前市场收益为负时（即向上与向下），Long-short组合收益比在向上与向上市场状态下的收益更高。当市场状态持续走低（即向下与向下），既不存在前期的高估也不会有现阶段的高估。因此零成本的股价前期高点动量投资策略不会获得收益。总的来说，股价前期高点动量投资策略的Long-short组合将在向上与向上、向上与向下、向下与向上、向下与向下四种市场状态下分别取得正回报、更高的正回报、负回报、零回报。

表7-7列式了股价前期高点动量投资策略的Long-short组合在不同市场状态下的收益、经CAPM模型与FF3因子模型的调整收益情况。其中Panel A是加权组合收益，其中Panel B是等权组合收益。从表7-7可以看出，当市场状态为向上与向上、向上与向下时，加权组合收益与等权组合收益均为正，并且在向上与向下状态下的大部分组合收益与组合调整收益大于向上与向上状态下对应的收益。当市场状态为向下与向下时，调整收益值为正，但绝对值很小，且在统计水平上并不显著。表7-7的结果基本表明，锚定偏差的作用不仅在市场崩溃阶段有效，在其他市场状态下也基本有效。

7.4.4 股价前期高点中性动量投资策略

本节将深入探索股价前期高点中性动量投资策略，并将该动量投资策略与股价前期高点动量投资策略进行对比与分析。股价前期高点动量崩溃的实证研究表明，股价接近52周前期高点是引起动量崩溃的主要原因，因此，本书期望通过构造股价前期高点中性动量策略减免动量崩溃现象。此外，由于动量崩溃有助于实现顺周期时的股价前期高点动量投资策略利润，本书预测股价前期高点中性动量投资策略不会随市场的相关条件变化而变化。

7.4.4.1 股价前期高点中性动量投资策略收益

在分析传统动量效应与股价前期高点动量效应的相互作用时,本书运用了双重分组的投资组合分析方法。因该方法导致传统动量效应与股价前期高点动量效应可能存在高度的截面相关,为避免双重分组方法的负面影响,提高投资组合分析方法的可靠性,本书运用条件双重分组(Conditional Double-sorted)的投资组合分析法对传统动量效应与股价前期高点动量效应进行进一步地分析(见表7-8)。

具体而言,在t月末,首先将所有股票按股票价格与52周股价前期高点之比(即PTH)为基础进行排序并分为5组。在PTH的每组股票中,再按股票过去12个月的累积收益为基础进行排序并分为10组(或5组),形成50个(或25个)投资组合。投资组合的持有期为1个月,采用重叠抽样方法,计算50个(或25个)组合未来1个月的组合收益,以及零成本投资组合(即买入赢家组合并卖出输家组合Winner-Loser,即W-L)的收益。因此,在PTH水平相似的情况下,形成了不同的传统动量投资组合。本书将这种投资策略称为股价前期高点中性动量投资策略,并将该策略中的第10(或5)组称为赢家组合,第1组称为输家组合。

表7-8 崩溃阶段的股价前期高点中性动量投资策略组合收益　　单位:%

Panel A:5×10组合收益											
组合	1(L)	2	3	4	5	6	7	8	9	10(W)	W-L
加权组合	6.12***	6.35***	5.81***	6.07***	6.28***	5.76***	6.12***	5.75***	5.61***	6.09***	-0.03
	(7.77)	(11.13)	(10.31)	(8.75)	(9.67)	(9.19)	(8.70)	(8.28)	(8.32)	(7.43)	(-0.05)
等权组合	6.72***	6.91***	6.40***	6.61***	6.68***	6.45***	6.85***	6.68***	6.57***	6.65***	-0.07
	(7.50)	(8.31)	(9.92)	(8.49)	(8.69)	(8.26)	(8.28)	(7.77)	(7.94)	(7.54)	(-0.13)

续表

组合	Panel B：5×5组合收益					
	1（L）	2	3	4	5	W–L
加权组合	6.34***	5.90***	5.87***	5.81***	5.82***	–0.52
	（9.00）	（9.49）	（10.13）	（8.82）	（8.05）	（–1.10）
等权组合	6.82***	6.54***	6.54***	6.72***	6.62***	–0.20
	（7.88）	（9.13）	（8.58）	（8.17）	（7.78）	（–0.43）

注：该表样本期间为2000年1月到2018年12月。括号中报告了Newey–West的t统计值。其中，*、**、***分别表示在10%、5%和1%水平上显著。

总体来看，股价前期高点动量投资策略与股价前期高点中性动量投资策略都是通过买入赢家组合并卖出输家组合构造零成本的投资组合策略。不同的是，股价前期高点动量投资组合的赢家组合与输家组合是基于全样本构造的额，而股价前期高点中性动量投资策略则是在5组不同的PTH水平上构造的。因此，股价前期高点中性动量投资策略中的赢家组合与输家组合的构造是建立在相似的PTH水平条件下的，即控制了策略组合中股票的股价与52周前期高点的距离。表7-8提供了这些组合在崩溃阶段的收益情况（%）。

从表7-8的Panel A可以看出，在崩溃阶段，股价前期高点中性动量投资策略的10个组合收益差异不大。其中，加权组合收益变化范围从5.61%到6.35%，等权组合收益变化范围从6.40%到6.91%；并且Long-short的加权组合收益与等权组合收益分别为–0.03%（t=–0.05）、–0.07%（t=–0.13），在统计水平上均不显著。当股价前期高点中性动量投资策略的分组为5乘5时（Panel B），各个组合收益相差也不大，且该策略的零成本投资组合（即5-1）收益值较小，且在统计水平上不显著。表7-8的数据表明，股价前期高点中性动量投资策略能够避免重大损失，没有导致动量崩溃现象。

7.4.4.2 股价前期高点动量投资策略比较

本节用时间序列回归分析比较股价前期高点动量投资策略与股价前期高点中性动量投资策略。传统的动量投资策略往往受到过去市场回报（Cooper等，2004；Asem和Tian，2010）、过去市场波动（Wang和Xu，2010）、过去市场流动性（Avramov等，2015）等因素的影响。Heidaari（2015）大多数动量预测能力主要来源于动量崩溃阶段。因前面的分析表明股价前期高点中性动量投资策略不会产生显著的动量崩溃，本书预测股价前期高点中性动量策略能够处理股价前期高点动量策略中的顺周期问题。

利用模型（7-7），本节用W-L的动量投资组合收益对过去相关市场条件变量进行回归。表7-9列式了回归结果。其中，Panel A为股价前期高点动量投资策略的相关回归结果，Panel B为股价前期高点中性动量投资策略的相关回归结果。

表7-9 股价前期高点动量投资策略比较——时间序列回归

	模型（7-7a）	模型（7-7b）	模型（7-7c）	模型（7-7d）
Panel A：股价前期高点动量投资策略				
Intercept	0.0041	0.0033	0.0152***	0.0047
	（1.27）	（0.81）	（3.88）	（1.50）
MOM	0.0134**			
	（2.07）			
MOM^2	−0.0076			
	（−1.45）			
MILL		0.0089**		
		（2.14）		
MVOL			−0.3957***	
			（−3.67）	

续表

	模型（7-7a）	模型（7-7b）	模型（7-7c）	模型（7-7d）
Ijan				−0.0121
				（−0.89）
Panel B：股价前期高点中性动量投资策略				
Intercept	−0.0027	−0.0084**	0.0019	0.0076
	（−0.96）	（−2.33）	（0.56）	（0.52）
MOM	−0.0053			
	（−0.49）			
MOM^2	0.0011			
	（0.17）			
MILL		0.0489		
		（1.28）		
MVOL			−0.1731	
			（−1.05）	
Ijan				−0.0038
				（−1.33）

注：该表样本期间为2000年1月到2018年12月。括号中报告了Newey-West的t统计值。其中，*、**、***分别表示在10%、5%和1%水平上显著。

Antoniou等（2013）分析了传统的传统动量策略在不同市场状态（累积市场收益）下的变化情况，发现市场状态对动量投资策略利润有显著影响。鉴于此，本书用模型（7-7a）对股价前期高点动量投资策略与股价前期高点中性动量投资策略在不同市场状态下的策略投资利润变化进行分析。Panel A的结果表明，股价前期高点动量投资策略的W-L组合收益在市场状态较好的牛市能够获得更高的显著收益；而对应的Panel B结果显示，股价前期高点中性动量投资策略利润并不随市场状态的变化而改变。在模型（7-7b）中，本书借鉴Avramov等（2015）对市场流动性的界定，用股价前期高点动量投资策略与股价前期高点中性动量投资策略的W-L组合收益对市场流动性进行回归。结果显示股价前期高点动量投资策略利润受到市场流动性的影响，而股价前期高点中性动量投资策略利润却不依赖于市场流动性的变化。类似地，在模型（7-7c）中关于市场波动率对动量投资策略的影响分析中，发现了股价前期高点动量投资利润与市场波动间显著的负向关系；然而在对应的股价前期高点中性动量投资策略中却没有发现相关结论。模型（7-7d）的结果也表明了股价前期高点中性动量投资策略不受1月效应的影响。从传统的资产定价角度分析，投资者更偏好高收益厌恶高波动性、顺周期性特征。因此，股价前期高点中性动量投资策略自然成为投资者更加偏好的投资策略。

7.4.5 稳健性检验

7.4.5.1 样本期间与分期检验

利用模型（7-6）对不同样本期间进行动量崩溃的Fama和MacBeth截面回归分析。检验结果如表7-10所示。为节省空间，表7-10仅提供了表7-4中模型3（仅包含股价前期高点动量效应与传统动量效应）和模型6（除了股价前期高点动量效应和传统动量效应，还考虑了微观结构效应、风险Beta、规模效应、价值效应、反转效应、异质波动性、流动性以及其他异质性分析）中关于股价前期高点动量效应的回归系数（PTH）与传统动量效应的回归系数。其中，Panel A为样本外检测结果。

由于在1996年末，我国股票市场环境发生了很多重要变化（上市股票数量已初具规模、交易佣金的下调在一定程度上增强了市场流动性、涨跌停制度的实施对过度投机行为的抑制等）。所以本书将样本延伸至1997年；

另外，因为在1993年以前，我国上市股票数量有限，难以满足样本量要求，所以将样本在此延伸至1993年。2008年美国金融危机波及世界各国经济，考虑到对其他国家金融冲击的延迟与滞后效应，Panel B以2009年为界，对样本进行分期检验。

从表7-10的Panel A可以看出，在1997年与1993年两种延长的样本期间内，股价前期高点动量效应的回归系数在模型3和模型6中均在1%的统计水平上显著为负；而传统动量效应系数的符号在加入股价前期高点动量效应后，由负变为正。说明在崩溃阶段远离52周前期高点的投资组合收益高于接近52周前期高点的投资组合收益，股价前期高点动量效应在中国股票市场上的主导地位不受传统动量效应以及其他公司特征影响，证实了锚定偏差在动量崩溃中的作用。

表7-10 稳健性检验：动量崩溃的截面回归——样本期间与分期检验

	PTH	MOM		PTH	MOM
Panel A：样本期间					
Panel A1：FM回归模型3			Panel A2：FM回归模型6		
1997—2018年	−0.1329***	0.0165***	1997—2018年	−0.1200***	0.0181**
	（−10.46）	（2.80）		（−9.54）	（2.55）
1994—2018年	−0.1377***	0.0047	1994—2018年	−0.1277***	0.0152
	（−8.48）	（0.29）		（−9.60）	（1.44）
Panel B：分期检验					
Panel B1：FM回归模型3			Panel B2：FM回归模型6		
2000—2009年	−0.1532***	0.0154	2000—2009年	−0.0794***	−0.0207
	（−8.46）	（1.35）		（−4.02）	（−1.56）
2010—2018年	−0.1187***	0.0137	2010—2018年	−0.1002***	0.0151
	（−5.40）	（1.19）		（−4.04）	（1.31）

注：该表括号中报告了Newey-West的t统计值。其中，*、**、***分别表示在10%、5%和1%水平上显著。

从表7-10的Panel B可以看出，在段分期样本内，股价前期高点动量效应的回归系数在模型3和模型6中均在1%的统计水平上仍然显著为负；而传统动量效应系数的符号在加入股价前期高点动量效应后，由负变为正。分期检验再次证实了在崩溃阶段远离52周前期高点的投资组合收益高于接近52周前期高点的投资组合收益。

7.4.5.2 锚定点检验

与传统动量效应不同，George和Hwang（2004）认为基于52周股价前期高点形成的股价前期高点动量效应是由锚定偏差所致。认知心理学认为，人们在进行选择或决策时，常常会选取参照点。在经济金融中，股票的相关历史价格常常被投资者当作这种锚定点。在众多的锚定点中，52周股价前期高点常常作为参照点，在众多学术研究和实务投资中常常用作参照点（Huddart等，2009；Baker等，2012；Duchin和Schmidt，2013；Bhootra，2018；Montgomery等，2019；Ma等，2019）。除了52周股价前期高点，26周股价前期高点、13周股价前期高点也是投资者常常用到的参照点。本节将股价前期高点动量效应的PTH变量分别用股价与过去26周股价前期高点之比、股价与过去13周股价前期高点之比来衡量，全面检验锚定点在股价前期高点动量效应面临崩溃时的稳定性。

另外，在传统动量效应的分析中，构建传统动量投资策略时，策略形成期是建立在过去12个月的累积收益基础上的。本节也采用过去6个月的累积收益作为策略排序基础重新构造传统动量效应的形成期。具体而言，分别用 $t-1$ 月到 $t-6$ 月的累积收益与 $t-7$ 月到 $t-12$ 月的累积收益对崩溃阶段的传统动量效应进行稳健性检验。具体检验结果如表7-11所示。

表7-11　稳健性检验：动量崩溃的截面回归——锚定点检验

	PTH	MOM		PTH	MOM
Panel A：PTH锚定点检验					
Panel A1：PTH（模型2）			Panel A2：PTH（模型4）		
PTH$_{(27-WeeK)}$	−0.1412***	−0.0033	PTH$_{(27-WeeK)}$	−0.1145***	0.0027
	（−8.92）	（−0.47）		（−6.36）	（0.36）
PTH$_{(14-WeeK)}$	−0.1865***	−0.0171**	PTH$_{(14-WeeK)}$	−0.1746***	−0.0064
	（−8.73）	（−2.38）		（−5.46）	（−0.89）
Panel B：JT动量形成期检验					
Panel B1：JT动量（模型2）			Panel B2：JT动量（模型4）		
JT$_{[t-1, t-6]}$	−0.1406***	0.0111	JT$_{[t-1, t-6]}$	−0.1061***	0.0027
	（−10.97）	（1.37）		（−6.84）	（0.30）
JT$_{[t-7, t-12]}$	−0.1294***	0.0233***	JT$_{[t-7, t-12]}$	−0.1012***	0.0282***
	（−12.24）	（3.52）		（−10.19）	（4.38）

注：该表括号中报告了Newey-West的t统计值。其中，*、**、***分别表示在10%、5%和1%水平上显著。

利用模型（7-6）对动量崩溃的Fama和MacBeth截面回归。为节省空间，表7-11仅提供了表7-4中模型3（仅包含股价前期高点动量效应与传统动量效应）和模型6（除了股价前期高点动量效应和传统动量效应，还考虑了微观结构效应、风险Beta、规模效应、价值效应、反转效应、异质波动性、流动性以及其他异质性分析）中关于股价前期高点动量效应的回归系数（PTH）与传统动量效应的回归系数。其中，Panel A分别采用26周股价前期高点、13周股价前期高点作为股价前期高点动量效应的参照点，Panel B分别采用t−1月到t−6月的累积收益与t−7月到t−12月的累积收益作为传统动量效应在崩溃阶段的稳健性检验。

表7-11中的Panel A表明，当投资者以26周股价前期高点作为参照点构造股价前期高点动量投资策略时，股价前期高点动量效应的回归系数在控制传统动量效应后，在模型3与模型6中分别为−0.1412（t=−8.92）、−0.1145

（-6.36），均在1%的统计水平上显著为负。当锚定点为13周股价前期高点时，模型3与模型6的股价前期高点动量效应的回归系数亦显著为负。说明在崩溃阶段远离52周前期高点的投资组合收益高于接近52周前期高点的投资组合收益。对应地，除了模型3中锚定点为13周股价前期高点外，其他所有的传统动量效应的回归系数在控制股价前期高点动量效应后均不显著，证实了锚定偏差在动量崩溃中的作用。

表7-11中的Panel B表明，当投资者以过去6个月的累积收益作为传统动量效应的形成期构造基础时，模型3与模型6的股价前期高点动量效应回归系数在动量崩溃阶段均显著为负；而对应的传统动量效应回归系数在加入股价前期高点动量效应与其他控制变量后，符号由负变为正。Panel B与Panel A研究结果一致，动量崩溃的截面回归证实了在崩溃阶段远离52周前期高点的投资组合收益高于接近52周前期高点的投资组合收益。

26周股价前期高点作为参照点构造股价前期高点动量投资策略时，股价前期高点动量效应的回归系数在控制传统动量效应后，在模型3与模型6中分别为-0.1412（t=-8.92）、-0.1145（-6.36），均在1%的统计水平上显著为负。当锚定点为13周股价前期高点时，模型3与模型6的股价前期高点动量效应的回归系数也显著为负。说明在崩溃阶段远离52周前期高点的投资组合收益高于接近52周前期高点的投资组合收益。对应地，除了模型3中锚定点为13周股价前期高点外，其他所有的传统动量效应的回归系数在控制股价前期高点动量效应后均不显著，证实了锚定偏差在动量崩溃中的作用。

7.4.5.3 崩溃阶段界定检验

本章在界定崩溃阶段时，将当月市场收益为正并且过去一年的累积市场收益为负的月份定义为崩溃阶段（Crash Periods），其中市场收益用A股市场综合月度加权市场回报率计算。为了避免崩溃阶段的界定对研究结论的影响，本章从两个方面对崩溃阶段进行重新界定：第一，用等权的市场回报率界定崩溃阶段。第二，将当月市场收益为正并且过去两年的累积市场收益为负的月份定义为崩溃阶段（Crash Periods）。具体结果如表7-12所示。

表7-12分别列示了表7-4中模型3和模型6中股价前期高点动量效应的回归系数（PTH）与传统动量效应的回归系数在不同崩溃阶段的界定下的回归结果。具体来看，当用等权重的市场回报率（过去两年的累积收益）为基础界定动量崩溃时，股价前期高点动量回归系数在模型3与模型6中分别为-0.1397（-0.0389）、-0.0930（-0.0208），均显著为负。然而，传统动量效应回归系数在模型3和模型6中均不显著为负，其符号甚至由符号变为正好。表7-12的研究结果表明动量崩溃的重新界定不会影响本章的研究结论。

表7-12　　稳健性检验：动量崩溃的截面回归——崩溃阶段检验

Panel A1: 崩溃阶段（模型3）			Panel A2：崩溃阶段（模型6）		
	PTH	MOM		PTH	MOM
等权市场回报率	-0.1397***	0.0121	等权市场回报率	-0.0930***	-0.0021
	(-12.94)	(1.33)		(-8.63)	(-0.26)
累积市场收益（2年）	-0.0389***	0.0039	累积市场收益（2年）	-0.0208*	0.0105**
	(-2.75)	(0.83)		(-1.88)	(2.39)

注：该表括号中报告了Newey-West的t统计值。其中，*、**、***分别表示在10%、5%和1%水平上显著。

7.4.5.4　分组断点检验

在动量崩溃的投资组合分析中，股价前期高点动量投资策略的分组断点用的是10%的分组断点。为了避免分组断点对研究结论的影响，本章用

20%的分组断点进行稳健性检验。具体结果如表7-13所示。

表7-13列示了2000年1月到2018年12月股价前期高点动量投资组合与传统动量投资组合在崩溃与非崩溃阶段的组合收益情况,表中分别列示了组合收益与风险调整收益(包括经CAPM模型和FF3模型调整的风险收益)。

如表7-13 Panel A所示,在崩溃阶段,股价前期高点动量投资策略组合收益从输家组合(组合1)向赢家组合(组合5)呈现递减现象,且所有组合均在1%的统计水平上显著。进一步地,输家组合收益在崩溃阶段的月平均收益比赢家组合收益高1.69%,说明股价前期高点动量投资策略的Long-short组合收益在崩溃阶段显著为负(t=-2.96)。对应地,本书用模型(7-5)计算了经CAPM模型和FF3模型调整的股价前期高点动量组合收益。在崩溃阶段,经CAPM模型和FF3模型修正的股价前期高点动量投资策略的Long-short组合收益分别为-0.32%、-0.66%,均在10%的水平上显著。除了崩溃阶段,在非崩溃阶段(见表7-13 Panel B),股价前期高点动量策略的零成本投资组合收益为0.88%(t=2.89),显著为正,与George和Hwang(2004)研究结论一致。

表7-13　　稳健性检验:股价前期高点动量投资组合收益情况
(崩溃与非崩溃阶段)——分组断点

	1(L)	2	3	4	5(W)	W-L
Panel A:崩溃阶段						
Raw	7.56***	7.03***	6.87***	6.63***	5.87***	-1.69***
	(7.93)	(7.96)	(7.55)	(7.77)	(6.79)	(-2.96)
CAPM	0.89*	0.93**	0.80**	0.95**	0.57	-0.32*
	(1.94)	(2.27)	(2.05)	(2.14)	(1.12)	(-1.95)
FF3	0.57*	0.48**	0.28	0.31	-0.09	-0.66*
	(1.78)	(2.28)	(1.64)	(1.50)	(-0.25)	(-1.84)

续表

	1（L）	2	3	4	5（W）	W–L
Panel B：非崩溃阶段						
Raw	−0.87	−0.52	−0.38	−0.25	0.01	0.88***
	（−0.80）	（−0.48）	（−0.37）	（−0.24）	（0.03）	（2.89）
CAPM	0.69*	0.87**	0.88***	0.92***	1.00***	0.31*
	（1.71）	（2.47）	（2.63）	（3.17）	（3.28）	（1.78）
FF3	0.32**	0.36**	0.40***	0.51**	0.50**	0.17
	（2.07）	（2.43）	（2.79）	（2.58）	（2.08）	（1.58）

注：为节省空间，该表仅仅报告了2000年1月到2018年12月的等权组合收益；实际上，本书也计算了对应的加权组合收益，结果与等权组合收益结果类似。括号中报告了Newey-West的t统计值。其中，*、**、***分别表示在10%、5%和1%水平上显著。

表7-13的结果表明，在崩溃阶段，股价前期高点动量投资策略组合收益与未来组合收益呈现反向变动关系。在崩溃阶段，那些股价远离52周股价前期高点的股票组合（即输家组合）收益高于那些股价接近52周股价前期高点的股票组合（赢家组合）。研究结论支持本章第一个研究假设H1，即当市场复苏时，股价远离52周前期高点的股票表现优于股价接近52周前期高点的股票，股价前期高点动量投资策略在中国股票市场存在显著的动量崩溃现象。

7.5　本章小结

尽管大量文献证实了动量效应广泛存在于各大市场，投资者也可以据此构造动量投资策略，通过对资产组合过去业绩表现的对赌协议，获取动量投资策略利润。然而，动量投资策略的顺周期性特征，使其在面临经济下滑时常常遭遇极端损失，并面临显著而持久的负收益，产生动量崩溃。中国作为新兴市场的重要组成部分，对动量效应以及动量崩溃的研究和关注较少。本书以我国股票市场作为研究对象,在界定崩溃阶段与非崩溃阶段的基础上,分析对比了股价前期高点动量投资策略与传统的传统动量投资策略在崩溃阶段的市场表现、动量崩溃的内在机制以及如何减免动量崩溃等方面进行了详细讨论。

首先,通过构造股价前期高点动量投资策略,运用投资组合分析法对股价前期高点动量投资策略收益进行分析,发现在崩溃阶段该投资策略会遭受巨大损失,而该策略在非崩溃阶段能够获得显著为正的收益。研究发现,当市场复苏时,股价远离52周前期高点的股票表现优于股价接近52周前期高点的股票,股价前期高点动量投资策略在中国股票市场存在显著的动量崩溃现象。这一研究结论在考虑不同的分组断点、不同的投资组合分析方法、不同组合收益计算方法以及不同的风险状态下依然成立。

其次,本章在股价前期高点动量效应形成机制的基础上,从锚定偏差角度对动量崩溃的形成机制进行了分析,发现当市场逐渐摆脱长期低迷并从低谷中开始复苏时,投资者试图寻求未来反弹较大的股票,即选择那些具有足够上涨空间的股票。以52周前期高点作为锚定点的投资者更倾向于寻求当前股价远离52周前期高点的股票,大量投机需求流入市场。随着投资者对股价远离52周前期高点的股票需求增加,导致这部分股票被高估。然而,股票价格远离52周股价前期高点的股票大多为股价前期高点动量投资策略的输家组合,所以构建多头头寸的赢家组合和空头头寸的输家组合的股价前期高点动量投资策略收益在市场崩溃阶段时为负。随着市场逐渐复苏,投资者试图寻求未来反弹较大的股票,即选择那些具有足够上涨空间的股票。而过去那些远离52周股价前期高点的股票成为投资者的首选,导致股价前期高点动量投资策略在崩溃阶段遭遇极端损失。

再次，本章用Fama和MacBeth回归对股价前期高点动量效应与传统动量效应在崩溃阶段进行分析，发现股价前期高点动量效应的回归系数（PTH）在加入传统的传统动量效应后显著为负；进一步地，股价前期高点动量效应的回归系数（PTH）在同时加入传统动量效应、微观结构效应、风险Beta、规模效应、价值效应、反转效应、异质波动性、流动性以及其他异质性分析后，在1%的统计水平上仍然显著为负。说明在崩溃阶段远离52周前期高点的投资组合收益高于接近52周前期高点的投资组合收益，中国股票市场存在显著的股价前期高点动量崩溃现象。对比传统动量效应，在控制股价前期高点动量效应后，传统动量效应的回归系数不再显著为负，甚至系数符号由负号变为正号。说明在崩溃阶段，股价前期高点动量效应在中国股票市场上的主导地位不受传统动量效应以及其他公司特征影响，中国股票市场的动量崩溃源于锚定偏差，股价前期高点动量效应在崩溃阶段对股票收益具有显著的预测作用。这一研究结论在极端崩溃的10个月、国有企业与非国有企业、AH交叉股、不同样本期间、锚定点、崩溃阶段界定等稳定性检验中依然成立。

最后，由于股价前期高点动量投资策略在市场崩溃时常常面临巨大损失，导致动量崩溃现象，本书提出修正的股价前期高点动量投资策略，即股价前期高点中性动量投资策略。不同于股价前期高点动量投资策略在全样本范围内构造投资组合，该策略是在相似的PTH水平上构造的动量投资组合。利用投资组合分析方法，对比股价前期高点动量投资策略与股价前期高点中性动量投资策略，发现在崩溃阶段，股价前期高点中性动量投资策略的10个组合收益差异不大，并且股价前期高点中性动量投资策略利润在统计水平上均不显著。股价前期高点中性动量投资策略能够避免重大损失，没有导致动量崩溃现象。进一步地，在用时间序列回归分析比较股价前期高点动量投资策略与股价前期高点中性动量投资策略中，发现与股价前期高点动量投资策略不同，股价前期高点中性动量投资策略利润不随市场状态的变化而改变。从传统的资产定价角度分析，投资者更偏好高收益厌恶高波动性、顺周期性特征。因此，股价前期高点中性动量投资策略自然成为投资者更加偏好的投资策略。

第8章
Chapter 8

研究结论与展望

第8章 研究结论与展望

8.1 主要研究结论

作为最持久且普遍存在的异象之一，动量效应一直以来都是学术界和实务界关注的焦点。与传统动量效应显著存在于多数发达国家和发展中国家不同，中国股票市场没有发现显著的传统动量效应。不同于传统动量效应，本书以52周股价前期高点为基础，构建动量投资策略，对中国股票市场的股价前期高点动量效应进行全面检验与分析，从行为金融学角度对股价前期高点动量效应的形成机制、外部影响、极端损失等方面进行探索与研究，得出以下结论：

第一，中国股票市场存在显著的股价前期高点动量效应，股价前期高点动量效应在中国股票市场占据主导地位。本书以当前股票价格与过去52周前期点之比为基础，构造股价前期高点动量投资策略，发现买入赢家组合卖出输家组合的股价前期高点动量投资策略能够获取动量投资策略利润。在同时分析对比中国股票市场的传统动量效应、行业动量效应与股价前期高点动量效应时，发现在控制其他动量效应后，股价前期高点动量效应依然显著，股价前期高点动量效应在中国股票市场上占据主导地位。

第二，股价前期高点动量效应源于锚定偏差。本书从锚定偏差、近期效应、处置效应等多个行为金融学角度对股价前期高点动量效应的形成机制进行探索，发现在控制传统动量效应和行业动量效应后，中国股票市场上仍然存在显著的股价前期高点动量效应，股价前期高点动量效应在中国股票市场占主导地位。此外，股价前期高点动量投资策略在长期不会发生反转。研究结果支持我国股票市场的股价前期高点动量效应源于锚定偏差的假说，该研究结论在考虑不同分组断点、不同持有期等情况下，依然成立。对近期效应与处置效应的研究结果表明，投资者的锚定偏差并未随着近期偏差增强而增强；处置效应和锚定偏差同时增强（减弱）时，策略收益将会增加；当处置效应和锚定偏差作用相反时，策略收益将会减少。

第三，基于资金流动机制，分析经济政策不确定性如何影响投资者决策，进而影响股价前期高点动量效应。总体时间回归结果发现经济政策不确定性与股价前期高点动量投资策略利润呈负向关系；在分阶段的经济政策不确定性回归中，发现股价前期高点动量效应仅仅在经济政策不确定性较低时显著，而在经济政策不确定性较高时不显著。在进一步地长期分析中，发现不管是在经济政策不确定性较低时还是在经济政策不确定性较高时，股价前期高点动量投资策略收益并未发生反转。研究再次证实锚定偏差是股价前期高点动量效应的来源，即使在考虑经济政策不确定性的情况下，锚定偏差仍然能够解释股价前期高点动量效应。

第四，由于锚定偏差的作用，市场在经历长期低迷后，形成对远离52周前期高点股票的大量投机需求，致使股价前期高点动量投资策略在市场开始复苏时产生巨大损失，出现股价前期高点动量崩溃现象。股价前期高点动量崩溃现象在国有企业、非国有企业、AH交叉股中依然成立。

8.2 政策建议

本书在研究中国股票市场股价前期高点动量效应的基础上，结合当前中国实际，从以下几个方面提出政策建议：

第一，增强个人投资者对信息的分析能力，培育价值投资理念。我国股票市场中个人投资者占比高，其专业知识与投资水平相对有限，面对大量信息，对信息的反应与处理能力有限。因此，提高投资者分析能力，培育价值投资理念具有重要意义。

（1）重视股价前期高点在价值投资中的作用，增强对锚定点的分析与调整能力。大量信息会消耗投资者精力，作为稀缺资源，投资者有限的注意力在关注一部分信息的同时必然会忽略其他信息。因此，投资者应不断提升甄别能力，利用简单有效的历史股价信息作为参照点，提高对股票相关信息的分析能力。投资者应加强对信息的认知能力，并根据信息及时更新理念，减少投资者行为偏差。

（2）培育价值投资理念。投资者在做投资决策时，除了考虑股票在过去一段时间的业绩表现外，还应重视基本面分析，并充分重视历史股价信息在投资者选择中可能产生的影响，减少投资者行为偏差，控制非理性投资者。加强对个人投资者专业技能培养，强化风险防控意识，有目的、有意识地培养价值投资理念。

第二，改善信息披露机制，提高信息传播效率。在股票市场，信息质量、信息传播方式、信息传播速度都会对投资者预期产生重要影响。

（1）完善信息披露制度。完善信息披露制度，严格落实信息披露相关法律法规，强化信息披露监管，提高信息披露的准确性与及时性，确保披露信息的质量。加强信息披露监管，加大违反信息披露规定的惩罚力度，加大违规成本，增强信息披露的监管效率，提升信息披露质量。

（2）改善信息传播途径，提高信息传播效率。不断改善信息传播途径，提高信息传播途径，改善因渐进信息流造成的动量效应。提高信息质量，减少虚假信息，减少噪声传播。

第三，防范金融风险，提高投资策略的风险防范能力。

（1）监管层加大系统性金融风险的防范，加强风险管理，提高投资者风险防范意识。加快完善多空交易制度建设，丰富风险管理的金融工具创新，增加投资者避险工具选择。

（2）根据宏观经济形势，关注经济政策不确定性对金融市场带来的冲击。各国政府在制定并出台各种经济政策的同时，也会给整个市场带来极大地不确定性。建议投资者构建或跟进经济政策不确定性指数，及时调整相关投资策略，避免经济不确定性冲击造成巨大投资损失。

（3）投资者在进行投资策略选择时，重视极端市场风险，防范投资策略在市场下滑时遭受重大损失，避免动量崩溃。

第四，优化投资者结构，倡导理性投资。与国外发达市场相比，我国股票市场个人投资者占比偏高。个人投资者在信息收集与处理、价值投资理念、股票估值技能等方面与机构投资者相比还存在一定差距。个人投资者更容易受到心理因素和行为偏差的影响进行非理性投资。因此，优化投资者结构，倡导理性投资具有重要意义。

（1）优化投资者结构，提高机构投资者比例。培育并发展企业年金、证券公司、保险公司、证券投资基金、信托基金、QFII等机构投资者主体，加大机构投资者发展规模，加快机构投资者多元化布局发展。

（2）规范投资者行为，倡导理性投资。机构投资者占比的提高能在一定程度上缓解非理性投资行为对股票市场的影响，提高股票市场运行效率。然而，我国股票市场仍然存在内幕交易、投机炒作等不规范行为。因此，作为监管层，应加大对市场操作、内幕交易、投资炒作行为的监察力度，提高违规成本，加大惩罚力度。加强机构投资者内部监控，完善激励机制，促进优化投资，倡导理性投资。

8.3 研究展望

相比于传统的动量效应，股价前期高点动量效应的研究成果还远远不够，国内关于股价前期高点动量效应的研究更是寥寥无几。期望未来可以从以下几个方面对股价前期高点动量效应进行研究，这也是本书不足之处：

第一，关于股价前期高点动量效应的研究主要集中于股价前期高点动量效应的存在性检验等基本分析中，对股价前期高点动量效应的外部影响，比如经济不确定性、商业周期、流动性、投资者情绪等对股价前期高点动量效应的影响分析非常少。

第二，由于中国可取时间样本有限，在股价前期高点动量效应的长期反转分析中，数据支撑有所欠缺。

附 录

经济政策不确定性与52周股价前期高点动量投资策略：来自中国的证据[①]

周雪梅　刘　强　郭姝辛

摘　要：这是首次关于经济政策不确定性下的52周股价前期高点动量投资策略的研究。研究发现，中国作为全球第二大股票市场，存在显著的52周股价前期高点动量效应，该结论与美国市场的研究结果一致。我们假设52周股价前期高点动量效应源于锚定偏差，并在经济政策不确定性较低时产生显著的动量收益。实证结果表明，当经济政策不确定性较低时，存在显著的52周股价前期高点动量效应，而当经济政策不确定性较高时，该动量效应几乎消失。此结果支持了上述假设。进一步研究发现，52周股价前期高点动量投资策略未出现长期反转，同时，经济政策不确定性对该动量效应的负面影响随时间推移而逐渐递减甚至消失。所有实证结果表明52周股价前期高点动量效应源于锚定偏差，该结论在考虑经济政策不确定性条件下仍然成立。

关键词：52周股价前期高点；动量投资策略；锚定偏差；经济政策不确定性；经济政策不确定性指数

---

① 该论文发表于《Emerging Markets Finance and Trade》，2022年第2期，有修改。

附录

1 引言

作为一项持久且普遍存在的市场异象之一（Fama 和 French 2008），动量效应已经在各种市场被广泛证实，包括股票市场（Jegadeesh 和 Titman，1993）、商品和货币市场（Okunev 和 White，2003）、汇率市场（Menkhoffet 等，2012）以及一系列行业（Moskowitz 和 Grinblatt，1999）。其中 George 和 Hwang（2004）基于股票当前价格与过去 12 个月最高价格之比，提出了极具影响力的 52 周股价前期高点动量投资策略。George 和 Hwang（2004）认为，该动量效应可归因于调整和锚定偏差，当投资者以上述比率作为评估最新信息的参照点时，会导致对信息的反应不足。自 George 和 Hwang（2004）首次提出 52 周股价前期高点动量效应以来，该议题引发了广泛关注，Bhootra 和 Hur（2013）、George、Hwang 和 Li（2018）等学者也相继对此展开了后续研究。[①]

投资者在作出投资决策时，总会面临各种不确定因素。自 2008 年金融危机以来，发达国家和新兴市场都出台了一系列宏观经济政策，但不断加剧的经济政策不确定性可能会减缓后续的经济复苏（Baker、Bloom 和 Davis，2016）。经济政策不确定性因其对宏观经济活动（Da、Engelberg 和 Gao，2015）、企业投资（Jens，2017）、汇率（Bartsch，2019；Krol，2014）以及金融市场资产价格（Gu 等，2019）的影响而备受关注。然而，鲜有研究涉及经济政策不确定性对金融市场异象的影响，这是学术界一个生动而持续的争论。

[①] 根据匿名审稿人的建议，我们重新撰写了引言部分。

近期多项研究聚焦于经济政策不确定性如何影响投资决策,进而影响动量效应。Jiang、Starks和Sun(2021)的研究表明,随着经济政策不确定性的上升,投资者从股票过往表现中学习的程度会减弱。[①] 在经济政策不确定性较高时,即使面对过去的赢家组合,投资者也不愿意追加投资。Agarwal等(2019)认为,当经济政策不确定性持续上升时,投资者可能选择退出并不再参与股票市场。Gu等(2019)探究了美国股票市场中经济政策不确定性与动量效应之间稳定的负相关关系。

上述研究探讨了经济政策不确定性与传统动量效应之间的关系。然而,据我们所知,目前尚无文献研究经济政策不确定性下的52周股价前期高点动量效应。为厘清经济政策不确定性是否影响52周股价前期高点动量效应,本文将从George和Hwang(2004)所提出的锚定偏差视角,分析经济政策不确定性对52周股价前期高点动量效应的影响。

根据George和Hwang(2004)的研究,当利好(或利空)消息推动股价不断接近(或远离)52周股价前期高点时,即使有确切的利好(或利空)消息能使股票价格继续上涨(或下跌),投资者也不会再追涨(杀跌)股价。最终,利好(或利空)消息使股票价格进一步上涨(或下跌),从而形成动量效应。George和Hwang(2004)将52周股价前期高点动量效应归因于投资者以52周股价前期高点为锚点评估信息影响时产生的锚定偏差;当股价接近或远离52周股价前期高点时,这种锚定偏差会更加显著。

在考虑经济政策不确定性的情况下,我们认为,当经济政策不确定性

[①] Lou(2012)通过基于资金流的机制解释了动量效应,并认为更多资本将流向过去表现较好的赢家基金,而过去的输家基金则会面临资金流出甚至被赎回的风险。因此,投资者往往基于这一机制,根据股票的过去表现来调整其投资决策。

较低（高）时，赢家（输家）组合中股票的利好（利空）消息出现时，锚定偏差会更为显著。相较经济政策不确定性较高时，投资者在经济政策不确定性较低时更加乐观（Agarwal等，2019；Jiang等，2021），此时利好消息可能将价格推升至更接近52周股价前期高点的位置。相反，经济政策不确定性较高时，利空消息则可能使价格进一步远离52周股价前期高点。尽管该论点预测了不同经济政策不确定性状态下锚定偏差的对称性，但现实中，由于卖空限制，锚定偏差在经济政策不确定性较低时可能更加显著。基于此，提出本文的研究假设：即经济政策不确定性对52周股价前期高点动量效应有负面影响，且当经济政策不确定性较低时，存在显著的股价前期高点动量效应。

本文采用由Baker、Bloom和Davis（2016）编制的中国经济政策不确定性指数（Economic Policy Uncertainty，EPU）来衡量中国的经济政策不确定性。[①]为确保EPU不受宏观和金融经济不确定性的影响，根据Antoniou、Doukas和Subrahmanyam（2013）的研究方法，利用EPU指数对金融压力指数（Financial Stress Indicato，FSI，代表一系列宏观和金融经济不确定性变量）回归得到的残差进行研究。[②]具体而言，本文将用两种经济政策不确定性（一种是总体经济政策不确定性，另一种是分类经济政策不确定性）研究经济政策不确定性对股价前期高点动量效应的影响。样本期为2000年1

[①] Baker、Bloom和Davis（2016）构建的中国经济政策不确定性指数是基于《南华早报》（简称SCMP，SCMP是香港主流的英文报纸）中与政策相关的经济不确定性文章的词频计算的。

[②] Ludvigson、Ma和Ng（2019）认为，任何对经济政策不确定性效应的考察都应控制其他不确定性因素。应匿名审稿人的建议，我们使用FSI作为宏观和金融经济不确定性变量的代理变量。中国FSI数据可从 https：//aric.adb.org/database/fsi下载。

月至2018年12月。

作为新兴市场的重要组成部分，中国股票市场已成为全球第二大股票市场。与发达经济体相比，中国有着不同的政治和经济环境（Liu、Stambaugh和Yuan，2019）。此外，国内外投资者参与中国股票市场的方式也与其他市场不同（Liu、Stambaugh和Yuan，2019）。因此，在考虑经济政策不确定性的情况下，研究中国股票市场的52周股价前期高点动量效应具有重要研究价值，本文对此主要进行了三个方面的分析。

首先，本文研究发现中国股票市场存在显著的动量效应，该结论与美国市场和欧洲市场的研究结论一致（George、Hwang和Li，2018；Liu、Liu和Ma，2011）。

其次，我们对投资组合的超额收益与总体经济政策不确定性进行时间序列回归，发现在控制了Fama和French（1993）三因子（以下简称FF3）后，经济政策不确定性每下降一个标准差，股价前期高点动量投资组合收益将增加0.55%。该结论与Gu等（2019）的研究结论一致。

最后，我们使用30[th]、70[th]和100[th]分位点对经济政策不确定性进行划分，并从短期与长期两个方面探究经济政策不确定性对52周股价前期高点动量效应的影响。在短期分析中，我们发现当经济政策不确定性较低时，52周股价前期高点动量效应增强；而当经济政策不确定性较高时，几乎不存在52周股价前期高点动量效应，该实证结果证实了本文的研究假设。该结论在一系列稳健性检验（包括在不同的风险状况、公司规模和市场状态）中仍然成立。在长期分析中，我们发现经济政策不确定性对52周股价前期高点动量效应的影响随时间逐渐减弱甚至消失。

值得注意的是，传统的动量效应研究主要聚焦于Jegadeesh和Titman

（1993）提出的动量效应（以下简称传统动量效应），该动量效应基于股票过去一段时间的收益来预测未来收益。这种动量效应在美国市场非常显著，并且源于投资者对信息的反应不足，但该动量效应在中国市场却很微弱甚至不存在。文本认为，一种可能的解释是，中国市场的过度反应和修正周期更短（Xu等，2018），这与中国个人投资者占主导地位且股票交易频率几乎是美国投资者四倍的事实相符（Chen等，2007）。与传统动量不同，George和Hwang（2004）基于52周股价前期高点构建了一种新的动量类型，即52周股价前期高点动量。他们认为，该动量效应源于锚定偏差，而非由Barberis、Shleifer和Vishny（1998），Daniel、Hirshleifer和Subrahmanyam（1998），以及Hong和Stein（1999）提出的反应不足或过度反应理论。由于对动量效应的定义和基础理论不同，我们发现在中国股票市场可以获得显著为正的52周股价前期高点动量利润。[①]

本文从三个方面为相关文献做出了贡献。第一，我们首次在经济政策不确定性与52周股价前期高点动量效应之间建立了关系。现有文献探讨了经济政策不确定性与宏观经济活动、企业投资、汇率和金融市场资产价格之间的关系。然而，鲜有研究涉及经济政策不确定性对金融市场异象的影响。本文通过考察经济政策不确定性对52周股价前期高点动量效应的影响，丰富了相关文献。第二，我们加强了George和Hwang（2004）提出的观点，即52周股价前期高点动量效应可归因于锚定偏差，尤其是在考虑到经济政策不确定性的情况下。第三，与一些研究发现中国股票市场（作为新兴市场的重要组成部分）不存在动量现象（Liu、Stambaugh和Yuan，2019；Pan、

---

① 感谢匿名审稿人提出的建设性建议。

Tang和Xu，2013）相反，本文证实了52周股价前期高点动量效应在中国的重要性。①

本文接下来的内容安排如下：第二部分描述数据来源与处理方法；第三部分研究52周股价前期高点动量投资策略收益与经济政策不确定性对该动量效应的影响机制；第四部分进行稳健性检验；第五部分总结研究结论。

2 数据

本文研究的是中国股票市场A股数据。其中价格、交易、股息、回报率和行业数据来源于国泰安 CSMAR 经济金融研究数据库。无风险利率和FF3因子来自RESSET金融研究数据库。本文从http：//www.policyuncertainty.com下载了中国的EPU指数，样本期为2000年1月1日至2018年12月31日。起始日期为2000年1月1日主要有三个原因。首先，2000年之前的证券法律法规要么不健全，要么没有得到严格执行（Liu，Stambaugh和Yuan，2019）。②其次，在选择的起始日期（2000年）之后，能够获得具备统一口径和规范的财务数据。最后，2000年之前的股票数量不足，难以进行实证研究。

按照惯例，我们剔除了金融类公司和"ST"和/或"PT"公司。为避免回溯偏差，我们删除了企业IPO第一个交易年度的观察值。与Nartea、Kong和Wu（2017）的研究一样，我们还进一步剔除了月回报率超过200%的公司。

---

① 这些不存在显著动量效应的研究主要关注的是传统动量效应，即动量投资策略基于股票过去一段时间的收益来预测未来收益。

② 2000年之前的证券法律法规包括但不限于《股票发行与交易管理暂行条例》《深圳证券交易所信息管理暂行办法》《上海证券交易所交易员管理细则》以及《证券、期货投资咨询管理暂行办法》。

3 实证结果

3.1 52周股价前期高点动量投资策略[1]

与George和Hwang（2004）一样，按以下方法计算股票在每个月t的PTH_t（Price-to-High）：

$$PTH_t = P_t/High \tag{1}$$

PTH_t按月末价格与过去12个月中每日最高收盘价（经拆分和股息调整）的比率计算。

每月t，我们将所有股票按PTH_{t-1}进行升序排列。其中，PTH值最高的10%股票归为赢家组合（Winner，W），而PTH值最低的10%股票归为输家组合（Loser，L）。然后，通过构建W的多头和L的空头构建多空投资策略，并持有K（K=3，6，9或12）个月。考虑到买卖价差反弹的影响，在计算投资组合收益时跳过第t月。对每个十分位数组合计算等权组合收益率和加权组合收益率。计算月收益率的方法是从t-K月到t-1月形成的K个投资组合的平均值。

表1列示了2000年1月至2018年12月，不同持有期（K）的52周股价前期高点动量投资策略的平均原始收益率（以百分比表示）。[2]从2000年1月至2018年12月共有365442个观测值。每个月的观测值最少为760个，最多为2905个。每个月投资组合的观测值数量在51到2093个之间。

就Panel A中K=3个月，6个月，9个月和12个月的等权组合收益率而言，

---

[1] 感谢一位匿名审稿人对第3节更好安排的建议。

[2] 我们也计算了异常收益，结果与表1类似。为节省空间，我们根据需求提供这些结果。

可以看到 W 和 L 的月收益率差异分别为 0.65%（t=2.30），0.67%（t=2.79），0.57%（t=2.58）和 0.43%（t=2.08）。对于加权组合收益率而言，对应的收益率分别为 0.68%、0.75%、0.71% 和 0.55%，所有这些收益率都是显著的。表 1 的结果表明，使用 52 周股价前期高点动量投资策略可以在中国股票市场获得显著为正的超额收益，这与美国市场和欧洲市场的结论一致。①

表 1　　52 周股价前期高点动量投资策略收益

投资组合	等权收益				加权收益			
	K=3	K=6	K=9	K=12	K=3	K=6	K=9	K=12
Panel A 10th 百分位数								
L	0.78 (0.98)	0.78 (1.00)	0.85 (1.10)	0.96 (1.23)	0.42 (0.53)	0.35 (0.46)	0.38 (0.51)	0.49 (0.66)
W	1.43** (1.98)	1.45** (1.99)	1.42* (1.93)	1.38* (1.87)	1.10* (1.69)	1.10* (1.67)	1.09 (1.64)	1.04 (1.56)
W−L	0.65** (2.30)	0.67*** (2.79)	0.57** (2.58)	0.43** (2.08)	0.68* (1.95)	0.75** (2.52)	0.71*** (2.62)	0.55** (2.16)
Panel B 20th 百分位数								
L	0.98 (1.22)	0.97 (1.23)	1.03 (1.31)	1.11 (1.40)	0.54 (0.68)	0.46 (0.61)	0.50 (0.68)	0.58 (0.78)
W	1.44** (1.98)	1.45** (1.98)	1.43* (1.93)	1.40* (1.89)	1.07 (1.64)	1.06 (1.61)	1.04 (1.56)	0.99 (1.49)
W−L	0.46* (1.88)	0.49** (2.35)	0.40** (2.12)	0.29* (1.67)	0.53 (1.68)	0.60** (2.24)	0.53** (2.23)	0.41* (1.82)

注：该表报告的样本区间为 2000 年 1 月到 2018 年 12 月。括号中报告了 Newey-West 的 t 统计值。其中，*，**，*** 分别表示在 10%、5% 和 1% 水平上显著。

值得注意的是，52 周股价前期高点动量效应的界定与传统动量效应不同，传统动量效应显著存在于美国股票市场，但却在中国股票市场不显著，

---

① 我们对该动量投资策略进行了样本外期间和子样本期间检验。结果与表 1 类似。此外，当考虑极端收益和不同持有期时，该结论仍然成立。为节省空间，我们将根据需求提供这些结果。

本文认为这是中国存在52周股价前期高点动量效应的一个重要原因。同样重要的是，这两种动量效应依赖于不同的理论或假设，即52周股价前期高点动量效应源于锚定偏差，而传统动量则由对信息的反应不足来解释。①

3.2 经济政策不确定性对52周股价前期高点动量效应的影响

在接下来的讨论中，我们将探析两种情况下的经济政策不确定性：一种是总体经济政策不确定性（A General EPU）；另一种是分类经济政策不确定性（the EPU Magnitude Indicators）。除非文中另有说明，本文将重点讨论文献中备受关注的持有期为六个月的投资策略（Bhootra 和 Hur，2013；George 和 Hwang，2004；Gu 等，2019）。

Gu 等（2019）认为经济政策不确定性在基于流量机制的传统动量效应中具有负向的预测能力。为了从锚定偏差的视角考察经济政策不确定性与52周股价前期高点动量效应之间的关系，本文进行了如下时间序列回归：

$$R_t - R_{ft} = \alpha + \beta_1 EPU_t + \beta_2 MKT_t + \beta_3 SMB_t + \beta_4 HML_t + \varepsilon_t \quad (2)$$

其中，R_t 是52周股价前期高点动量策略投资组合（W、L 或 W–L）在 t 月的组合收益率；R_{ft} 是 t 月的无风险利率；EPU_t 为 t 月的经济政策不确定性指数；MKT_t、SMB_t、HML_t 分别对应 Fama-French 三因子模型中在 t 月的市场溢价因子、规模因子和账面市值比因子。②

表2列示了等式（2）的回归结果。从表2可以看出，模型（5）中赢家组合减输家组合（W–L）的 β_1 为 –0.38%（t=–1.76）；控制FF3因素后，模型（6）中 W–L 投资组合的 β_1 为 –0.55%。结果表明在控制FF3因素后，当经

---

① 这些论点也适用于表2。
② 感谢匿名审稿人对方程（2）中EPU的建议。

济政策不确定性降低一个标准差,52周股价前期高点动量投资策略利润将增加0.55%。此外,模型(5)和模型(6)中W−L的$β_1$均显著为负,说明经济政策不确定性与52周股价前期高点动量投资策略利润之间存在负相关关系。①

表2　　　　　　　　经济政策不确定性对52周高价动量的影响

变量	L		W		W−L	
	模型(1)	模型(2)	模型(3)	模型(4)	模型(5)	模型(6)
EPU(%)	−1.37***	0.18	−1.75***	−0.36***	−0.38*	−0.55***
	(−2.62)	(1.22)	(−3.68)	(−2.62)	(1.76)	(−2.72)
MKT		1.08***		0.98***		−0.10**
		(37.32)		(41.10)		(−2.35)
SMB		0.85***		0.54***		−0.31***
		(10.86)		(6.89)		(−2.64)
HML		−0.06		−0.24**		−0.17
		(−0.61)		(−2.57)		(−1.23)

注:该表报告的样本区间为2000年1月到2018年12月。括号中报告了Newey-West的t统计值。其中,*、**、***分别表示在10%、5%和1%水平上显著。

值得注意的是,Ludvigson、Ma和Ng(2019)认为在研究经济政策不确定性时,应控制其他不确定性因素的影响。因此,我们用FSI作为一系列宏观经济与金融经济不确定性的变量来排除其他不确定性对经济政策不确定性的影响。②

---

① 当考虑样本外期间,子样本期间,极端收益和不同持有期时,结果仍然成立。为了节省空间,我们将根据要求提供这些结果。

② 感谢匿名审稿人提出的建议。中国的FSI数据可从https://aric.adb.org/database/fsi下载。

3.3 经济政策不确定性下的52周股价前期高点动量投资组合收益

本节在不同经济政策不确定性下探讨52周股价前期高点动量投资组合收益。为了区分持有期（t+1）是处于经济政策不确定性的较高、中等、还是较低时期，首先使用30^{th}、70^{th}和100^{th}百分位数对t-K至t-1月的经济政策不确定性进行分组。然后，计算该形成期内处于较高或较低经济政策不确定性状态的月份数。如果t-K至t-1月均属于经济政策不确定性较高（或经济政策不确定性较低）时期，则将持有月份（t+1）定义为高EPU期（或低EPU期）；否则，持有期月份被划分为EPU中等期。[①]

3.3.1 时间序列分析

借鉴Antoniou等（2013），本文将52周股价前期高点动量效应与经济政策不确定性较高、中等、较低时进行回归，以检验52周股价前期高点动量效应在经济政策不确定性较高和较低时是否显著。使用该方法，我们可以得到组合收益的全时序列，并使用Newey和West（1987）的标准误差来估计经自相关和异方差调整的t统计量。

为了检验不同经济政策不确定性时期的52周股价前期高点动量投资策略利润（赢者组合收益—输者组合收益）是否分别等于零，本文将股价前期高点动量投资策略利润的时间序列对经济政策不确定性较高、中等、较低的虚拟变量进行回归，且不设截距项。为了检验经济政策不确定性较高时期的收益率与经济政策不确定性较低时期的收益率是否有差异，我们对经济政策不确定性较高和较低的虚拟变量进行回归，并设置截距项（见表3）。具体如下：

---

① 感谢一位匿名审稿人提出的建议。

$$R_{K,t} = \alpha_1 H_t + \alpha_2 M_t + \alpha_3 L_t + \varepsilon_{K,t} \quad (3)$$

$$R_{K,t} = \alpha_0 + \alpha_1 H_t + \alpha_2 M_t + \varepsilon_{K,t} \quad (4)$$

其中，$R_{K,t}$是股价前期高点动量投资组合K在t月的收益率；H_t（M_t或L_t）是t月经济政策不确定性较高（中等或较低）的虚拟变量。当t月被定义为经济政策不确定性较高（中等或较低）时，H_t（M_t或L_t）分别等于1；否则，该变量为0。等式（4）中的系数α_1表示经济政策不确定性较高与较低时（H–L）收益率的差异。

表3　　基于经济政策不确定性（EPU）的52周最高价动量策略收益

EPU状态	Panel A 30th、70th和100th分位数			EPU状态	Panel B 40th、80th和100th分位数		
	L	W	W–L		L	W	W–L
Panel A1．K=3 month				Panel B1．K=3 month			
H	−0.51	−0.49	0.03	H	−0.70	−0.16	0.54
	(−0.48)	(−0.51)	(0.06)		(−0.71)	(−0.18)	(1.27)
M	0.17	0.80	0.63	M	2.64	1.75	−0.88
	(0.13)	(0.72)	(1.27)		(1.32)	(1.14)	(−1.12)
L	2.14*	3.49***	1.36**	L	0.72	2.31*	1.58***
	(1.76)	(3.09)	(2.43)		(0.55)	(1.95)	(3.45)
H–L	−2.65	−3.98***	−1.33*	H–L	−1.43	−2.47*	−1.05*
	(1.63)	(−2.66)	(−1.87)		(−0.90)	(−1.70)	(−1.72)
Panel A2．K=6 month				Panel B2．K=6 month			
H	−0.54	−0.43	0.11	H	−0.75	−0.12	0.63*
	(−0.53)	(−0.44)	(0.33)		(−0.73)	(−0.13)	(1.73)
M	0.17	0.79	0.62	M	2.64	1.66	−0.98
	(0.14)	(0.71)	(1.35)		(1.44)	(1.11)	(−1.44)
L	2.16*	3.52***	1.36***	L	0.78	2.36**	1.58***
	(1.91)	(3.15)	(2.75)		(0.65)	(2.03)	(4.01)
H–L	2.70*	−3.95***	−1.25**	H–L	−1.53	−2.48*	−0.95**
	(1.76)	(−2.63)	(−2.08)		(−0.98)	(−1.69)	(−1.98)

续表

	Panel A3.K=9 month				Panel B3.K=9 month		
H	−0.53	−0.44	0.09	H	−0.70	−0.19	0.51
	(−0.52)	(−0.45)	(0.29)		(−0.68)	(−0.20)	(1.52)
M	0.28	0.74	0.46	M	2.60	1.71	−0.89
	(0.22)	(0.66)	(1.08)		(1.44)	(1.12)	(−1.39)
L	2.24**	3.49***	1.25***	L	0.93	2.33**	1.40***
	(2.02)	(3.09)	(2.63)		(0.78)	(1.98)	(3.80)
H−L	−2.77**	−3.93***	−1.16**	H−L	−1.63	−2.52*	−0.89**
	(−1.81)	(−2.60)	(−2.03)		(−1.05)	(−1.71)	(−1.99)
	Panel A4.K=12 month				Panel B4.K=12 month		
H	−0.50	−0.44	0.07	H	−0.66	−0.22	0.43
	(−0.49)	(−0.45)	(0.23)		(−0.64)	(−0.24)	(1.42)
M	0.37	0.68	0.31	M	2.64	1.70	−0.94
	(0.29)	(0.60)	(0.78)		(1.48)	(1.10)	(−1.54)
L	2.47**	3.45***	0.99**	L	1.14	2.28*	1.14***
	(2.17)	(3.07)	(2.14)		(0.94)	(1.94)	(3.14)
H−L	−2.97*	−3.89**	−0.92*	H−L	−1.80	−2.51*	−0.71*
	(−1.92)	(−2.58)	(−1.69)		(−1.15)	(−1.71)	(−1.69)

注：该表报告的样本区间为2000年1月到2018年12月。括号中报告了Newey-West的t统计值。其中，*、**、***分别表示在10%、5%和1%水平上显著。

等式（3）和等式（4）回归的两个有趣结果见表3。[①]首先，表3结果表明股价前期高点动量投资策略利润对经济政策不确定性的变化较为敏感。在Panel A2中，当持有期（K）为6个月时，股价前期高点动量投资策略的零成本投资组合（W−L）收益率在经济政策不确定性较高时（H）为0.11%（t=0.33）且不显著，在经济政策不确定性较低时（L）为1.36%（t=2.75），

[①] 注意等式（3）的回归分析与简单的描述性统计结果是等价的。感谢匿名审稿人指出这一点。

且仅在经济政策不确定性较低时显著。进一步地，等式（4）中的 α_1，即的 H-L 的 W-L 组合收益率为 -1.25%（t=-2.08），在 5% 的水平上显著为负，说明该组合收益率在不同的经济政策不确定性状态下差异明显。当持有期（K）为 3 个月、9 个月、12 个月时，结果类似。即股价前期高点动量效应在经济政策不确定性较低时显著，但在经济政策不确定性较高时不显著。此外，所有赢家投资组合收益率在经济政策不确定性的 H-L 时的收益率均显著为负，并且这些在经济政策不确定性较高和较低的差异绝对值分别大于 L 投资组合。

其次，我们发现股价前期高点动量投资策略率收益对经济政策不确定性的敏感性随着持有期增加而单调递减。在表 3 的 Panel A 组中，持有期为 K=3，6，9，12 时，W-L 组合收益在经济政策不确定性 H-L 时分别为 -1.33%、-1.25%、-1.16% 和 -0.92%，均显著为负，且其绝对值随着持有期的增加而单调递减。股价前期高点动量效应收益在经济政策不确定性较高和较低时表现出显著的差异，而且这些差异随着时间的推移而逐渐下降。为了排除以上研究结果受到经济政策不确定性分类的影响，在表 3 的 Panel B 中，我们使用 40th、80th、100th 作为 t-K 月至 t-1 月经济政策不确定性的分组断点。实证结果表明，在 Panel A 中得出的上述结论仍然成立。[①]

3.3.2 横截面回归

除了时间序列分析外，我们还用 Fama 和 MacBeth（1973）回归方法进行了截面回归，以检验经济政策不确定性是否会显著影响 52 周股价前期高点动量效应。首先，根据 George 和 Hwang（2004）的方法，进行以下回归

---

① 感谢一位匿名审稿人提出的建议。

分析：

$$R_{i,t} = \alpha_{0jt} + \beta_{1jt}R_{i,t-1} + \beta_{2jt}Size_{i,t-1} + \beta_{3jt}PTH_{i,t-j} + \beta_{4jt}PTL_{i,t-j} + \beta_{5jt}JTH_{i,t-j} \\ + \beta_{6jt}JTL_{i,t-j} + \beta_{7jt}MGH_{i,t-j} + \beta_{8jt}MGL_{i,t-j} + \varepsilon_{i,t} \quad (5)$$

其中，$R_{i,t}$是股票i在t月的个股收益率，$size_{i,t-1}$是股票i在t-1月市值（取自然对数）。$PTH_{i,t-j}$（$PTL_{i,t-j}$）是虚拟变量，当股票i在t-j月（j=2至7或j=2至13）处于52周股价前期高点动量投资策略组合的最高（最低）十分位数时，$PTH_{i,t-j}$（$PTL_{i,t-j}$）取1；否则取值为0。$JTH_{i,t-j}$（$JTL_{i,t-j}$）和$MGH_{i,t-j}$（$MGL_{i,t-j}$）是虚拟变量，当股票i在t-j月（j=2至7或j=2至13）分别处于传统动量投资策略和Moskowitz和Grinblatt（1999年）动量（以下简称行业动量）投资策略的最高（最低）十分位数时，$JTH_{i,t-j}$（$JTL_{i,t-j}$）和$MGH_{i,t-j}$（$MGL_{i,t-j}$）取1；否则取值均为0。本文还在回归中加入$R_{i,t-1}$和$size_{i,t-1}$，分别用于控制买卖价差反弹和规模效应。

每个月t，当j=2至7（或j=2至13）时，进行六（或十二）次横截面回归。对于给定的动量投资策略，$\bar{\beta}_{3t} = (1/6)\sum_{j=2}^{7}\beta_{3jt}$ [或$\bar{\beta}_{3t}=(1/12)\times\sum_{j=2}^{13}\beta_{3jt}$]，…，$\bar{\beta}_{8t} = (1/6)\sum_{j=2}^{7}\beta_{8jt}$，[或$(1/12)\times\sum_{j=2}^{13}\beta_{8jt}$]，分别表示赢家组合或输家组合在t月的收益率。其中，$\bar{\beta}_{3t}$减$\bar{\beta}_{4t}$，$\bar{\beta}_{5t}$减$\bar{\beta}_{6t}$，$\bar{\beta}_{7t}$减$\bar{\beta}_{8t}$分别表示股价前期高点动量投资策略、传统动量投资策略、行业动量投资策略在控制其他变量时的动量投资策略收益率。我们在表4中列示了回归结果。[①]

---

① 为节省空间，我们在表4-7中仅提供相关部分结果。

表4　　　　　　　　　　　动量的横截面回归

变更	原始收益		调整收益	
	j=(2, 7)	j=(2, 13)	j=(2, 7)	j=(2, 13)
$R_{i,t-1}$	-4.94***	-4.70***	-5.56***	-5.36***
	(-7.07)	(-6.84)	(-8.62)	(-8.49)
Size	-0.36**	-0.36**	-0.14*	-0.14*
	(-2.23)	(-2.18)	(-1.87)	(-1.80)
PTH–PTL	0.36**	0.25*	0.29**	0.21*
	(2.10)	(1.78)	(2.00)	(1.79)
JTH–JT	0.11	-0.14	-0.05	-0.21*
	(0.66)	(-1.14)	(-0.33)	(-1.77)
MGH–MGL	0.16	0.07	0.06	-0.01
	(0.96)	(0.50)	(0.42)	(-0.05)

注：该表报告的样本区间为2000年1月到2018年12月。括号中报告了Newey-West的t统计值。其中，*、**、***分别表示在10%、5%和1%水平上显著。

如表4所示，从原始收益率来看，在持有期为6（12）个月中，股价前期高点动量投资策略产生0.36%（0.25%）的回报率，远高于传统动量投资策略的0.11%（-0.14%）和行业动量投资策略的0.16%（0.07%）。在这些6（12）个持有期的动量投资策略中，只有股价前期高点动量投资策略的收益在5%（10%）的水平上显著。对于风险调整后的收益率，股价前期高点动量投资策略的收益率仍然显著。结果证实了股价前期高点动量效应的主导地位，并支持George和Hwang（2004）的观点，即锚定偏差在该动量投资策略中起着重要作用。

进一步地，与等式（3）和等式（4）类似，本文通过以下回归方程，检验经济政策不确定性是否影响动量效应：

$$\bar{\beta}_{3t} - \bar{\beta}_{4t} = \alpha_1 H_t + \alpha_2 M_t + \alpha_3 L_t + \varepsilon_{K,t} \tag{6}$$

$$\bar{\beta}_{3t} - \bar{\beta}_{4t} = \alpha_0 + \alpha_1 H_t + \alpha_2 M_t + \varepsilon_{K,t} \tag{7}$$

结果见表5。从表5中可以看出，在经济政策不确定性较低时，股价前期高点动量投资策略原始收益率和调整后收益率分别为0.90%（t=3.26）、0.84%（t=3.60）。当经济政策不确定性较高时，股价前期高点动量投资策略收益率并不显著。进一步地，该动量投资策略收益率在经济政策不确定性高低差异时［即等式（7）中的α_1］也是显著的。这些结果表明，在控制其他动量变量的情况下，表3中关于经济政策不确定性显著影响股价前期高点动量收益率的结论仍然成立。

表5　经济政策不确定性对52周股价前期高点动量效应的影响
——横截面回归分析

变量	原始收益率（j=2到7）			调整收益率（j=2到7）		
	H	L	H−L	H	L	H−L
$R_{i,t-1}$	−5.59***	−5.12***	−0.46	−6.36***	−6.08***	−0.28
	(−4.79)	(−2.81)	(−0.21)	(−6.00)	(−3.80)	(−0.15)
Size	−0.30	−0.32	0.02	−0.16	−0.23	0.07
	(−1.07)	(−1.02)	(0.05)	(−1.54)	(−1.31)	(0.34)
PTH−PTL	0.02	0.90**	−0.88**	0.01	0.84**	−0.84***
	(0.06)	(3.26)	(−2.33)	(0.02)	(3.60)	(−2.63)
JTH−JT	−0.14	0.45	−0.60	−0.31	0.10	−0.42
	(−0.62)	(1.11)	(−1.26)	(−1.47)	(0.29)	(−0.98)
MGH−MGL	0.10	0.31	−0.21	−0.18	0.23	−0.42
	(0.40)	(0.81)	(−0.47)	(−0.92)	(0.68)	(−1.04)

注：该表报告的样本区间为2000年1月到2018年12月。括号中报告了Newey-West的t统计值。其中，*、**、***分别表示在10%、5%和1%水平上显著。

3.3.3　长期分析

前面的实证研究结果表明，在短期，经济政策不确定性对股价前期高点动量效应具有显著影响。然而，我们还感兴趣的是经济政策不确定性对股价前期高点动量效应的长期影响。在长期分析中，我们每个月进行12次横截面回归，并设定了不同的时间间隔（Time Gap），该时间间隔大于动量投资策略中组合形成期与持有期之间的一个月。本文采用12个月、24个月、36个月和48个月的时间间隔分别对应j=14个月至25个月、j=26个月至37个月、j=38个月至49个月以及j=50个月至61个月，这些时间间隔分别代表第2年、第3年、第4年和第5年。

George和Hwang（2004）认为股价前期高点动量效应源于锚定偏差，并且短期股价前期高点动量效应与长期反转不是前后序惯相连的两个现象。为了检验股价前期高点动量投资策略是否存在长期反转，本文在时间间隔分别为12、24、36和48时，按等式（5）进行回归，结果如表6所示。

表6　　　　　　　　　动量收益的持续性（原始收益）

	Time Gap=12	Time Gap=24	Time Gap=36	Time Gap=48
$R_{i,t-1}$	−4.52***	−4.61***	−4.78***	−4.67***
	（−6.62）	（−6.64）	（−6.73）	（−6.33）
Size	−0.37**	−0.37**	−0.36**	−0.37**
	（−2.10）	（−2.13）	（−2.16）	（−2.32）
PTH−PTL	−0.10	0.08	0.16	0.03
	（−0.90）	（0.77）	（1.45）	（0.27）
JTH−JT	−0.19**	−0.17*	−0.02	−0.11
	（−2.09）	（−1.80）	（−0.31）	（−1.26）
MGH−MGL	0.25	−0.24*	−0.01	−0.04
	（1.60）	（−1.69）	（−0.05）	（−0.36）

注：该表报告的样本区间为2000年1月到2018年12月。括号中报告了Newey-West的t统计值。其中，*、**、***分别表示在10%、5%和1%水平上显著。

如表6所示，当时间间隔分别为12个月、24个月、36个月、48个月时，股价前期高点动量投资策略的收益率分别为−0.10%（t=−0.90）、0.08%

（t=0.77）、0.16%（t=1.45）、0.03%（t=0.27），均不显著。然而，我们发现传统动量投资策略在第2年和第3年的收益率显著为负，行业动量投资策略在第3年的收益率显著为负。显然，股价前期高点动量投资策略不存在长期反转，而传统动量投资策略和行业动量投资策略存在长期反转，这进一步证实股价前期高点动量效应源于锚定偏差。

此外，我们使用等式（5）中的系数，按等式（6）和等式（7）进行回归，研究经济政策不确定性如何影响动量投资策略收益的持续性（见表7）。

表7　经济政策不确定性对股价前期高点动量效应的影响——长期反转

变量	Time Gap=12			Time Gap=24			Time Gap=36			Time Gap=48		
	H	L	H-L	H	L	H-L	H	L	H-L	H	L	H-L
P_{int-1}	-4.78***	-5.34***	0.56	-5.09***	-5.23***	0.14	-4.85***	-5.77***	0.92	-4.77***	-5.58***	0.81
	(-3.93)	(-2.93)	(0.26)	(-4.19)	(-2.76)	(0.06)	(-4.01)	(-3.09)	(0.41)	(-3.79)	(-2.85)	(0.34)
size	-0.34	-0.28	-0.06	-0.36	-0.25	-0.12	-0.33	-0.27	-0.06	-0.33	-0.29	-0.04
	(-1.17)	(-0.88)	(-0.14)	(-1.23)	(-0.79)	(-0.28)	(-1.14)	(-0.88)	(-0.13)	(-1.17)	(-0.94)	(-0.10)
PTH-PTL	0.01	-0.04	0.05	0.20	-0.03	0.23	0.03	0.26	-0.23	-0.11	0.23	-0.34
	(0.05)	(-0.20)	(0.19)	(1.21)	(-0.19)	(0.98)	(0.19)	(1.40)	(-0.95)	(-0.81)	(1.54)	(-1.47)
JTH-JTL	-0.17	-0.22	0.05	-0.15	-0.26**	0.11	-0.18	0.04	-0.22	-0.14	-0.08	-0.06
	(-1.13)	(-1.06)	(0.19)	(-1.10)	(-1.99)	(0.56)	(-1.65)	(0.30)	(-1.26)	(-1.14)	(-0.46)	(-0.26)
MGH-MGL	0.29	0.43	-0.14	-0.03	-0.33	0.30	0.01	0.04	-0.03	0.01	0.28	-0.28
	(1.07)	(1.26)	(-0.33)	(-0.14)	(-1.13)	(0.80)	(0.06)	(0.13)	(-0.08)	(0.02)	(0.96)	(-0.79)

注：该表报告的样本区间为2000年1月到2018年12月。括号中报告了Newey-West的t统计值。其中，*、**、***分别表示在10%、5%和1%水平上显著。

如表7所示，无论是经济政策不确定性较高时还是较低时，股价前期高点动量投资策略在所有时间间隔内均未出现明显反转。在经济政策不确定性较低时，当时间间隔分别为12个月、24个月、36个月和48个月时，股价前期高点动量投资策略收益率分别为-0.04%（t=-0.20）、-0.03%（t=-0.19）、0.26%（t=1.40）以及0.23%（t=1.54），且均不显著。除第3年（时间间隔为24个月)的传统动量投资策略,三种动量投资策略均未出现明显的反转。

另外,综合表5和表7来看,我们发现当经济政策不确定性较低时,股价前期高点动量投资策略收益率显著为正,而且这种模式仅会持续一年。① 从长期来看,经济政策不确定性对动量效应的影响会减弱至消失。

4 稳健性检验②

4.1 风险因素所致吗?

尽管表3中的实证结果表明,经济政策不确定性对股价前期高点动量效应具有显著影响,但是我们无法排除这种影响是因为当经济政策不确定性较低时,更高收益可能使投资组合承载了更多风险所致。为了排除这一可能性,通过估算因子载荷并推算调整后收益率如下:

$$R^a_{K,t}=R_{K,t}-\beta_{K,RMF}f_{RMRF,t}-\beta_{K,SMB}f_{SMB,t}-\beta_{K,HML}f_{HML,t} \tag{8}$$

其中,$R_{K,t}$表示在t月持有K个月的策略投资组合(W、L或W-L)的收益率;$f_{RMRF,t}$、$f_{SMB,t}$和$f_{HML,t}$表示t月的FF3因子;最后,$\beta_{K,RMF}$、$\beta_{K,SMB}$和$\beta_{K,HML}$表示这些策略投资组合对应的估计系数。

然后,我们用经调整的收益率重新估计等式(3)和等式(4),得到表8的结果(详见网上补充材料)。③结果表明在考虑FF3因子模型后,股价前期高点动量效应在经济政策不确定性较低时显著而在经济政策不确定性较高时不显著的结论,与表3的研究结论一致。

---

① 本文还根据方程(6)估算了当j=2至13时的十二个截面回归。
② 为节省空间,本节中的表格在补充材料中展示。
③ 所有网上补充材料详见网址https://doi.org/10.1080/1540496X.2021.1904880。

4.2 规模效应所致吗?

在这部分,我们探索股价前期高点动量效应是否受到规模效应的影响。为此,首先,我们根据公司规模(基于股价×流通股数)区分小公司和大公司。表9列示出了相应回归结果(详见网上补充材料)。

如表9所示,在经济政策不确定性较高时,52周股价前期高点动量效应不显著,但在经济政策不确定性较低时显著。经济政策不确定性影响股价前期高点动量效应的研究结论在小规模公司和大规模公司中都成立,研究结论不受规模效应的影响。进一步地,相比较而言,经济政策不确定性对股价前期高点动量效应的影响在小规模公司中更为显著。

4.3 市场状态分析

我们通过区分上行市场(Up Markets)和下行市场(Down Markets)进一步分析经济政策不确定性下的股价前期高点动量效应是否受到市场状态的影响,结果见表10(详见网上补充材料)。参考Cooper、Gutierrez和Hameed(2004)的做法,在每个月t,将过去36个月的市场回报率都为正时,我们将t月定义为上行市场;否则,将t月定义为下行市场。我们分别在上行市场和下行市场对不同经济政策不确定性下的股价前期高点动量效应进行分析。

如表10所示,无论是上行市场还是下行市场,在经济政策不确定性较低时,股价前期高点动量投资策略的收益远高于经济政策不确定性较高时期。当经济政策不确定性降低时,投资收益从微小且不显著的数值逐渐扩大到较大且显著的数值。

总之,实证结果表明,在经济政策不确定性较低时,存在显著的股价前期高点动量效应,而当经济政策不确定性较高时,几乎不存在。这些结论在考虑不同风险情况、不同公司规模和不同市场状态时依然成立。

4.4 经济政策不确定性分析

为衡量中国的经济政策不确定性，在之前的分析中我们使用了由Baker、Bloom和Davis（2016）编制的中国经济政策不确定性指数。该经济政策不确定性指数基于香港主要英文报纸《南华早报》中与政策相关的经济不确定性文章的词频计算的。在本节中，我们同时考虑了由Huang和Luk（2019），Davis、Liu和Sheng（2019）基于中国大陆报纸构建的替代性经济政策不确定指数，所得主要研究结论（见网上补充材料中的表11—表13）与之前几乎相同。

5 结论

作为持久且稳定的异象之一，动量效应未显著存在于中国股票市场中。基于George和Hwang（2004）提出的52周股价前期高点动量效应，我们探索中国股票市场是否存在股价前期高点动量效应。进一步，我们还探究了经济政策不确定性是否对股价前期高点动量投资策略收益有显著影响。研究结果表明，与以往研究相反，中国股票市场存在显著为正的股价前期高点动量效应。在考虑不同的持有期、组合排序方法和策略实施细节后，股价前期高点动量投资策略收益依然稳健。

通过投资组合分析、时间序列回归与横截面回归方法，在考虑经济政策不确定性的情况下，我们对股价前期高点动量效应进行了一系列的实证检验。研究结论支持经济政策不确定性对股价前期高点动量效应存在显著为负的影响。进一步，该动量效应仅在经济政策不确定性较低时显著，而在经济政策不确定性较高时不显著的结果，表明股价前期高点动量效应对经济政策不确定性较为敏感性，且该结论在不同风险情况、不同企业规模及不同市场状态下均保持稳健。横截面回归结果显示，当同时比较传统动量投资策略与行业动量投资策略时，股价前期高点动量投资策略占据主导地位；并且该动量投资策略无论经济政策不确定性如何，其零投资组合策略均未出现长期反转效应。这些发现证实，在考虑经济政策不确定性后，锚定偏差仍可解释股价前期高点动量效应。

参 考 文 献

[1] 陈蓉, 陈焕华, 郑振龙. 动量效应的行为金融学解释 [J]. 系统工程理论与实践, 2014 (09): 613–622.

[2] 方立兵, 曾勇, 郭炳伸. 动量策略、反转策略及其收益率的高阶矩风险 [J]. 系统工程, 2011 (02): 9–19.

[3] 何诚颖, 陈锐, 蓝海平, 徐向阳. 投资者非持续性过度自信与股市反转效应 [J]. 管理世界, 2014 (08): 45–54.

[4] 刘博, 皮天雷. 惯性策略和反转策略: 来自中国沪深A股市场的新证据 [J]. 金融研究, 2007 (08): 154–166.

[5] 鲁臻, 邹恒甫. 中国股市的惯性与反转效应研究 [J]. 经济研究, 2007 (09): 146–155.

[6] 潘莉, 徐建国. A股个股回报率的惯性与反转 [J]. 金融研究, 2011 (01): 149–166.

[7] 饶育蕾, 盛虎. 行为金融学 [M]. 北京: 机械工业出版社, 2013.

[8] 宋光辉, 董永琦, 许林. 基于股票价格残差的动量策略及其有效性检验 [J]. 投资研究, 2017 (03): 124–135.

[9] 谭小芬, 林雨菲. 中国A股市场动量效应和反转效应: 实证研究及其理论解释 [J]. 金融评论, 2012 (01): 94–102.

[10] 田利辉, 王冠英, 谭德凯. 反转效应与资产定价: 历史收益如何

影响现在［J］.金融研究，2014（10）：177-192.

［11］王明涛，黎单.新动量交易策略在A股市场的有效性研究——基于过去52周最高价格的实证检验［J］.证券市场导报，2015（07）：65-71.

［12］王红建，李青原，邢斐.经济政策不确定性、现金持有水平及其市场价值［J］.金融研究，2014（09）：54-68.

［13］王永宏，赵学军.中国股市"惯性策略"和"反转策略"的实证分析［J］.经济研究，2001（06）：57-89.

［14］王镇，郝刚.不确定信息下动量效应的非对称性研究［J］.山东工商学院学报，2014（05）：85-94.

［15］王晓彦，石涛.机构投资者参与行为对我国股市波动性的影响［J］.金融理论探索，2018（04）：21-28.

［16］吴晶，王燕鸣.股价前期高点、投资者行为与股票收益［J］.金融经济学研究，2015（04）：54-64.

［17］武金存.基于投资者异质信念的股市动量效应实证研究［D］.辽宁大学博士学位论文，2016.

［18］吴世农，吴超鹏.我国股票市场"价格惯性策略"和"盈余惯性策略"的实证研究［J］.经济科学，2003（04）：41-50.

［19］张喜艳，陈乐一，经济政策不确定性的溢出效应及形成机理研究.统计研究，2019，36（01）：116-128.

［20］张峥，欧阳红兵，刘力.股价前期高点，投资者行为与股票收益——中国股票市场的经验研究［J］.金融研究，2005（12）：40-54.

［21］朱战宇，吴冲锋，王承炜.不同检验周期下中国股市价格动量的盈利性研究［J］.世界经济，2003（08）：62-67.

[22] Agarwal, V., Aslan, H. Huang, L., and Ren, H., 2019. Political uncertainty and household stock market participation. Working paper.

[23] Alphonse, P., and Nguyen, T. H., 2013. Momentum effect: evidence from the Vietnamese stock markets. Asian Journal of Financial and Accounting, 5, 719–752.

[24] Alsubaie, A., and Najand, M., 2008. Trading volume, price momentum, and the 52-week high price momentum strategy in the Saudi stock market. Working Paper.

[25] Andrei, D., and Cujean, J., 2018. Information percolation, momentum and reversal. Journal of Financial Economics, 123, 617–645.

[26] Antoniou, C., Doukas, J.A., Subrahmanyam, A., 2013. Cognitive dissonance, sentiment, and momentum. Journal of Financial and Quantitative Analysis, 48, 246–275.

[27] Asem, E., and Tian, G. Y., 2010. Market dynamics and momentum profits. Journal of Financial and Quantitative Analysis, 45, 1549–62.

[28] Asness, C.S., Moskowitz, T.J., and Pedersen, L.H., 2013. Value and momentum everywhere. The Journal of Finance, 68, 929–985.

[29] Avramov, D., Cheng, S., and Hameed, A., 2015. Time-varying liquidity and momentum profits. Journal of Financial and Quantitative Analysis Forthcoming.

[30] Baker, S.R., Bloom, N., and Davis, S.J., 2016. Measuring economic policy uncertainty. The Quarterly Journal of Economics, 131, 1594–636.

[31] Baker, M., Pan, X., and Wurgler, J., 2012. The effect of reference point prices on mergers and acquisitions. Journal of Financial Economics, 106, 49–71.

[32] Balsara, N. J., Zheng, L., Vidozzi, A., and Vidozzi, L., 2006. Explaining momentum profits with an epidemic diffusion model. The Journal of Finance, 30, 407–422.

[33] Bange, M.M., and Miller, T.W., 2004. Return momentum and global portfolio allocations. Journal of Empirical Finance, 11, 429–459.

[34] Bansal, R., Dittmar, R.F., Lundblad, C.T., 2005. Consumption, dividends, and the cross section of equity returns. The Journal of Finance, 60, 1639–1672.

[35] Banz, R. W., 1981. The relationship between return and market value of common stocks. Journal of Financial Economics, 9, 4–18.

[36] Barber, B. M., and Odean, T., 2013. The behavior of individual investors. In: Constantinides, G., Harris, M., Stulz, R.(Eds.), HandBook of the Economics and Finance. Elsevier, New York, NY, 1534–1569.

[37] Barberis, N., and Huang, M., 2001. Mental accounting, loss aversion, and individual stock returns. The Journal of Finance, 56, 1247–1292.

[38] Barberis, N., Shleifer, A., and Vishny, R., 1998. A model of investor sentiment. Journal of Financial Economics, 49, 307–343.

[39] Barberis, N., and Xiong, W., 2009. What drives the disposition effect? An analysis of a long-standing preference-based explanation. The Journal of Finance, 64, 751–784.

[40] Bartsch, Z., 2019. Economic Policy uncertainty and dollar-pound exchange rate return volatility. Journal of International Money and Finance, 98, 1-17.

[41] Basu, S., 1983. The relationship between earnings yield, market value and return for NYSE common stocks: Further evidence. Journal of Financial Economics, 12, 129-156.

[42] Berk, J.B., Green, R.C., and Naik, V., 1999. Optimal investment, growth options, and security returns. The Journal of Finance, 54, 1554-1607.

[43] Bermeitinger, C., and Unger, B., 2014. Influences on the Marking of Examinations. Psychology, 5, 91.

[44] Bhootra, A., and Hur, J., 2013. The timing of 52-week high price and momentum. Journal of Banking and Finance, 37, 3774-3782.

[45] Bhootra, A., 2018. Another look at anchoring and stock return predictability. Finance Research Letters, 25, 259-265.

[46] Blitz, D., Huij, J., and Martens, M., 2011. Residual momentum. Journal of Empirical Finance, 18, 507-521.

[47] Bonaime, A., Gulen, H., and Ion, M., 2018. Does policy uncertainty affect mergers and acquisitions? Journal of Financial Economics, 129, 531-558.

[48] Brogaard, J., and Detzel, A., 2015. The asset-pricing implications of government economic policy uncertainty. Management Science, 61, 4-18.

[49] Brown, W.N., and Huang, S., 2018. Momentum in imperial Russia. Journal of Financial Economics, 130, 579-591.

[50] Brown, G. W., and Cliff, M. T., 2004. Investor sentiment and the near-term stock market. Journal of Empirical Finance, 11, 1–27.

[51] Brown, P., Chappel, N., Rosa, R. D. S., and Walter, T., 2006. The reach of the disposition effect: Large sample evidence across investor classes. International Review of Finance, 6, 44–78.

[52] Burghof, H., and Prothmann, F., 2011. The 52-week high strategy and information uncertainty. Financ Mark Portf Manag, 25, 346–378.

[53] Byun, S. J., and Jeon, B. H., 2020. Momentum crashes and investors' anchoring bias. NBER Working Paper, 1–14.

[54] Cakicia, N., Fabozzib, F. J., Tan, S., 2013. Size, value, and momentum in emerging market stock returns. Emerging Markets Review, 16, 47–65.

[55] Carhart, M., 1997. On persistence in mutual fund performance. Journal of Finance, 52, 57–82.

[56] Chang, R., Ko, K., Nakano, S., and Rhee, G., 2018. Residual momentum in Japan, Journal of Empirical Finance, 45, 284–299.

[57] Chaves, D., 2016. Idiosyncratic momentum: U.S. and international evidence. Journal of Investment, 25, 65–76.

[58] Cheema, M. A., and Nartea, G.V., 2014. Momentum returns and information uncertainty: evidence from China. Pacific-Basin Finance Journal, 30, 174–188.

[59] Chen, Z., and Lu, A., 2015. Slow diffusion of information and price momentum in stocks: evidence from options markets. SSRN Working Paper.

[60] Chen, L., and Yu, H., 2014. Investor attention, visual price pattern, and momentum investing. Australasian Finance and Banking Conference.

[61] Chen, Q., Hua, X., and Ying, J., 2018. Contrarian strategy and herding behaviour in the Chinese stock market. The European Journal of Finance, 24, 1552-1568.

[62] Chou, P., Ko, K., and Yang, N., 2019. Asset growth, style investing, and momentum. Journal of Banking and Finance, 98, 108-124.

[63] Chordia, T., and Shivakumar, L., 2002. Momentum, business cycle, and time-varying expected returns. The Journal of Finance, 57, 986-1019.

[64] Chui, A.C., Titman, S., Wei, K.J., 2010. Individualism and momentum around the world. The Journal of Finance, 65, 361-392.

[65] Cochrane, J., 1991. Production-based asset pricing and the link between stock returns and economic fluctuations. The Journal of Finance, 46, 209-237.

[66] Cohen, L., and Frazzini, A., 2008. Economic links and predictable returns. The Journal of Finance, 63 (4), 1977-2011.

[67] Cooper, M., Gutierrez, J.R., and Hameed, A., 2004. Market states and momentum. The Journal of Finance, 59, 1346-1365.

[68] Da, Z., Engelberg, J., and Gao., P., 2015. The sum of all fears investor sentiment and asset prices. The Review of Financial Studies, 28, 1-32.

[69] Daniel, K., and Moskowitz, T.J., 2016. Momentum crashes. Journal of Financial Economics, 122, 221-247.

[70] Daniel, K., Hirshleifer, D., and Subrahmanyam, A., 1998. Investors, psychology and security market under- and overreactions. The Journal of Finance, 53, 1839-1885.

[71] Daniel, K., and Titman, S., 1999. Market efficiency in an irrational world. Financial Analyst Journal, 55, 28-40.

[72] Datar, Vinay, Narayan Naik, and Robert Radcliffe, 1998. Liquidity and asset returns: An alternative test, Journal of Financial Markets, 1, 204-220.

[73] De Bondt, W. F. M., and Thaler, R., 1985. Does the stock market overreact? The Journal of Finance, 3, 794-805.

[74] De Long, J. B., Shleifer, A., Summers, L. H., and Waldmann, R. J., 1990. Noise trader risk in financial markets. Journal of Political Economy, 98, 704-738.

[75] Dickey, D., Pearson, C., 2005. Recency effect in college student course evaluations. Practical Assessment, Research, and Evaluation, 10, 1-10.

[76] Drobetz, W., Ghoul, S. E., Guedhami, O., and Janzen, M., 2018. Policy uncertainty, investment, and the cost of capital. Journal of Financial Stability, 39, 28-45.

[77] Du, D., 2008. The 52-week high and momentum investing in international stock indexes. Quarterly Review of Economics and Finance, 48, 61-77.

[78] Duchin, R., and Schmidt, B., 2013. Riding the merger wave: uncertainty, reduced monitoring, and bad acquisitions. Journal of Financial

Economics, 107, 69–88.

［79］Fama, E. F., 1970. Efficient capital market: A review of theory and empirical work. The Journal of Finance, 25, 384–417.

［80］Fama, E. F., and French, K. R., 1996. Multifactor explanations of for asset pricing anomalies. The Journal of Finance, 51, 56–84.

［81］Fama, E. F., and French, K. R., 2008. Dissecting Anomalies. The Journal of Finance, 63, 1654–1678.

［82］Fama, E. F., and MacBeth, J., 1973. Risk, return, and equilibrium: empirical tests. Journal of Political Economy, 81, 607–636.

［83］Feng, L., Seasholes, M., 2005. Do investor sophistication and trading experience, eliminate behavioral biases in financial markets? Review of Finance, 9, 306–351.

［84］Ford, J. L., Kelsey, D., and Pang, W., 2013. Information and ambiguity: herd and contrarian behavior in financial markets. Theory and decision, 75, 1–15.

［85］Frino, A., Lepone, G., and Wright, D., 2015. Investor characteristics and the disposition effect. Pacific-Basin Finance Journal, 31, 1–12.

［86］Geczy, C. C., and Samonov, M., 2016. Two centuries of price-return momentum. Journal of Financial Economics, 72, 32–56.

［87］George, T. J., and Hwang, C. Y., 2004. The 52-week high and momentum investing. The Journal of Finance, 59, 2146–2176.

［88］George, T. J., Hwang, C. Y., and Li, Y., 2015. Anchoring, the 52-week high and post earnings announcement drift. Working Paper. SSRN: https://

ssrn.com/abstract=2391455.

[89] George, T. J., Hwang, C. Y., and Li, Y., 2018. The 52-week high, q theory and the cross-section of stock returns. Journal of Financial Economics, 128, 148-163.

[90] Gerritsen, D.F., 2015. Security analysts' target prices and takeover premiums. Finance Research Letters, 13, 206-213.

[91] Goetzmann, W. N., and Huang, S., 2018. Momentum in imperial Russia. Journal of Financial Economics, 130, 579-591.

[92] Goh, J., and Jeon, B.H., 2017. Post-earnings-announcement-drift and 52-week high: Evidence from Korea. Pacific-Basin Finance Journal, 44, 150-15.

[93] Griffin, J.M., Kelly, P.J., and Nardari, F., 2010. Do market efficiency measures yield correct inferences? A comparison of developed and emerging markets. The Review of Financial Studies, 23, 3226-3277.

[94] Griffin, J. M., Ji, X., and Martin, J.S., 2003. Momentum investing and business cycle risk: evidence from pole to pole. The Journal of Finance, 58, 2516-2547.

[95] Griffin, J. M., Kelly, P. J., and Nardari, F., 2010. Do market efficiency measures yield correct inferences? A comparison of developed and emerging markets. The Review of Financial Studies, 23, 3226-3277.

[96] Grinblatt, M., and Han, B., 2005. Prospect theory, mental accounting, and momentum. Journal of Financial Economics, 78, 311-339.

[97] Grinblatt, M., and Keloharju., M. 2001. What makes investors trade?

The Journal of Finance, 56, 589–616.

[98] Grobys, K., 2014. Momentun in global equity markets in times of troubles: Does the economic state matter? Economic Letters, 123, 100–103.

[99] Gruber, M.J., 1996. Another puzzle: the growth in actively managed mutual funds. The Journal of Finance, 51, 784–810.

[100] Grundy, B.D., and Martin, J.S., 2001. Understanding the nature of the risks and the source of the rewards to momentum investing. The Review of Financial Studies, 14, 29–78.

[101] Gu, M., Sun, M. X., Wu, Y. M., and Xu, W. M., 2019. Economic policy uncertainty and momentum. Working paper.https://ssrn.com/abstract=3133832.

[102] Gutierrez, R.C., and Pirinsky, C.A., 2007. Momentum, reversal, and the trading behaviors of institutions. Journal of Financial Market, 10, 48–75.

[103] Hao, Y., Chu, H., Ho, K., and Ko, K., 2016. The 52-week high and momentum in the Taiwan stock market: Anchoring or recency biases. International Review of Economics and Finance, 43, 121–138.

[104] Hao, Y., Chou, R. K., Ko, K. C., and Yang, N. T., 2018. The 52-week high, momentum, and investor sentiment. International Review of Financial Analysis, 57, 167–183.

[105] Hassan, S. M., 2014. Exploring the existence of momentum and reversal patterns in Egyptian stock market. International Journal of Business and Social Science, 5, 474–506.

[106] Heath, C., Huddart, S., and Lang., M., 1999. Psychological

factors and stock option exercise. The Quarterly Journal of Economics, 114, 601–627.

[107] Heidari, M., 2015. Momentum crash management. Available at SSRN 2647453.

[108] Henderson, V., 2012. Prospect theory, liquidation, and the disposition effect. Management Science, 58, 446–460.

[109] Hens, T., Vlcek, M., 2011. Does prospect theory explain the disposition effect? The Journal of Behavioral Finance, 12, 141–157.

[110] Hong, H., Lim, T., and Stein, J. C., 2000. Bad news travels slowly: size, analyst coverage, and the profitability of momentum strategies. The Journal of Finance, 55, 266–295.

[111] Hong, X., Jordan, B.D., and Liu, M.H., 2015. Industry information and the 52-week high effect. Pacific-Basin Finance Journal, 32, 111–130.

[112] Hong, H., and Stein, J. C., 1999. A unified theory of underreaction, momentum trading and overreaction in assets markets. The Journal of Finance, 54, 2144–2184.

[113] Hou, K, Xiong, W., and Peng, L., 2009. A tale of two anomalies: the implications of investor attention for price and earnings momentum. SSRN Working Paper.

[114] Hou, K., Xue, C., Zhang, L., 2015. Digesting anomalies: an investment approach. Review of Financial Studies, 28, 650–705.

[115] Hou, K., Xue, C., Zhang, L., 2016. A comparison of new factor

models. Ohio State University and University of Cincinnati, Columbus, OH, and Cincinnati, OH Unpublished working paper.

[116] Huang, Y., and Luk, P. 2020. Measuring economic policy uncertainty in China. China Economic Review, 59, 1–18.

[117] Huddart, S., Lang, M., and Yetman., M. H., 2009. Volume and price patterns around a stock's 52-week highs and lows: theory and evidence. Management Science, 55, 17–31.

[118] Hur, J., and Singh, V., 2019. How do disposition effect and anchoring bias interact to impact momentum in stock returns? Journal of Empirical Finance, 53, 238–256.

[119] Hurst, B., Ooi, Y. H., and Pedersen, L. H., 2017. A century of evidence on trend - following investing. The Journal of Portfolio Management, 44, 16–29.

[120] Jegadeesh, N., and Titman, S., 1993. Returns to buying winners and selling losers: Implications for market efficiency. The Journal of Finance, 48, 66–91.

[121] Jens, C. E. 2017. Political uncertainty and investment: Causal evidence from U.S. gubernatorial elections. Journal of Financial Economics, 124, 564–579.

[122] Jetter, M., Walker, J.K., 2017. Anchoring in financial decision-making: evidence from Jeopardy! Journal of Economic Behavior and Organization, 141, 165–176.

[123] Jiang, F., Qi, X., and Tang, G., 2018. Q-theory, mispricing,

and profitability premium: Evidence from China. Journal of Banking and Finance, 87, 136-149.

[124] Johnson, T.C., 2002. Rational momentum effects. The Journal of Finance, 57, 586-608.

[125] Joost, D., Tse-Chun, L., and Otto, V. H., 2013. How the 52-week high and low affect option-implied volatilities and stock return moments. Review of Finance, 17, 369-401.

[126] Kahneman, D., and Tversky, A., 1979. Prospect theory: an analysis of decision under risk. Econometrica, 47, 264-292.

[127] Kaustia, M., Alho, E., and Puttonen, V., 2008. How much does expertise reduce behavioral biases? The case of anchoring effects in stock return estimates. Financial Management, 37, 391-411.

[128] Krol, R., 2014. Economic policy uncertainty and exchange rate volatility. International Finance, 17, 241-256.

[129] Kuttu, S., and Bokpin, G. A., 2017. Feedback trading and autocorrelation patterns in Sub-Saharan. African Equity Markets, 53, 107-127.

[130] Kyle, A.S., Ou-Yang, H., and Xiong, W., 2006. Prospect theory and liquidation decisions. Journal of Economic Theory, 129, 274-288.

[131] Lee, E., and Piqueira, N., 2019. Behavioral biases of informed traders: Evidence from insider trading on the 52-week high. Journal of Empirical Finance, 52, 57-75.

[132] Lee, C.M.C., and Swaminathan, B., 2000. Price momentum and trading volume. The Journal of Finance, 55, 2017-2069.

[133] Li, B., Qiu, J., Wu, Y., 2010. Momentum and seasonality in Chinese stock markets. Journal of Money, Investment and Banking, 17, 25–36.

[134] Li, Y., and Yang, L., 2013. Prospect theory, the disposition effect, and asset prices. Journal of Financial Economics, 107, 716–739.

[135] Li, J., and Yu, J., 2012. Investor attention, psychological anchors, and stock return predictability. Journal of Financial Economics, 104, 401–419.

[136] Lin, S., 2010. Gradual information diffusion and asset price momentum. Working paper, 48,280–294.

[137] Lin, M., 2018. The effect of 52-week highs and lows on analyst stock recommendations. Accounting and Finance, 58, 376–422.

[138] Liu, M., Liu, Q., and Ma, T., 2011. The 52-week high momentum strategy in international stock markets. Journal of International Money and Finance, 30, 180–204.

[139] Liu, J., Stambaugh, R. F., and Yuan, Y., 2019. Size and value in China. Journal of Financial Economics, 134, 48–69.

[140] Liu, L., Whited, T., Zhang, L., 2009. Investment-based expected stock returns. Journal of Political Economy, 117, 1106–1139.

[141] Liu, L.X., Zhang, L., 2006. Momentum profits, factor pricing, and macroeconomic risk. Review of Financial Studies, 21, 2417–2448.

[142] Liu, L. X., Zhang, L., 2014. A neoclassical interpretation of momentum. Journal of Monetary Economics, 67, 109–128.

[143] Lobão, J., and Fernandes, J. M., 2017. The 52-week high and

momentum investing: implications for asset pricing models. Annals of Economics and Finance, 18, 349–376.

[144] Lou, D., 2012. A flow-based explanation for return predictability. The Review of Financial Studies, 25, 3457–3489.

[145] Ma, Q., Whidbee, D., and Zhang, W., 2019. Acquirer reference prices and acquisition performance. Journal of Financial Economics, 132, 176–199.

[146] Marshall, B.R., Cahan, R.M., 2005. Is the 52-week high momentum strategy profitable outside the US? Applied Financial Economics, 15, 1259–1267.

[147] Mohrman Jr., A.M., Resnick-West, S.M., Lawler III, E.E., 1989. Designing performance appraisal systems: Aligning appraisals and organizational realities. JosseyBass Publishers, San Francisco.

[148] Montgomery, W., Raza, A., and ülkü, N., 2019. Tests of technical trading rules and the 52-week high strategy in the corporate bond market. Global Finance Journal, 40, 86–103.

[149] Moskowitz, T. J., and Grinblatt, M., 1999. Do industries explain momentum? The Journal of Finance, 54, 1249–1290.

[150] Murdock Jr., B.B., 1962. The serial position effect of free recall. Journal of Experimental Psychology, 64, 482–488.

[151] Nartea, G. V., Kong, D., and Wu, J., 2017. Do extreme returns matter in emerging markets? Evidence from the Chinese stock market. Journal of Banking and Finance, 76, 189–197.

[152] Nijman, T., Swinkels, L., and Verbeek, M., 2004. Do countries or industries explain momentum in Europe? Journal of Empirical Finance, 11, 461–481.

[153] Northcraft, G.B., Neale, M.A., 1987. Experts, amateurs, and real estate: an anchoring-and-adjustment perspective on property pricing decisions. Organizational Behavior and Human Decision Processess, 39, 85–97.

[154] Nyberg, P., and Pöyry, S., 2014. Firm expansion and stock price momentum. Review of Finance, 18, 1466–1505.

[155] Odean, T., 1998. Do investors trade too much? American Economic Review, 89, 1279–1298.

[156] Pan, L., Tang, Y., and Xu, J., 2013. Weekly momentum by return interval ranking. Pacific-Basin Finance Journal, 21, 1191–1208.

[157] Pareek, A., 2012. Information networks: implications for mutual fund trading behavior and stock return. Atlanta Meetings Paper.

[158] Park, K.I., and Kim, D., 2014. Sources of momentum profits in international stock markets. Accounting and Finance, 54, 567–589.

[159] Pástor, L., Stambaugh, R.F., 2003. Liquidity risk and expected stock returns. Journal of Political Economy, 111, 642–685.

[160] Peng, L., and Xiong, W., 2006. Investor attention, overconfidence, and categoy learning. Journal of Financial Economics, 80, 564–602.

[161] Rouwenhorst, K., 1998. International momentum strategies. The Journal of Finance, 53, 267–284.

［162］Sadka, R., 2006. Momentum and post-earnings-announcement drift anomalies: the role of liquidity risk. Journal of Financial Economics, 80, 309-349.

［163］Sagi, J.S., Seasholes, M.S., 2007. Firm-specific attributes and the cross-section of momentum. Journal of Financial Economics, 84, 389-434.

［164］Schweinsberg, M., Ku, G., Wang, C. S., and Pillutla, M. M., 2012. Starting high and ending with nothing: The role of anchors and power in negotiations. Journal of Experimental Social Psychology, 48, 227-231.

［165］Shefrin, H., and Statman, M., 1985. The disposition to sell winners too early and ride losers too long: Theory and evidence. The Journal of Finance, 40, 777-790.

［166］Shi, J., Chiang, T. C., Liang, X., 2012. Positive-feedback trading activity and momentum profits. Managerial Finance, 38, 508-529.

［167］Shin, H., and Park, S., 2018. Do foreign investors mitigate anchoring bias in stock market? Evidence based on post-earnings announcement drift. Pacific-Basin Finance Journal, 48, 225-240.

［168］Shumway, T., Wu, G., 2005. Does disposition drive momentum? Unpublished working paper. University of Michigan.

［169］Siganos, A., and Chelley-Steeley, P., 2006. Momentum profits in bull and bear markets. Journal of Asset Management, 6, 381-388.

［170］Stambaugh, R. F., Yu, J., and Yuan, Y., 2012. The short of it: Investor sentiment and anomalies. Journal of Financial Economics, 104, 288-302.

[171] Starks, L. T., and Sun S. Y., 2016. Economic policy uncertainty, learning and incentives: Theory and evidence on mutual funds. Working paper.

[172] Steven J. D., Dingqian, L., and Xuguang, S. S. Economic policy uncertainty and trade policy uncertainty for China based on mainland newspapers. http://www.policyuncertainty.com/china_epu.html, 2019.

[173] Swinkels, L., 2002. International industry momentum. Journal of Asset Management, 3, 125–141.

[174] Tsai, I. C., 2017. The source of global stock market risk: A viewpoint of economic policy uncertainty. Economic Modelling, 60, 122–131.

[175] Tubbs, R.M., Messier Jr., W.F., Knechel, R.W., 1990. Recency effects in auditor's belief-revision process. The Accounting Review, 65, 452–460.

[176] Tversky, A., Kahneman, D., 1974. Judgement under uncertainty: heuristics and biases. Science, 185, 1125–1131.

[177] Wang, K. Q., and Xu., J., 2010. Time-varying momentum profitability. Available at SSRN 1534325.

[178] Zhou, H., Geppert, J., and Kong, D., 2010. An anatomy of trading strategies: evidence from China. Emerging Markets Finance and Trade, 46, 67–79.

后 记

回望始于2016年的学术旅程，数年时光倏忽而过。学术研究的挑战远超当初预想，其间不乏迷茫与艰辛；然而，每一次突破瓶颈、豁然开朗的时刻，都充盈着深刻的幸福感，成为对自我边界的超越。

本书核心内容的构思与写作，经历了漫长的孕育。研究方向的聚焦、框架的搭建、分析的深入，都经历了反复的自我质疑、持续的文献研读以及与师长的深度探讨，才得以逐步清晰。

值此付梓之际，我满怀感激。首先要特别感谢刘强、徐加根、郭姝辛、韩琪等授业恩师们（以受教时间先后为序），没有他们的谆谆教诲与悉心指导，本书难以成稿。重庆工商大学经济学院的领导与同事们对本书的写作给予了极大的支持与鼓励，在此深表谢忱。最后，由衷感谢中国财政经济出版社的领导及编校人员，他们为本书的完善提出了诸多宝贵意见，并付出了辛勤的劳动。

本书的出版，标志着一段学术旅程的暂告段落，也预示着新探索的开始。囿于学识所限，书中难免存在疏漏与不足之处，恳请各位读者不吝赐教。

周雪梅

2025年7月